Mosaik
bei GOLDMANN

Buch

Der Autor erklärt in rund 2300 Begriffen mehr als 6250 Traumsymbole. So stellt dieses Buch ein unentbehrliches Nachschlagewerk für Psychologen, Pädagogen und Mediziner, aber auch für den
interessierten Laien dar, der seine eigenen Träume mit Hilfe dieses
Symbol-Lexikons deuten kann.

Autor

Der verstorbene Publizist Hanns Kurth hat sich in vierzigjähriger
Praxis einen großen Namen als Fachmann der Traumanalyse gemacht.

Von Hanns Kurth ist im Goldmann Verlag außerdem erschienen:

So deute ich meine Träume. Mit Beispielen und Erläuterungen von
400 Traumsymbolen (10507)

HANS KURTH

Lexikon der Traum- symbole

2300 Begriffe –
6250 Symboldeutungen

Mosaik
bei GOLDMANN

Bildnachweis: ADAGP, Paris, und COSMOPRESS, Genf, Copyright © 1977, Seite 15; COSMOPRESS, Genf, Copyright © 1977, Seite 26; Fotoarchiv Hanns Kurth, Düsseldorf, Seiten 11, 19, 30, 31, 35, 46, 49, 50, 59, 61, 67, 69, 72, 77, 83.

Umwelthinweis:
Alle bedruckten Materialien dieses Taschenbuches
sind chlorfrei und umweltschonend.

Der Goldmann Verlag
ist ein Unternehmen der Verlagsgruppe Bertelsmann

Vollständige Taschenbuchausgabe Oktober 1983
Wilhelm Goldmann Verlag, München
© 1975 Ariston Verlag, Genf
Titel der ungekürzten deutschen Originalausgabe:
»Lexikon der Traumsymbole«
Umschlaggestaltung: Atelier Adolf & Angelika Bachmann, München
Umschlagillustration: Kurt Kleemann, München
Satz: Fotosatz Glücker, Würzburg
Druck: Presse-Druck Augsburg
Verlagsnummer: 10917
Lektorat: SK
Herstellung: Sebastian Strohmaier/sc
Made in Germany
ISBN 3-442-10917-5

19 20 18

Inhalt

Erster Teil

Träume und Traumsprache

Allgemeine Einführung

Nachdem der Begründer der Psychoanalyse, der Wiener Medizinprofessor Sigmund Freud (1856–1939), im Jahre 1899 sein Werk über die Traumanalyse veröffentlicht hatte, wodurch er der einst so verfemten Traumdeutung wissenschaftliche Geltung verschaffte, setzte eine Flut von Veröffentlichungen ein, die sich mehr oder weniger mit der Analyse von Träumen und den physiologischen Vorgängen beim Träumen beschäftigten. Zwar sind in manchen Einzeluntersuchungen zum Thema einige Traumsymbole und ihre Bedeutung zusammengetragen und erklärt worden, doch fehlte bis heute ein umfassendes Nachschlagewerk der Traumsymbole von A bis Z. In jahrelanger eigener praktischer Arbeit und durch Sichtung der wichtigsten Literatur wurde dieses Lexikon erarbeitet, das nun der Öffentlichkeit übergeben werden kann.

Zur Einführung in die Welt der Träume und der Traumsprache und zum besseren Verständnis der Traumsymboldeutung will ich diesem Buch einige grundsätzliche Bemerkungen voranstellen.

»Traum« bedeutet in seiner ursprünglichen Sprachbegrifflichkeit »Trugbild« – aber um es gleich vorwegzunehmen: Träume sind nicht immer nur Schäume. Träumen ist ein seelischer Vorgang während des Halbschlafes, der sowohl Wirklichkeitscharakter haben kann als auch von ungemeiner Phantastik geprägt sein mag. Im Alptraum quälen uns manchmal auch fürchterliche Gesichte, die bisweilen selbst noch unser Wachbewußtsein beschäftigen können.

Träume haben einen engen Bezug zum Handeln und Denken des Menschen. Das erkannten schon die Naturvölker, die dem Traum hellseherische und prophetische Kräfte zuschrieben. Literatur, Musik und bildende Kunst sind seit Bestehen der Künste

Ausdrucksmittel auch der Traumgesichte, mit denen sich der Kunstschaffende auseinandersetzt. Es ist nicht verwunderlich, daß sich schon sehr früh Bemühungen um eine Traumdeutung entwikkelten, in der magische, religiöse und psychologische Vorstellungen ältester Zeiten enthalten sind. Für uns stellen antike Traumbücher heute wichtige geisteswissenschaftliche Quellen dar.

Die Traumdeutung bildete sich schon bei den klassischen Völkern der Antike zur hohen Kunst aus und wurde bis in unsere Neuzeit weiterentwickelt. Die Aufklärung verwies dann die Traumdeutung in den Bereich des Aberglaubens, von dem sie dann erst Freud wieder befreite, indem er sie wissenschaftlich begründete und der alten Auffassung wieder Geltung verschaffte. Als Mediziner erkannte Sigmund Freud, daß Träume einen lebenswichtigen Sinn haben, daß sie das Innere des Menschen widerspiegeln und wichtige Rückschlüsse auf seinen seelischen und körperlichen Zustand zulassen. Von ihm und seinen wissenschaftlich begründeten Theorien aus beschritt die psychologische Forschung neue Wege, indem sie sich mit den Phänomenen und der Deutung von Träumen beschäftigte. Man versuchte, den Traum aus physiologischen, innerkörperlichen Reizen, aus Vorstellungs- und Erinnerungsresten des seelischen Tagerlebens zu erklären; man stellte sich den Trauminhalt aus verdrängten Wünschen entstanden vor, die dann im Traum symbolhaft auftreten; man verwertete die exakten psychologischen und ärztlichen Studien über die Äußerungsformen des Unbewußten und setzte die Symbolsprache des Traumes in Beziehung zur sonstigen Symbolik in Seelenleben, Kunst und Religion der Völker.

Neben den vielen individuellen Sprachen der Völker gibt es eine einzige *universelle Traumsprache*. Träume der Primitiven, der großen alten Kulturvölker, der Ägypter, Griechen und Römer, sind denen unserer heutigen Zeit, der Menschen in Tokio und Moskau, London und New York, Kapstadt und Hamburg gleich – die Traumsprache ist durch die Jahrhunderte und Jahrtausende immer die gleiche geblieben.

Die *Symbolsprache* des Traumes ist in verschlüsselten Geheimzeichen aufgezeichnet und muß dechiffriert werden, damit Sinn und Bedeutung lesbar werden. Die inneren Erlebnisse werden im

Traum bildlich vor Augen geführt, wobei die Dinge von dem Träumenden erlebt und gesehen werden und er dabei meist mehr über sich oder andere Menschen erfährt als im Zustand des Wachens. Der Träumende ist einem Dichter vergleichbar; denn wie er findet der Träumende eine höhere Sprache, durch die er seine Erlebnisse und seelischen Zustände auszudrücken versteht. Der Schlafende ist träumend schöpferisch und vollbringt dabei oft eine »höhere« schöpferische Leistung, als er dies im Wachzustand vermag.

Da nun aber die meisten Träume nicht in den Zustand unseres Wachseins passen, vergessen wir sie, das heißt, wir versuchen sie zu verdrängen. Der Traum macht uns eine Mitteilung, die wir meist nicht verstehen wollen oder können. »Ein ungedeuteter Traum ist wie ein ungedeuteter Brief«, heißt es im Talmud. Da nun die Traumsprache und ihre Symbolik bei allen Völkern aller Zeiten unverändert gleichgeblieben ist, ist sie eine universelle Sprache, die entschlüsselt werden kann und auch dechiffriert worden ist – von der Traumforschung.

Der Gegensatz von Schlafen ist Wachen. Der Wachende ist der arbeitende, erwerbende und sich verteidigende Mensch, der um sein Überleben kämpfen muß und sich den politischen, gesellschaftlichen und sozialen Zwängen ausgesetzt sieht. Er glaubt, sich »vernünftig« verhalten zu müssen, so vernünftig wie die anderen und so, wie man es von ihm erwartet. Er fühlt sich glücklich oder traurig, weil er glaubt, daß er glücklich oder traurig ist. Er denkt nicht absurd, wie er es im Traum kann, weil nicht sein kann, was nicht sein darf. Deshalb ist auch der wachende Mensch der Täuschung unterworfen. Im Traum erlebt er all das, was er als Wachender nicht tun darf oder vielmehr meint, nicht tun zu dürfen.

Im Schlaf befreien wir uns von allen äußeren Zwängen. Wir brauchen uns nicht anzupassen und nicht zu verteidigen. Denken und Fühlen erlangen im Schlaf äußerste Subjektivität, weil der Träumende zweckfrei träumt und sich das Unterbewußte empordrängt. Träumend wird der Mensch wieder ein Naturwesen und findet zu seinen Anfängen zurück.

Aber nicht immer sind Träume angenehme Erlebnisse, die Vergnügen vermitteln oder in denen Probleme sich von selbst lösen;

denn Träume können auch unbequem sein – so unbequem wie die Wahrheit. In vielen Träumen verbirgt sich ein unerfüllter Wunsch. Ihr Anliegen ist die Wunscherfüllung, wobei das Gedächtnis oft zu einer geradezu ungeheuren Leistung fähig ist.

Oft erscheinen uns die Träume wirr, weil wir unfähig sind, ein Bezugssystem zu unserer Orientierung herzustellen und zu erkennen. Dabei wollen wir nicht einsehen und erkennen, daß wir durch die Wirklichkeit des wachen Erlebens getäuscht werden können, weil wir sie für »wahrer« halten als die ungeschminkte Wahrheit des Traumes. Diese Erkenntnis ist zweifellos von ungeheurer Bedeutung, denn alle unsere scheinbar so festgefügten Maßstäbe geraten damit ins Wanken. Der griechische Philosoph Platon (4. Jahrhundert vor Christus) hat gesagt: »Der Tugendhafte träumt von dem, was der Böse tut.«

Wie wir noch sehen werden, gibt es kurze und längere Träume. Ein Erlebnistraum kann sich über Minuten hinziehen. Eine rasche Folge von Bildern als Reaktion auf eine äußere Störung, als Antwort auf einen Laut, als Folge einer uns entgleitenden Decke, als Antwort auch auf ein Pochen an der Tür, auf ein Klopfen am Fenster – das alles kann in Sekunden abrollen, weil schließlich das Projektionsmaterial in unserem Hirn vorliegt. Das Hirn weiß schon im voraus, wie es auf diesen oder jenen Reiz antworten will und muß, je nachdem, in welcher Verfassung der Schlafende sich befindet. Schließlich sehen wir auch in einem Film eine Handlung, die eine größere Zeitspanne umfaßt, in dreißig oder vierzig Minuten abrollen.

Im Gegensatz zu diesen oberflächlichen Träumen können sich *Tiefenträume*, sogenannte wichtige Träume, relativ lang hinziehen. Sie stellen wahre seelische Erlebnisse dar. Zeit und Raum zählen dabei ebensowenig wie die Schwerkraft oder die Atomverhältnisse in der Materie. Im Traum ist der Mensch fähig, alle geltenden Gesetze beiseite zu schieben und alles zu überwinden, was ihm wachend unmöglich wäre.

Die einfachsten Reize, die während des Schlafes auf uns einstürmen, sind diejenigen, die unsere fünf Sinne ansprechen: Gesicht, Gehör, Gefühl, Geruch und Geschmack.

Man kann kaum von einem tiefen seelischen Erlebnis sprechen,

Traumbilder – bunt gemischt
Die Traumbilder, die sich dem menschlichen Hirn bieten, sind außerordentlich vielfältig, äußerst bunt, oftmals verworren und sich überschneidend, auch wenn der Träumer sich nachher nicht mehr darauf besinnt.

wenn der Schläfer durch ein Pochen an der Türe geweckt werden soll, er aber nicht geweckt werden will, weil er träumt, er sehe einem Feuerwerk zu, dessen detonierende bunte Leuchtkugeln ihn erfreuen. Hört das Pochen an der Tür auf, genügt also das Traumbild des Feuerwerkes, um den Mahnruf: »Du mußt jetzt aus deinen Träumen erwachen und aufstehen!« zu überdecken, dann ist alles in Ordnung. Natürlich ist gar nichts in Ordnung, denn der Träumende bleibt im Bett liegen und verschläft. Aber der Traum hat ohne tieferes seelisches Erlebnis seinen Zweck erfüllt und den Schlaf gerettet. Wird das Pochen an der Tür im Traum als Detonation erlebt, so kann in diesem Beispiel der Lichtschein des eben erwachten Tages, der durch das Fenster auf den Schlafenden fällt, das Bild eines schönen Feuerwerks hervorrufen. Der Lichtschein hat durch die Lider des Schlafenden eine Reizung der Netzhaut hervorgerufen. Denn was für den Gehörsinn gilt, das vermag unser Gehirn auch in bezug auf das Schlafsteuerungszentrum, wenn über die anderen Sinne ein Reiz an uns herangetragen wird.

So ruft ein angenehm gereizter Geruchssinn in der Reaktion des Schläfers Träume hervor, in denen er wunderschöne Blumensträuße sieht. Dabei kann man zum Beispiel einfach ein Parfüm anwenden, das man dem Schläfer vor die Nase hält und das dann diese Reaktion auslöst. Unangenehme Gerüche dagegen können ebenso häßliche Reize, die auf unseren Geschmackssinn einwirken, und damit heftige Traumreaktionen auslösen, die dann allerdings schneller zum Erwachen führen als angenehme Reize.

Ein Fuß, der unter der Bettdecke hervorragt und kalt wird, versetzt den Schlafenden in eine Winterlandschaft, zwingt ihn im Traum zu einem Marsch ohne Schuhe durch ein Schneefeld. Eine abgleitende Decke kann als Lawinenniedergang oder als Bergrutsch nachempfunden werden. Ein heruntersinkender Arm wird als eigener Sturz des ganzen Körpers erlebt. Ein überfüllter Magen führt zu Alpträumen.

Schon die Ärzte des griechischen Altertums erkannten, daß erste Symptome einer körperlichen Erkrankung im Traum des betroffenen Menschen wahrgenommen werden können, bevor noch ein äußerlicher Befund einer Krankheit vorliegt. Jeder, der schon einmal an einer schweren Krankheit gelitten hat, der sich schon einmal in schwerem Fieber wälzte und erschreckende Träume durchmachte, weiß, daß tatsächlich im kranken Zustand des Organismus die Traumbilder andere sind als in gesunden Zeiten. Das erklärt sich aus der Veränderung der Bluttemperatur, aus der veränderten Blutzusammensetzung. Die quälenden Gesichte in Fieberträumen sind Beweise für die Vorgänge bei gestörtem körperlichem Gleichgewicht, anormalem Blutdruck und Über- oder Untertemperatur; diese haben natürlich entsprechende Auswirkungen auf das Gehirn und dessen seelische Tätigkeit im Schlaf.

Ärzte, vor allem Nervenärzte, haben im Laufe der Jahrzehnte nach und nach eine Liste sogenannter Traumsymbole zusammenstellen können, die sich immer wieder bestätigt haben und aus denen ganz bestimmte, sichere Schlüsse gezogen werden können. Auch diese Symbole sind im Lexikonteil aufgeführt.

Dennoch sind aus der großen Zahl der Träume nur einige wert, näher betrachtet zu werden, denn nicht alle haben eine tiefere Bedeutung, wie bereits erklärt wurde. Die Ursache von Träumen, die weder durch innere noch durch äußere Reize hervorgerufen werden, muß man im Bereich des Seelischen suchen, im Unterbewußtsein. Bei diesen Träumen handelt es sich oft, wenn man der Sache auf den Grund geht, um nichts anderes als um eine *Ersatzleistung des Gefühlslebens*. Der Mensch versucht, sich in dem verwirrenden Durcheinander der Traumerlebnisse zurechtzufinden und verirrt sich nur zu oft, indem er dem Traum mehr zumutet, als dieser in Wirklichkeit zu geben vermag. Andererseits aber ignoriert er wichtige »Mitteilungen« und verdrängt das eben aus dem Unterbewußten Aufgetauchte als unwahr. Deshalb soll dieses Traumlexikon auch dazu dienen, wichtige Träume von unwichtigen zu unterscheiden.

Ein merkwürdiges Phänomen nimmt eine Sonderstellung in der Traumforschung ein, gemeint sind die sogenannten prophetischen oder *Wahrträume*, in denen der Schlafende zukünftige Dinge erlebt, die nachher tatsächlich eintreten oder die sich wirklich zu gleicher Zeit ereigneten, als sie der Schlafende träumte. Mit diesem zweifellos interessanten grenzwissenschaftlichen Gebiet beschäftigt sich heute die Parapsychologie. Manche solcher hellseherischen

Träume wurden untersucht, in einigen Fällen konnten deren Echtheit und Wahrheit eindeutig nachgewiesen werden.

Die Traumforschung hat ferner festgestellt, daß sogar *frühkindliche Traumata* (seelische Schocks) später in Erwachsenenträumen wieder auftauchen können, das heißt aus dem Unterbewußten auftauchen, ohne daß sich der Träumende an den ursächlichen Schock bewußt erinnert. Solch ein Trauma kann dadurch entstanden sein, daß durch Einwirkung von Außenreizen und Unlustempfinden des Säuglings oder Kleinkindes das seelische Gleichgewicht gestört wurde. Die Folge ist eine Affektstauung. Wenn diese Störung nicht frühzeitig behoben wird, kann sie zu bleibenden Schädigungen führen. Schreck, Angst und Abwehr können sich zu neurosebildenden Lebenskatastrophen ausbilden.

Die psychotherapeutische Praxis konnte sogar nachweisen, daß einige Angstträume von Erwachsenen ihren Ursprung im Unterbewußtsein eines »schlafenden« *Geburtstraumas* haben. Diese Art von Geburtsneurosen tritt verhältnismäßig häufig auf. In einzelnen Fällen konnten Angstträume mit Erstickungsgefühlen oder Platzangst auf schwere Geburten zurückgeführt werden. Aber auch sogenannte Mikrotraumen, die längere Zeit auf das Kleinkind einwirkten, können in späteren Jahren bei Erwachsenen ihren Niederschlag in Träumen finden. So erzählte eine zweiundzwanzigjährige Studentin einen Traum, den sie sich nicht erklären konnte. Irgend etwas bewegte sich in großen, dann immer kleiner und schneller werdenden Kreisen auf sie zu, bis dann endlich etwas mit einem brausenden Geräusch auf sie herabfiel und sie sehr beängstigte. Wie sich später durch Befragung der Eltern herausstellte, hatte der Vater bei dem wenige Tage alten Säugling mit seiner Hand größere, dann immer kleiner werdende Kreise vor dessen Gesicht gezogen, um die Aufmerksamkeit des Kindes auf sich zu lenken. Diese Bewegungen endeten damit, daß er mit einem zischenden Geräusch das Kind plötzlich unter dem Kinn kitzelte, wobei dieses jedesmal erschreckt zusammenzuckte. Die Studentin konnte sich natürlich daran nicht mehr erinnern. Das frühkindliche Trauma wurde vergessen, bis es dann später in dem Traum des zweiundzwanzigjährigen Mädchens aus dem Urgrund des Unterbewußten wieder hervorbrach.

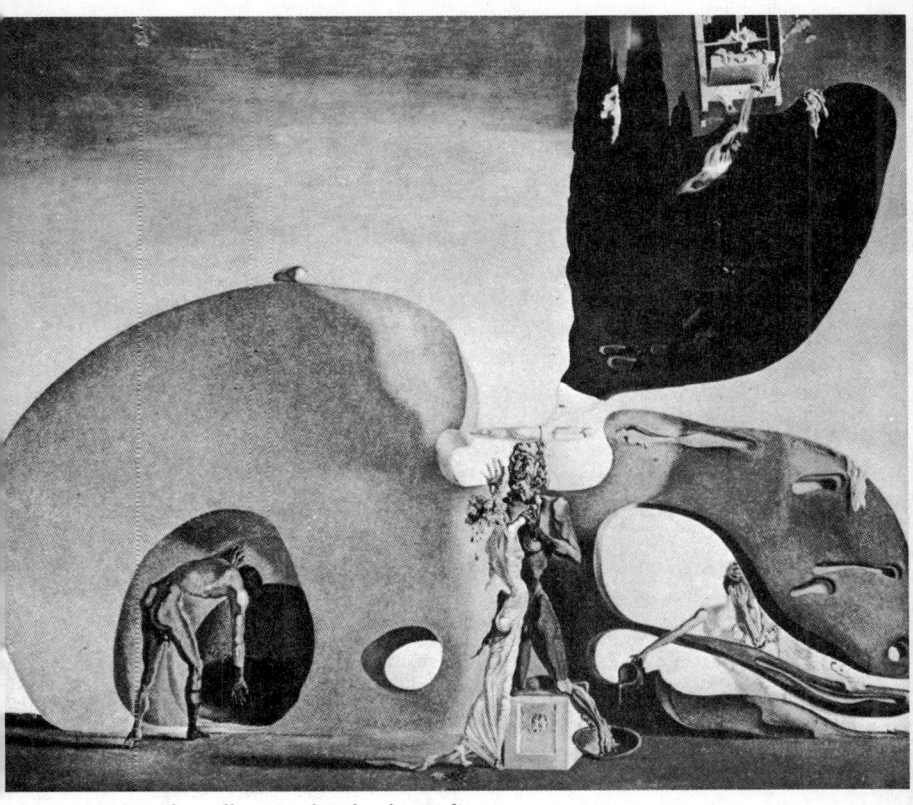

Traumdarstellung nach Salvador Dali
Der eigenwillige Maler Salvador Dali hat in einer surrealistischen Darstellung die »Geburt flüssiger Wünsche« so gemalt, wie sich in seinen Träumen ein verworrenes embryonales Thema bot.

Aus einer extrem unglücklichen Befindlichkeit der ersten Lebenswochen und immer wiederkehrenden Rückerinnerungen an traumatische frühkindliche Erlebnisse ohne mütterliche Fürsorge und Wärme resultieren zahlreiche spätere Erscheinungen wie Aufschrecken, Körpersensationen, Dunkelangst und das Gefühl, den Kopf nicht heben zu können. Diese Ängste werden permanent deutlich, wenn Dunkelheit, Müdigkeit und herabgesetzte Bewußt-seinskontrolle in der Nacht eintreten.

Forschungen aus jüngster Zeit haben bewiesen, daß Kinder anders träumen als Erwachsene und daß schon die Ungeborenen im Mutterleib träumen, wobei die Meinung vorherrscht, daß das ungeborene Kind wahrscheinlich denselben oder einen ähnlichen Traum wie die Mutter erlebt. Die Parallelität ergibt sich aus der Gleichartigkeit, der Identität der unwillkürlichen Augenbewegungen – auf die ich noch ausführlicher eingehen werde – und aus dem Herzrhythmus, der bei dem ungeborenen Kind ebensolebhaft auf Traumerlebnisse reagiert wie Herz und Kreislauf der Mutter zum Beispiel bei einem Angsttraum. Später scheint die Thymusdrüse, die in der Mittellinie des Körpers hinter dem Brustbein liegt und die sich im Laufe des Heranwachsens zurückbildet, um beim reifen Menschen völlig zu verkümmern, auf die ungewöhnliche Gestaltung von Kinderträumen einen entscheidenden Einfluß zu haben.

Bei schlafenden Säuglingen kann man deutliche Reaktionen wie Lächeln oder plötzliches Wimmern, das meist zum Aufwachen führt, wahrnehmen. Kinder träumen mehr und intensiver als Erwachsene, Neugeborene mehr als Kleinkinder; denn während sich neugeborene Kinder bis zu neun Stunden in einem Traumschlaf befinden können, träumen Erwachsene innerhalb von vierundzwanzig Stunden höchstens ein oder zwei Stunden. Da der Säugling noch keine »Erlebnisse« gehabt hat, müssen demnach auch seine Träume und Traumbilder andere sein als die eines aufwachsenden Kindes oder gar eines erwachsenen Menschen. Daß der Säugling träumt, kann mit Hilfe technisch-wissenschaftlicher Methoden nachgewiesen werden. Allerdings wissen wir nicht, was der Säugling träumt, da er uns nicht darüber berichten kann. Nach Auffassung einiger bekannter Wissenschaftler stellt der Traum des kleinen Menschen ein Relikt aus früheren stammesgeschichtlichen Entwicklungsstufen unseres Seelenlebens dar.

Vielleicht liegt hier der Schlüssel zum Phänomen der *Reinkarnation*, der Wiedergeburt. Wie anders ist sonst zu erklären, daß Kinder behaupten, sie hätten schon einmal gelebt? Erstaunlich viele Personen hatten das Gefühl, wenn sie zufällig an einen ihnen vorher unbekannten Ort kamen, sie seien mit Sicherheit schon einmal dort gewesen. Dabei »erinnern« sie sich an Einzelheiten, die ihnen bei ihrem Besuch noch nicht einmal sofort aufgefallen waren und die sie nur nach längerem und intensiverem Suchen fanden. Ähnlich verhält es sich bei Gegenständen oder bestimmten Ereignissen, von denen die Versuchspersonen fest überzeugt waren, sie hätten diese schon einmal gesehen beziehungsweise erlebt. In jüngster Zeit hat sich der amerikanische Wissenschaftler Professor Ian Stevenson mit aufsehenerregenden Forschungsergebnissen an die Öffentlichkeit gewandt. Er sammelte insgesamt sechshundert Berichte über Reinkarnation aus der ganzen Welt, unter anderem aus Ceylon, Brasilien, dem Libanon und sogar aus Alaska. Merkwürdig dabei ist nur, daß fast alle Reinkarnationsträume nach dem neunten Lebensjahr nicht mehr auftreten.

Der amerikanische Parapsychologe Gerald Glaskin wendet erfolgreich eine Do-it-yourself-Methode an, um Träume anzuregen, die Erinnerungen an ein früheres Dasein darstellen könnten. Ursprünglich stammt die bewußte Weckung von Erinnerungsträumen von Jacqueline Parkhurst, einer in Australien lebenden britischen Parapsychologin. Die Methode besteht aus einer einfachen Massage, die von zwei Helfern ausgeführt wird, verbunden mit geistigen Übungen. Als Glaskin die Beschreibung von Mrs. Parkhurst las, war er zunächst skeptisch, bis er sich im Traum aufgrund eines Selbstexperiments in einer ihm bis dahin unbekannten altägyptischen Zivilisation wiedergefunden haben will. Später entdeckte Glaskin beim Blättern in einem Werk über die Geschichte der altägyptischen Architektur Zeichnungen von Bauwerken, die denen entsprachen, die er in jenem »anderen Leben« gesehen haben will, als er sich im »Zustand des erweiterten Bewußtseins« befunden hatte.

In einer Erläuterung der Parkhurstschen Technik sagte Glaskin, er erlebe dann »einen Traum bei vollem Bewußtsein«, der wie ein Film abläuft, wobei der Träumende allerdings sowohl der Projizierende als auch der Zuschauer ist. Das Ergebnis ist eine dreidimensionale Schau mit sich selbst in der Hauptrolle.

Dabei sollte die Versuchsperson ausgestreckt auf dem Rücken liegen, ein Kissen unter dem Kopf, die Schuhe abgestreift. Ein Helfer reibt die Knöchel der Versuchsperson, während der andere kräftig die »Zone des Dritten Auges« in der Stirnmitte massiert. Diese Massage erfolgt mit dem gebogenen Handrand, »bis der Kopf richtig summt«. Nach einer Weile der Entspannung beginnen die geistigen Übungen, um eine Bewußtseinserweiterung über die normalen Grenzen hinaus zu erreichen.

Fachärzte äußerten Bedenken und rieten, diese Versuche nicht von nervösen oder labilen Personen ausführen zu lassen. Wenn die durch Massage und Übungen erzielten Visionen zu stark würden, müsse man auf jeden Fall das Experiment abbrechen.

Kleinkinder träumen oft lebhafter, als es Erwachsene vermögen. Diese schweren Kinderträume enthüllen häufig nicht nur Konflikte der Kinderseelen, sondern sie sind in manchen Fällen psychologische Vorzeichen. Die moderne Traumforschung hat Methoden entwickelt, aus denen man ersehen kann, daß Kinder, Kleinstkinder und auch Tiere folgerichtige Erlebnisse im Traum haben und durch alle Höhen der Freude und alle Tiefen der Angst hindurchgehen.

Wie schon erwähnt wurde, wiederholen sich die Traumbilder immer wieder. Es sind seit undenklichen Generationen die gleichen Bilder, die erlebt beziehungsweise geträumt werden. Auch wenn man Kindern niemals Märchen erzählt hat, in denen Drachen, Ungeheuer oder Urlandschaften eine Rolle spielen, so können sie doch davon träumen, wobei diese Träume später oft nie wieder auftauchen.

Kleinkinder im Alter von drei bis fünf Jahren werden besonders häufig von wilden Tieren angegriffen oder verfolgt. Sehr oft handelt es sich um Löwen, Tiger, Drachen, Krokodile, vielfach auch um Hunde. Kinder fürchten sich davor, angegriffen oder verletzt zu werden. Dabei steht das Tier oft nur als Symbol des Großen und Übermächtigen – meist für einen strafenden, lautstarken Erzieher, vor dem sich das Kind fürchtet. Die Tiere können männliche oder weibliche Kennzeichen tragen, zu letzteren gehören Kühe und Spinnen. Hexen sind ohnehin weibliche Symbole. Hat man diese Unterscheidung getroffen, so kann man daraus schließen, ob die gefürchtete Bezugsperson männlich oder weiblich ist.

Das Kind durchlebt verschiedene Entwicklungsphasen, wobei es zu immer größerer Selbständigkeit heranwächst. Aus der Schutzphase des Kleinst- und Kleinkindes entwickelt sich bald das Trotzalter, in dem es versucht, immer mehr sein eigenes Ich zu finden und auch durchzusetzen. Wird es an diesem Befreiungsversuch gehindert, so werden sich unweigerlich *Angstträume* einstellen. Wenn der Entwicklungsfortschritt gehemmt würde, dann bliebe das Kind immer ängstlich und schüchtern, und die Angstträume könnten sich bald zu einem chronischen Leiden auswachsen – begleitet von äußerer Nervosität.

Die Angst der fünf- bis siebenjährigen Kinder ist zusätzlich geprägt von der Furcht, daß etwas abgeschnitten werden soll. Diese Schneideträume äußern sich in der wachen Wirklichkeit dann so, daß die Kinder sich mit Händen und Füßen gegen Fingernägel-, Fußnägel- und Haareschneiden wehren. Es ist die Phase der unbe-

Traumerlebnis eines Kindes
Ein Kind stellte einen sich immer wiederholenden Traum in dieser Form dar, nämlich den Zwang, gewisse Feldfrüchte (rote Rüben) essen zu müssen, die es nicht mochte. Dieser Zwang wurde für das Kind zu einer fixen Idee, die sich im Traumbild niederschlug und primitiven Ausdruck suchte und fand.

wußten Sexualität und der Gefährdung der Geschlechtsrolle. Die Kastrationsangst tritt fast bei allen normalentwickelten Jungen auf, die so versuchen, ihre erotischen Neigungen abzudrängen. Aber auch Mädchen dieses Alters haben Schneideträume. So träumte ein sechsjähriges Mädchen von einem König, dessen Bart von einer Hexe abgeschnitten wurde, worauf sich der König in einen Schuh verwandelte. Bart und Schuh im Kindertraum sind Symbole für männliche und weibliche Geschlechtsmerkmale, worauf schon Sigmund Freud hingewiesen hat.

In den Angstträumen der sieben- bis zehnjährigen Kinder wird die Steuerung der Triebkräfte oft zum unüberwindlichen Problem. Das äußert sich dann in Träumen, in denen das Kind auf einem Roller, einem Fahrrad oder in einem Wagen sitzt, wobei das Steuer verlorenging und es nun hilflos einem Abgrund entgegenjagt. Später kommt es dann zu den typischen Flug- und Fallträumen, auf die ich noch zurückkommen werde.

Sogenannte *Zwangsträume* werden von Kindern im Alter zwischen dreizehn und sechzehn Jahren häufig geträumt. Unter Zwangsträumen verstehen wir Träume, die nach dem Erwachen einer Person bei dieser eine Zwangssituation auslösen. Dabei verhält sich die eben aus ihren Träumen erwachte Person ganz ungewöhnlich und so, wie sie sich normalerweise nicht verhalten würde. Sie steht sozusagen unter einem inneren Zwang, der ihr befiehlt, eine bestimmte Handlung auszuführen. Diese Handlung steht immer im Zusammenhang mit der zuvor erlebten Traumhandlung. Normalerweise nimmt der Körper des Schläfers an den Traumerlebnissen wenig Anteil. Das Kind wie der Erwachsene kann im Traum laufen, ringen, fechten und springen, ohne daß die Zonen des Gehirns, die im Wachzustand die Körperbewegungen kontrollieren, aktiv bei dem Traumerlebnis mitwirken. Es fehlt also die Schaltung zwischen der Traumvorstellung und den Bewegungszentren. Nach einem Zwangstraum kann die eben erwachte Person zum Beispiel unter Ausschaltung aller Vernunftsgründe aus einem Fenster springen, weil sie Traum und Wirklichkeit nicht mehr unterscheiden kann.

Wir unterscheiden also *Wunsch-* und *Erfüllungsträume* von Angst- und Beklemmungsträumen. Diese alle können ausgelöst werden sowohl durch äußere sinnliche Reize, durch körperliches Wohl- oder Unwohlsein als auch durch verdrängte Tageserlebnisse oder seelische Konflikte wie auch frühkindliche Traumata, die aus dem Unterbewußten auftauchen und sich in der Symbolsprache des Traumes ausdrücken. Träume können beängstigen, Freude und Wohlgefühl, ja Lust auslösen oder sogar die Seele entlasten, indem zum Beispiel Bedrohendes im Traum durchlebt und damit aus den Tiefen des Unterbewußten hervorgeholt und ausgeschaltet wird. Denn ein Konflikt sich widerstreitender Seelenkräfte in einem Menschen (»Zwei Seelen ruhen, ach, in meiner Brust!«) kann zu einer Katastrophe führen, wenn diese Kräfte nicht reguliert werden. Alles, was verdrängt und noch nicht wieder klar emporgekommen ist, ist unbewußt. Ist man mit einer solchen Sache nicht »fertig geworden«, hat man sie nicht ehrlich überwunden, dann sucht sie eben wieder an die Oberfläche zu kommen. Wird ein Wunsch – weil er der bestehenden Normen wegen nicht befriedigt werden kann und darf – im Tagleben nicht erfüllt, so hilft sich die Seele auf einem Umweg und gelangt so zu einer Wunscherfüllung. Die Seele findet im Schlaf Ersatzbilder, doch erkennt sie diese bald als Schwindel, und die gleichen Konflikte treten in ähnlicher Form wieder auf.

Der Wirklichkeitsersatz im Traum ist oft sehr verschlüsselt, besonders wenn es sich um Dinge handelt, die man ängstlich verbergen möchte und von denen man nicht zu sprechen wagt. Der Traum sucht Ersatzbilder, die manchmal so unkenntlich chiffriert sind, daß man die Beziehung zwischen der Wirklichkeit, den seelischen Konflikten des Träumenden und den Symbolen beziehungsweise Ersatzprojektionen auf den ersten Blick nicht erkennt. Dabei ist einsichtig, daß die erfolgreiche Ausdeutung der Verschlüsselung in den Traumbildern den Weg zur Heilung des seelisch kranken Menschen ebnet. Nicht selten werden Probleme auch in Fortsetzungsträumen, also in Serie durchlebt und gelöst, wenn ein einzelner Traum dazu nicht ausreicht.

Die *Sexualträume* fallen meist in die Gruppen der Träume, die aus dem Blutkreislauf und aus inneren oder äußeren Reizen erwachsen. Dies lehnen aber viele Psychoanalytiker ab, wohl in alter »Anhänglichkeit« an Sigmund Freud, der die grundlegenden Erkenntnisse der Psychoanalyse vom Sexualtraum, vom Sexualproblem überhaupt ableitete.

Besonders muß auch erwähnt werden, daß das Traumleben der Frau ganz anders als das des Mannes ist. Es gibt Träume bei Frauen, die immer wiederkehren, oft in regelmäßigen Abständen, und die man beim Mann nie beobachtet hat, ausgenommen dann, wenn das Seelenleben eines Mannes ausgesprochen feminin und weich sein sollte. So sind zum Beispiel farbige Träume ein Phänomen, das vor allen Dingen bei Frauen zu beobachten ist. Das ist nicht unbedeutend, denn das Innenleben der Frau ist lebhafter als das des Mannes – ihr Empfindungsleben ist intensiver. Eine statistische Erhebung stellte überdies fest, daß Farbblindheit fünfmal häufiger bei Männern vorkommt als bei Frauen, die nur in ganz seltenen Fällen unter dieser »Zeitkrankheit« leiden. Empfindlichkeit der Netzhaut für Farbeindrücke und Farbensinn sind im Gehirn der Frau eindeutig stärker entwickelt als beim Mann. Daher kommt der Traumpsychologe zu folgenden Schlüssen:

Da die Frau einen höheren Grad der Farbempfindlichkeit besitzt als der Mann, stellen sich bei ihr *Farbträume* auch dann ein, wenn der Mann nur schwarzweiß träumen würde. Da das Phantasie- und Empfindungsleben der Frau viel lebhafter funktioniert, träumt die Frau nicht nur häufiger und intensiver, sondern auch viel häufiger in Farben, als der Mann es jemals vermöchte.

Farben sind Wellenschwingungen des Lichts, gebrochene Lichtstrahlen auf einer Oberfläche – sind immer psychische Erlebnisse. Wenn sie aus unserem Innenleben im Traum an die Oberfläche zurückkehren, wenn Farben Ausdrücke von gewissen Zuständen unseres Innenlebens sind, dann können wir in den Farben, die im Traum gesehen werden, Aussagen erkennen, die über wichtige psychische Vorgänge Aufschluß geben. Die Bedeutungen der einzelnen Farben sind im lexikalischen Teil dieses Buches erklärt.

Wie mit den Farben verhält es sich auch mit den Gerüchen. Es gibt ausgesprochene Geruchsträumer. Wenn auch die Traumwelt keine Grenzen von Zeit und Raum kennt, so ragen doch Farben, Gerüche und Gefühle in das Unterbewußtsein hinab und werden im Traum »erlebt«.

Frauen träumen auch häufiger unangenehmere Dinge als Männer. Ihre Träume werden von Angstgefühlen und Alpdrücken bestimmt. Wenn dies plötzlich auftritt, so ist der Grund zumeist in einer Störung des Kreislaufes zu suchen. Frauen neigen auch bei Voll- oder Neumond zu lebhafter Traumbildung, selbst wenn sie sich an die einzelnen Traumbilder nachträglich nicht mehr erinnern können.

Auch »musikalische« Träume treten bei Frauen viel häufiger auf als bei Männern. Das ist nicht weiter verwunderlich, denn wir wissen, daß Farben und Töne eng miteinander verwandt sind und oft das eine für das andere stehen kann.

An dieser Stelle sei noch einmal eine Auswahl der verschiedenen Traumkategorien angeführt, wobei ihre Typik und ihr Auftreten vermerkt werden sollen:

- *Aggressionsträume*
  Die träumende oder eine dritte Person fügt einem anderen (meist unliebsamen) Menschen Schaden zu: bei Kindern, Jugendlichen und Erwachsenen.
- *Akustische Träume*
  Sie werden vorwiegend durch äußere Reize hervorgerufen: bei Kindern, Jugendlichen und Erwachsenen; wogegen ausgesprochene Musikträume meist nur bei Frauen auftreten.
- *Angstträume*
  Sie können verschiedene Ursachen und je nach Alter verschiedene Symbole haben: bei Kindern, Jugendlichen und Erwachsenen.
- *Entlastungsträume*
  In solchen Träumen kommt das verdrängte Unterbewußtsein (das oft bis in die früheste Kindheit zurückreicht) an die Oberfläche, und der Traum schafft ein Ersatzbild (eine Wunscherfüllung), das im wachen Zustand nicht erlebt werden kann: bei Kindern, Jugendlichen und Erwachsenen.
- *Fallträume*
  Die träumende Person glaubt, in einen unendlichen Abgrund zu fallen: bei Kindern ab zehn Jahren, Jugendlichen, vereinzelt auch bei Erwachsenen.

- *Farbträume*

  Die träumende Person sieht nicht nur schwarzweiße, sondern farbige Bilder: vorwiegend bei Frauen, auch künstlich, nach Einnahme von Rauschmitteln, hervorzurufen.

- *Flugträume*

  Die träumende Person kann ohne oder mit technischen Hilfsmitteln durch die Lüfte fliegen: vor allem bei Kindern vom zehnten Lebensjahr an.

- *Geburtsträume*

  Das Unterbewußtsein übersetzt den Vorgang der (meist schweren) Geburt in die Symbolsprache des Traumes (»Mein Kopf wird mit einer Mistgabel aufgespießt« = Zangengeburt): bei Kindern vom zehnten Lebensjahr an, aber auch bei Jugendlichen und Erwachsenen.

- *Geruchsträume*

  Die träumende Person nimmt einen oder mehrere intensive Gerüche wahr: vorwiegend bei Frauen; solche Träume können aber auch künstlich hervorgerufen werden, indem man eine stark riechende Essenz an die Nase des Träumenden hält (äußerer Reiz).

- *Hexen- und Gespensterträume*

  Die Hexe ist ausschließlich als Symbol für ein tatsächlich existierendes weibliches Wesen anzusehen, während das Gespenst sowohl weiblich als auch männlich sein kann: häufig bei Kindern, weniger häufig bei Jugendlichen, selten bei Erwachsenen.

- *Identifizierungsträume*

  Die träumende Person glaubt, eine andere (meist historische) Persönlichkeit zu sein: selten bei Kindern, häufiger bei Jugendlichen, seltener bei Erwachsenen.

- *Musikträume*

  Man glaubt, einzelne Töne oder auch ganze Musikstücke zu hören: vorwiegend bei Frauen.

- *Reinkarnationsträume*

  Die betreffende träumende Person glaubt, schon einmal gelebt zu haben, also in ihrem jetzigen körperlichen und geistigen Zustand wiedergeboren zu sein: selten, meist bei Kindern unter neun Jahren.

- *Sexualträume*

  Sie entstehen vielfach aufgrund kurz zuvor erlebter sexueller Tätigkeit, aus Wunschvorstellungen oder aus dem Blutkreislauf, inneren und äußeren Reizen: bei Kindern, Jugendlichen und Erwachsenen, jeweils differenziert.

- *Schneideträume*

  Die Folge unbewußter Kastrationsangst: hauptsächlich bei Jungen, seltener bei Mädchen, im Alter von fünf bis sieben Jahren.

- *Tierträume*

  Männliche Tiere (Löwe, Tiger, Wolf, Hund usw.) sind von weiblichen (Spinne, Kuh) zu unterscheiden: sowohl bei Kleinkindern als auch bei Jugendlichen, seltener bei Erwachsenen.

- *Todesträume*

  Die träumende Person erlebt entweder den eigenen, häufig jedoch den Tod einer nahestehenden Person, deren Tod sie im Unterbewußtsein insgeheim wünscht, weil sie ihr bei der Wunscherfüllung im Wege ist; der Träumende kann dies jedoch im wachen Zustand tief bedauern: bei Kindern, Jugendlichen und Erwachsenen, entsprechend differenziert.

- *Urträume*

  Hier spielen Drachen und Urlandschaften eine Rolle: fast ausschließlich bei Kleinkindern bis zu sechs Jahren.

- *Warnträume*

  Symbolhaft kann eine beginnende Krankheit angezeigt werden; es können aber auch seelische Komplikationen, die möglicherweise aus frühkindlicher Zeit stammen, zum Ausdruck kommen: bei Kindern, Jugendlichen und Erwachsenen.

- *Wahrträume*

  Die träumende Person erfährt von Dingen und Zuständen, die tatsächlich zu gleicher Zeit an einem anderen Ort stattfinden oder die später Wirklichkeit werden: selten bei Kindern, jedoch bei Jugendlichen und Erwachsenen, meist in Verbindung mit nahestehenden Personen.

- *Zwangsträume*

  Die Person vermag Traum und Wirklichkeit nicht zu trennen und läßt sich kurz nach dem Erwachen zu anscheinend sinnlo-

Der Traum als Sex-Nostalgie

Das obige Traumbild stammt von dem belgischen Expressionisten Paul
Delvaux, der mit 36 Jahren in einer merkwürdig kleinlichen akademischen
Technik seine Traumerlebnisse und Traumbilder unter der Bezeichnung
»Das Echo« auf die Leinwand brachte.

Dingen hinreißen – obwohl sie den Unterschied zwischen Traum und Wirklichkeit kennt: vor allen Dingen bei Jugendlichen im Alter zwischen dreizehn und sechzehn Jahren.

Wenden wir uns nun der wissenschaftlich meßbaren Seite des Traumes zu. Die Bewußtseinsveränderung beginnt mit der Müdigkeit und dem Verlust des Wachbewußtseins und endet mit dem Tiefschlaf. Dabei sind die einzelnen Phasen dieser Veränderung nur schwer voneinander zu trennen. Wir beginnen uns von der äußeren Wirklichkeit zu trennen, wenn uns die Augen vor Müdigkeit zufallen, wobei wir all das, was um uns herum geschieht, nur undeutlich wahrnehmen. Bilder aus dem Bereich des erlebten Wachseins, der Vergangenheit, drängen sich uns auf. Diese unterscheiden sich aber oft genug erheblich von den Traumgesichtern, die unlogisch und sprunghaft erscheinen und keinen Bezugspunkt haben zu den Dingen, die wir kennen, beurteilen oder messen können oder zu messen versuchen. Das Traumerlebnis geht in seiner Phantastik meist über die natürliche Gesetzmäßigkeit, der wir im Zustand des Wachens unterworfen sind, hinaus. Gefühle werden in uns wach, die wir sonst nicht kennen. Diesen Zustand als Teil des Schlafes nennen wir Traum.

Die wissenschaftliche Traumanalyse versucht nun, das Traumerlebnis in einen logischen Zusammenhang mit dem Träumenden zu bringen, also das zu verwerten und auszudeuten, an das sich der Erwachende erinnern kann. In der Regel vermag sich der aus seinen Träumen in den Alltag zurückkehrende Mensch nur mit größter Mühe an Einzelheiten seines Traumerlebnisses zu erinnern und kann nur wenige Dinge erzählen, denn unser Erinnerungsvermögen besteht vorwiegend darin, nur die logische Struktur erlebter Dinge wiedergeben zu können. Die Träume aber unterliegen nicht dieser Gesetzmäßigkeit, abgesehen von der Tatsache, daß manche Traumerlebnisse dem Menschen so unfaßbar erscheinen, daß das wache Bewußtsein sich daran überhaupt nicht mehr erinnert. Darin liegt die Schwierigkeit der Traumanalyse begründet, weil diese auf das Erinnerungsvermögen des wachen Menschen angewiesen ist, der die im Traum erlebten Dinge nur unvollkommen wiedergeben kann.

Die Wissenschaft hat nun physikalische Meßgeräte und chemische Analysen von ungeheurer Feinheit und Genauigkeit entwickelt, mit deren Hilfe nachgewiesen werden kann, wann und mit welcher Intensität ein Mensch träumt. Man fand Hinweise dafür, daß Träume möglicherweise im Schlaf die für Gehirn und Muskeln notwendigen und im Körper gespeicherten Stoffe mobilisieren können. Versuche an Menschen deuten darauf hin, daß die Spiegel von Hormonen wie Adrenalin und ACTH während des Träumens ansteigen. Von diesen Hormonen weiß man aber, daß sie Fett- und Zuckerspeicher im Organismus aktivieren können. Die Tatsache, daß Träume die Ausschüttung gewisser Hormone anregen, könnte das Auftreten gewisser kardialer Zwischenfälle zur Nachtzeit erklären, Zwischenfälle also, bei denen sich der Rhythmus des Herzschlages ändert. Die Ausschüttung von Adrenalin und Noradrenalin würde das Herz zu stärkerer Arbeit anregen und auf diese Weise den schmerzhaften Zustand einer nächtlichen Angina pectoris zur Folge haben. Andererseits könnte dem Traum bei anderen Erkrankungen infolge der Ausschüttung von Nebennierenrindenhormonen wie Kortison eine Schutzfunktion zukommen, wie etwa beim Bronchialasthma.

Die feinen elektrischen Tätigkeitsäußerungen des Gehirns können durch das Elektroenzephalogramm, kurz EEG genannt, gemessen werden. Dieses Gerät funktioniert in der Weise, daß auf der Kopfhaut des Patienten Elektroden angebracht werden. Diese sind über einen Verstärker mit einem Schreibsystem verbunden. Durch die aufgezeichnete Kurve werden die Spannungsschwankungen, die elektrischen Impulse, die das Gehirn aussendet, sichtbar und können abgelesen werden.

Bei einem wachenden Menschen werden die Betawellen, die mit einer Frequenz von 15 bis 20 Schwingungen pro Sekunde auftreten, gemessen. Je mehr die Versuchsperson in einen Schlafzustand hinübergleitet, desto langsamer wird die Frequenz dieser Wellen. An dem untätigen, doch noch wachen Gehirn zeigen sich sodann die sogenannten Alphawellen mit einer Frequenz von 8 bis 12 Schwingungen in der Sekunde, die im leichten Schlaf auf 4 bis 8 pro Sekunde und im Tiefschlaf noch weiter absinken können.

Der Schläfer, der zunächst EEG-Wellen mit einer Frequenz von

4 bis 6 Schwingungen pro Sekunde sendet, strahlt in dem Augenblick, in dem er zu träumen beginnt, überraschenderweise wieder Betawellen aus, die sonst ja nur im Wachzustand auftreten.

Ferner wurde festgestellt, daß es im Schlafverhalten des Menschen kurz andauernde Phasen gibt, die durch motorische Unruhe gekennzeichnet sind. Die Schlaftiefe unterliegt zyklischen Schwankungen. Dabei wurde beobachtet, daß im Zuge eines ununterbrochenen achtstündigen Schlafes bei einer Versuchsperson das EEG ungefähr fünfmal für die Dauer von zehn bis sechzig Minuten Betawellen anzeigt, die dem Wachzustand entsprechen. Prüft man in solchen Phasen des elektroenzephalographischen Wachseins das äußere Verhalten der jeweiligen Versuchsperson, so stellt man fest, daß sie tief schläft und nur mit Mühe geweckt werden kann.

Die Wissenschaft nennt die Schlafphasen, in denen Betawellen nachgewiesen werden können, wegen ihres Widerspruchs zwischen schlafendem Verhalten und wachartigem EEG »paradoxen Schlaf«, bei dem Muskelzuckungen und schnelle Augenbewegungen auftreten. Dabei sind die Salven schneller Augenbewegungen in augenfällig hohem Maße mit entsprechenden Traumerlebnissen verbunden. Durch die gleichzeitige Ableitung des Elektroenzephalogramms (EEG), des Elektromyogramms (EMG) und des Elektrookulogramms (EOG) ist es möglich, alle motorischen Begleiterscheinungen des paradoxen Schlafs objektiv zu erfassen.

Das geschilderte Phänomen ist folgendermaßen zu erklären: Die langsameren Alphawellen im EEG kommen dadurch zustande, daß die in der Großhirnrinde liegenden Zellen gemeinsam im gleichen Rhythmus erregt werden, wobei jede Zelle ungefähr zehnmal pro Sekunde angeregt wird. Sinkt die Frequenz unter acht Schwingungen pro Sekunde, verliert sich die Beziehung zur Außenwelt. Das wache Bewußtsein aber ist dadurch gekennzeichnet, daß die Zellen unabhängig voneinander zu verschiedenen Zeiten tätig werden. Diese sind durch Nervenbahnen miteinander verbunden, die alle Teile der Hirnrinde in Kontakt und in Wechselwirkung bringen. Erst wenn alle Zellen etwas Verschiedenes tun, entsteht geistige Leistung – so, wie in einem Fertigungsprozeß verschiedene Handgriffe erst das Endprodukt entstehen lassen.

Weckte man einen Schläfer, bei dem die Hirnwellen auf einen

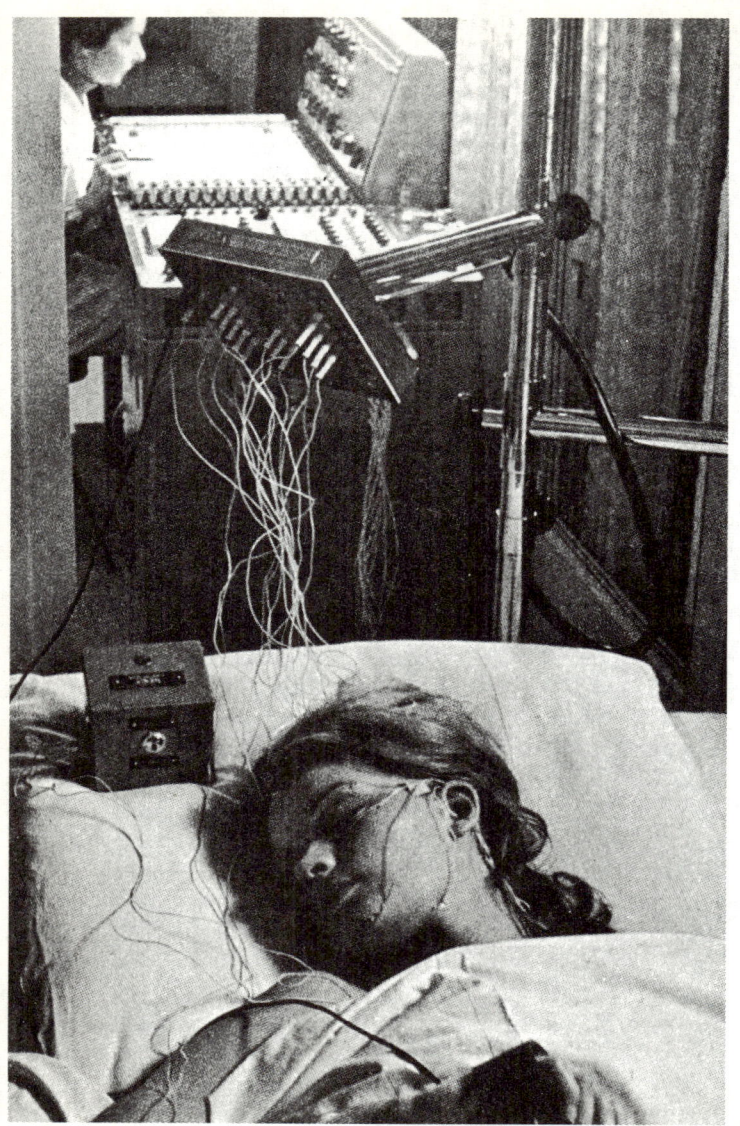

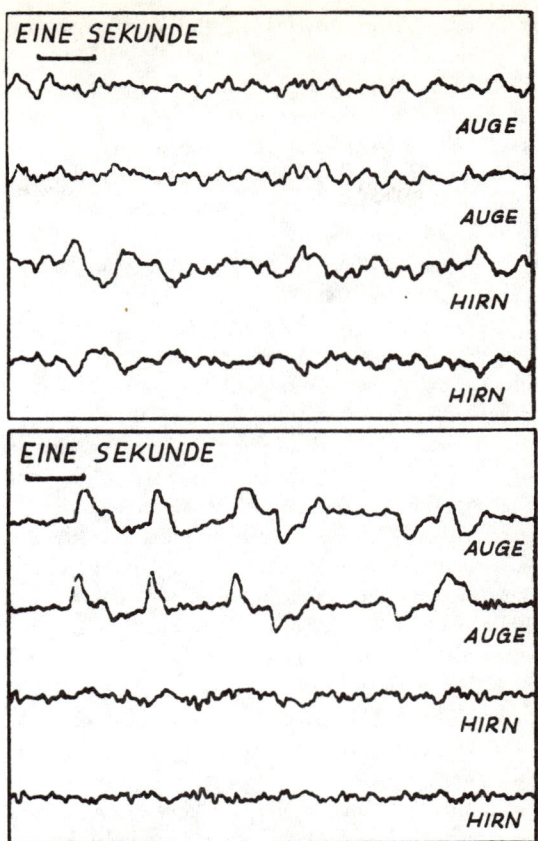

Jedes Schlafstadium hat seine Charakteristika

Die Aufzeichnungen des Gehirnschreibers zeigen die Tätigkeit der Augen und des Gehirns während des Schlafs (oben) und während des Träumens (unten). Im Tiefschlaf sind die Augenbewegungen nur oberflächlich, während das Gehirn langsam, aber deutlich arbeitet. Der Herzschlag und die Temperatur sinken. Die Atmung ist langsam und gleichmäßig.

Beim Träumer sind vergleichsweise die Augenbewegungen schnell, während die Gehirnwellen einen niedrigeren Ausschlag zeigen, wobei ein Ansteigen der Herzfunktionen, der Atmung und des Blutdrucks eindeutig zu beobachten sind, aber mit starken Schwankungen.

paradoxen Schlafzustand hinwiesen, gab dieser folgerichtig an, geträumt zu haben, und konnte in den meisten Fällen seinen Traum auch erzählen. Eine Person, bei der im paradoxen Schlaf regelmäßige rhythmische Augenbewegungen festgestellt worden waren – und zwar in horizontaler Richtung –, gab an, im Traum einem Tennisspiel zugesehen zu haben; wogegen eine andere Person, bei der rhythmische Augenbewegungen in vertikaler Richtung nachgewiesen werden konnten, nachher erzählte, sie sei eine Treppe hinaufgegangen. Ähnlich dem Wachzustand wiesen fast alle untersuchten Träume eine logische Struktur auf.

Zwischen Trauminhalten und schnellen Augenbewegungen besteht also ein qualitativer Zusammenhang, wobei die Amplitude der schnellen Augenbewegungen abhängig ist von der Intensität des Traumerlebnisses. Wenn schnelle Augenbewegungen mit hoher Amplitude im EOG aufgezeichnet werden, dann kann man sicher sein, daß die Versuchsperson aktiv, also als handelnde Person, am Traumgeschehen teilnimmt. Wenn dagegen die Amplitude der schnellen Augenbewegungen klein bleibt, so ist der Träumende nur passiv, also als Beobachter, am Traumgeschehen beteiligt. Die Wissenschaft unterscheidet aus diesem Grund »aktive« und »passive« schnelle Augenbewegungen.

Es soll nicht unerwähnt bleiben, daß auch Atmung, Herzfrequenz und Blutdruck eindeutig auf Traumerlebnisse reagieren. Veränderungen dieser Art sind verhältnismäßig einfach mit den modernen technischen Geräten zu messen, die der Medizin zur Verfügung stehen.

Wenn wir nun versuchen wollen, unsere eigenen Träume oder die anderer Personen mit Hilfe dieses Traumsymbolbuches zu deuten, so müssen wir nebenher die verschiedenen Voraussetzungen und Umstände ergründen und in Betracht ziehen. Es kann sich um Fieberträume handeln oder um solche, die von einem überfüllten Magen herrühren. Sind Träume durch äußere Reize (Geräusche, Abgleiten der Bettdecke, Licht- und Geruchsreize) entstanden, so handelt es sich lediglich um Schlafschutzträume, bei denen wir keinen hintergründigen Sinn suchen sollten.

Größere Aufmerksamkeit sollten wir dagegen den *Warnträumen* widmen, bei denen die Bilder manchmal sehr deutlich sind, wenn man die Symbole richtig zu lesen versteht. Beim *Tiefentraum* sollten wir zuerst einmal versuchen zu ergründen, in welcher Beziehung der Traum zu allerjüngsten Tagesereignissen stehen könnte. Wenn man erst eine Verbindung hergestellt hat, werden auch meist die Traumsymbole eindeutiger und lesbarer. Ist aber der Tiefentraum nicht mit bekannten oder von der Person erinnerlichen Ereignissen zu verbinden, so müssen wir versuchen, alle Einzelheiten des Traums näher zu erfragen und aufzuzeichnen, eventuell auch nahestehende Personen des betreffenden Menschen über dessen Gewohnheiten, einsetzende Charakterveränderungen nach bestimmten Erlebnissen oder Kindheitsbegebenheiten zu befragen. Erst wenn wir möglichst viele Einzelheiten erfahren haben, können wir versuchen, das jeweilige Traumerlebnis mit Hilfe des Traumsymbollexikons zu deuten. Manchmal, in ernsteren Fällen, wird es besser sein, einen erfahrenen Psychotherapeuten zu Rate zu ziehen.

In jedem Fall aber sollte man objektiv, möglichst neutral und sachlich mit der Analyse beginnen; denn es kann der Sache kaum förderlich sein, wenn wir alles so ausdeuten, wie es uns gerade paßt, oder wenn wir die Traumsprache in einer Art deuten und interpretieren, wie es sich gerade ergibt. Aus diesem Grund ist die Analyse eigener Träume äußerst schwierig, da die meisten sich selbst gegenüber kaum ein neutraler Schiedsrichter sein können. Welcher Angeklagte würde sich schließlich selbst verurteilen?

Das *Lexikon der Traumsymbole* wurde unter Berücksichtigung verschiedener alter Traumbücher und Quellen (ägyptischen, arabischen und mittelalterlichen Ursprungs), der Deutungen, die sich in den französischen »Sciences occultes« finden, der modernen Psychoanalyse und aus eigener praktischer Erfahrung zusammengestellt. Dabei muß betont werden, daß nicht jeder Traum mit Hilfe dieses Lexikons erklärt und gedeutet werden kann, daß man sich auch nicht in jedem Fall blindlings der Symbole bedienen darf, die hier angeboten und interpretiert werden. Sind auch zahlreiche Gemeinsamkeiten der Traumsymbole bei vielen Völkern aller Zeiten eindeutig festzustellen, so darf nicht übersehen werden, daß der einzelne Mensch seine eigene, höchstpersönliche Traumsprache entwickeln kann. Das hängt nicht zuletzt auch von seinem Intelligenzquotienten ab. Je nach der Psyche des Träumers ist es möglich, daß er sich im Traum gewisser Symbole bedient, die ganz besonders raffiniert verschlüsselt sind und die sich nur schwer dechiffrieren lassen. Man muß sich also, ehe man an die Deutung geht, auch über die seelischen Eigenarten des Träumers ein Bild machen. In diesen Fällen ist zu empfehlen, ein eigenes *Traumsymbolbuch* anzufertigen, um sich gegebenenfalls erinnern zu können, Aufzeichnungen zu vergleichen und möglichst viele Träume zu notieren.

Am zweckmäßigsten ist es, sofort nach dem Erwachen seine Träume in Stichworten aufzuschreiben oder auch ausführlich zu Papier zu bringen und alle Einzelheiten zu notieren. Das sollte sogleich geschehen, nachts oder morgens, sobald man aus einem Traum erwacht; denn die Erfahrung hat gelehrt, daß Traumbilder sich sehr schnell verflüchtigen und aus dem Bewußtsein schwinden oder aber in ihrem Zusammenhang undeutlicher werden. Besonders Namen und Zahlen werden schnell vergessen, und schon nach einigen Minuten des Wachseins ist man nicht mehr in der Lage, eine genaue Zahlenfolge zu rekonstruieren. Zu jedem niedergeschriebenen Traum sollte notiert werden, welche Indizien für eine bestimmte Traumgruppe sprechen: ob es sich um einen Reiz- oder einen Warntraum handelt, ob das Traumerlebnis den Oberflächen-Tiefenträumen oder den wichtigen großen Tiefenträumen zuzuordnen ist. Nach einigen Tagen sollten wir noch einmal die Aufzeichnungen zur Hand nehmen und überprüfen, ob die erste spontane Deutung richtig gewesen ist oder ob eine andere Auslegung wahrscheinlicher wäre.

Ein weiterer Vorteil der Aufzeichnungen von Träumen liegt auf der Hand: Bei Wiederholungs- und Serienträumen kann man vergleichen – und wenn man allein nicht mehr weiterkommt, können diese Aufzeichnungen eine wertvolle Hilfe für geschulte Traumforscher sein, damit die von uns vielleicht übersehenen Zusammenhänge aufgedeckt werden können. Nicht immer sind wir uns selbst gegenüber kritisch genug, daß wir auch für uns unangenehme Dinge und Deutungen gelten lassen; hingegen können wir sicher sein, daß ein unparteiischer Schiedsrichter darauf keine Rücksicht nehmen wird und bemüht ist, die volle Wahrheit ans Licht zu bringen.

In manchen Fällen ist es auch ratsam, die eigenen Träume zu

zeichnen, weil Träume sich auch in Bildern darstellen und manche Bilder sich nur schwer mit Worten beschreiben lassen. Alle Aufzeichnungen sollten mit entsprechenden Daten versehen werden, um später feststellen zu können, in welchen Zeitabständen gleiche oder ähnliche Träume auftauchen.

Asiatische Traummalerei in der Mithila-Technik
In Nordostindien, im Bereich von Mithila, sind seit 3000 Jahren die Frauen außerordentlich kunstbegabt und malen »exklusiv«. Ihre Männer, Söhne und Brüder rühren den Pinsel nicht an. Die Frauen malen, so wird in Mithila versichert, ihre Traumerlebnisse, die sich in der Hauptsache an Fruchtbarkeitssymbole oder an Glückszeichen wie den Fisch anlehnen.

Ebenfalls zu empfehlen ist das Anlegen eines sogenannten *Nächtebuches*, in dem die Gedanken notiert werden sollten, die uns im Zusammenhang mit den Träumen kommen. Es ist oft verblüffend, welche Gedanken nachts auf uns einstürmen und welche Ideen uns kommen, die wir vielleicht am anderen Morgen wieder vergessen haben. Derjenige, der sich mit der Deutung von Träumen beschäftigt, sollte sich mit dem nötigen Ernst und angemessener Distanz, die ihm auch Kritik erlaubt, an die Arbeit machen. Das alphabetisch geordnete Verzeichnis der Traumsymbole soll eine erste Anleitung und Hilfe geben. Dabei betone ich noch einmal, daß kein Symbol so feststeht, daß es nicht durch andere Symbole ersetzt werden könnte.

Auf eine besondere Kategorie von Träumen sollte zum Schluß noch hingewiesen werden: die *Trostträume*, die sich bei schweren Krankheiten einstellen können. Diese können in wunderbaren Farben erlebt werden und äußerst schöne Bilder entstehen lassen. Wenn wir um eine solche Voraussetzung wissen, sollten wir uns keine allzu große Mühe geben, diese Träume zu untersuchen oder zu deuten; denn sie haben meist keinen anderen Zweck, als ein wohltuendes Trugbild vorzugaukeln, mit dem sich die Seele tröstet.

Um eigene und fremde Träume besser und geordneter aufzuzeichnen, empfiehlt sich ein kleiner *Fragebogen*, der vervielfältigt werden kann und in den man alle wichtigen Notizen und Bemerkungen eintragen soll. Sie finden einen solchen Fragebogen nachstehend abgedruckt, der in der wissenschaftlichen Traumdeutung jedoch viel umfangreicher ist. Mit dem Nachschlagen im lexikalischen Teil sollte erst dann begonnen werden, wenn alle Fragen beantwortet sind.

Fragebogen zur Traumdeutung

Zeitpunkt des Traumes

Tag:_____ Nacht vom_____ zum_____

Uhrzeit (ungefähr): _____

Bald nach dem Einschlafen: _____

Spät in der Nacht: _____

Vor dem Erwachen am Morgen: _____

Grundidee (in Stichwörtern): _____

_____

_____

_____

_____

Einzelheiten (Handlung, vorkommende Personen, Gegenstände,
Zusammenhänge): _____

_____

_____

_____

_____

_____

_____

_____

_____

_____

_____

Nahrungsmittel
Hauptgericht der wichtigsten Mahlzeit des vorangehenden Tages:

_____

Speisen, die am Abend vor der Traumnacht gegessen wurden:

_____

Nebenspeisen oder Genußmittel, die in größeren Mengen als normalerweise konsumiert wurden (Kaffee, Tabak, Alkohol): _____

_____

Gesundheitszustand
Liegt eine körperliche Verunstaltung vor: _____

_____

Wird der Träumende von gesundheitlichen Beschwerden geplagt:

_____

Chronisch: _____

Seit einiger Zeit: _____

Neuerkrankung: _____

Bestanden in der Traumnacht gesundheitliche Beschwerden (Fieber, z.B. im Zusammenhang mit einer Erkältung; Frauen müssen unbedingt angeben, ob die Periode in die Traumzeit fällt oder ob Unruhe wegen einer Verzögerung der Periode bzw. einer möglichen Schwangerschaft herrscht): _____

_____

_____

Deutung des Traumes
Erinnert der Traum, nach Stichwörtern festgehalten, an eine bestimmte Begebenheit, die sich tatsächlich ereignet hat? Welche Zusammenhänge bestehen zwischen der Erinnerung und dem Traumgeschehen: _____

_____

_____

_____

_____

_____

Wie erklärt sich der Träumer seinen Traum: _____

_____

_____

_____

Wurde schon einmal etwas Ähnliches geträumt: _____

_____

_____

Wann: _____

_____

Mehrfach: _____

_____

Mit welchen Abweichungen: _____

_____

In welche Kategorie fällt der Traum vermutlich: _____

_____

Was ist daraus tatsächlich mit Hilfe des Traumsymbollexikons
abzulesen – wie kann der Traum gedeutet werden: _____

_____

_____

_____

_____

Welche zusätzlichen Traumsymbole traten auf, die im Lexikon
nicht zu finden sind:

_____

_____

_____

_____

_____

Zweiter Teil:

Traumanalysen

1. Geburtsträume

»Ich ging – oder schwebte vielmehr – durch einen schmalen Fels-spalt. Es dauerte sehr lange, bis ich wieder ans Tageslicht kam. Über dem Ausgang stürzte ein Wasserfall herab. Ich trat seitlich heraus und entfernte mich von der Felsspalte. Plötzlich waren – wie aus dem Boden gestampft – mehrere Männer da, die vor mir den Hang hinaufkletterten.«

Der sechzehnjährige Ingo Sch., der wegen Bettnässens in ärztliche Behandlung kam, gab bei seiner Traumschilderung weiter an, daß die Spalte schmaler war als er, daß sie vor ihm auseinanderglitt und sich hinter ihm wieder schloß. Dabei hatte er das Gefühl, daß es innerhalb der Spalte schöner war als außerhalb, wo ein trüber Tag herrschte und es naßkalt war.

Die in diesem Traum geschilderten Erlebnisse verweisen eindeutig auf einen Geburtstraum, wobei es bezeichnend für die allgemeine Lebensangst des Patienten ist, daß er sich innerhalb der Spalte (im Mutterleib) geborgen fühlt und sich außerhalb (in der Welt) nicht zurechtfinden kann. Es ist immer wieder erstaunlich, wie sich in späteren Träumen die Empfindungen des Kindes vor oder während der Geburt widerspiegeln, welche Erlebnisspuren (im Unterbewußtsein) dieser Vorgang hinterläßt und wie diese sich später in den Träumen äußern.

*

»Jede Nacht schrecke ich zwei- bis dreimal aus dem Schlaf empor. Immer sind es Angstträume, die mich quälen und die wohl mit meinem Beruf zusammenhängen. Immer sehe ich riesengroße Betten auf mich zukommen. Dabei habe ich das Gefühl, die Atmung würde aussetzen und ich würde erdrückt. Dann erwache ich schweißgebadet.«

Diese Alpträume des achtundzwanzigjährigen Automechanikers Bruno K. haben sicher nur indirekt mit seinem Beruf zu tun. Er konnte bei seiner Erzählung nicht angeben, warum er in diese Angstträume verfiel. Auch seine frühesten Kindheitserinnerungen, die ihm noch gegenwärtig waren, konnten keinen Aufschluß geben. Eine Befragung der noch lebenden Mutter ergab, daß Bruno K. sich an ähnliche Träume vor seinem zwanzigsten Lebensjahr nicht erinnern konnte.

Nach seiner Schulzeit arbeitete er zuerst als Tankwart und absolvierte dann eine Lehre als Kraftfahrzeugmechaniker. Von nun an arbeitete er vorwiegend unter dem Auto liegend. Die erdrückende Enge, die dort herrschte, muß im Unterbewußtsein das »schlummernde« Trauma seiner Geburt, bei der sein Kopf in starkem Maße gedrückt und deformiert worden war, »erweckt« haben. Die Deformation seiner Kopfform bildete sich in den ersten Lebensmonaten zurück, was zu einer normalen Kopfform führte.

2. Frühkindliche Traumata

»Irgend etwas bewegt sich in großen Kreisen um mein Gesicht. Dann werden die Kreise immer kleiner und schneller, immer schneller und beängstigender. Plötzlich stürzt etwas mit einem brausenden Geräusch auf mich zu. In diesem Augenblick erwachte ich mit einem Aufschrei.«

Anne S. ist zweiundzwanzig Jahre alt und Studentin. Mit einigen Bekannten war sie nach Norwegen gefahren. Drei Wochen lang lernten sie Land und Leute kennen, und da sie wenig Geld besaßen, schliefen sie in Zelten und aßen unregelmäßig. Völlig erschöpft und mit hohem Fieber kam Anne S. wieder nach Hause. Nachdem sie ihren ersten Heißhunger gestillt hatte, legte sie sich zu Bett und schlief gleich ein, fuhr aber nach kurzer Zeit mit einem gellenden Aufschrei aus ihren Träumen auf. Sie setzte sich in ihrem Bett auf, konnte sich nicht besinnen, wo sie war, und zitterte vor Angst. Dies wiederholte sich mehrere Male. Als Anne S. wieder einigermaßen bei Kräften war, erzählte sie ihren Traum ihrer Mutter, die spontan erwiderte: »Ich habe es dem Vater immer wieder gesagt, daß er das nicht tun solle.«

Wie sich herausstellte, hatte der Vater bei dem wenige Tage alten Säugling, um dessen Aufmerksamkeit auf sich zu lenken und eine Reaktion zu erzielen, sich an das Bett gestellt und mit der Hand erst große, dann immer kleiner werdende Kreise vor dem Gesicht der kleinen Anne gezogen, indem sich seine Hand immer näher auf das Kind zubewegte. Diese Bewegungen endeten damit, daß er mit einem zischenden Geräusch Anne plötzlich unter dem Kinn kitzelte. Die Mutter konnte sich noch genau daran erinnern, wie das Kind jedesmal erschreckt zusammengezuckt war. Die zweiundzwanzigjährige Studentin konnte sich selbstverständlich daran nicht mehr erinnern.

Dieser Fall zeigt sehr eindringlich, daß frühkindliche Traumata vergessen werden, in späteren Jahren aber in den Träumen der Erwachsenen wieder hervorbrechen können. Der auslösende Faktor bei Anne S. war ihre totale Erschöpfung gewesen.

*

Der Fall der fünfundzwanzigjährigen Claudia B. muß zusammenfassend betrachtet werden. Sie hatte eine unerklärliche Angst vor Dunkelheit und schreckte nachts öfter aus dem Schlaf. Sie klagte über Schwindelgefühl und über ständige Müdigkeit. Wenn sie im Bett lag, quälte sie das Gefühl, ihren Kopf nicht heben zu können. Auch gab sie an, unter Platzangst zu leiden, besonders in engen Straßen und Alleen, weil sie befürchtete, Häuser und Bäume könnten in halber Höhe abknicken, auf sie herabstürzen und sie unter sich begraben.

Die nächtlichen Ängste steigerten sich zu einer Neurose, als die Mutter von Claudia B. starb. Zu diesem Zeitpunkt war Claudia zweiundzwanzig Jahre alt. Befragt über ihre Kindheitserinnerungen, konnte sie keine Angaben machen, die auf ein frühkindliches

Trauma hätten schließen lassen. Nach längerem Suchen konnte das frühere Kindermädchen ausfindig gemacht werden, das sich an folgende Einzelheiten erinnerte:

Claudias Mutter hatte nach der Geburt ein Kindbettfieber durchgemacht. Aus diesem Grund verbrachte der Säugling seine ersten sechs Lebenswochen in einem Krankenhaus, ohne in Kontakt mit der Mutter zu kommen. Dort habe sie fast ununterbrochen geschrien. Als Claudia dann nach Hause kam, war sie so geschwächt, daß sie kaum mehr den Kopf heben konnte. Claudia galt als »Schreikind«. Nach einiger Zeit gewöhnte sie sich das ständige Schreien ab.

Aus der extrem unglücklichen Situation der ersten Lebenswochen und den immer wiederkehrenden Rückerinnerungen an die traumatischen Erlebnisse im Krankenhaus ohne die mütterliche Fürsorge und Wärme resultierten alle späteren Erscheinungen wie Aufschrecken, Körpersensationen, Dunkelangst und das Gefühl, den Kopf nicht heben zu können. Diese Ängste wurden permanent deutlich, wenn Dunkelheit, Müdigkeit und herabgesetzte Bewußtseinskontrolle in der Nacht eintraten. Die Häuser in ihren Träumen, die abzuknicken drohten, waren weiß – das waren die Ärzte, die zur Visite gekommen waren und sich über das Bett des Säuglings gebeugt hatten.

Bezeichnend ist der Zeitpunkt, zu dem diese Angstträume deutlicher und intensiver wurden: der Tod der Mutter. Ihr Fehlen in den ersten Lebenswochen führte bei Claudia zu traumatischen Unlustreizen, denen sie in dem Krankenhaus ausgesetzt war. Claudia beruhigte sich, als die Mutter sich um sie kümmern konnte, als sie ihre Wärme spürte und sich geborgen fühlte. Beim Tod der Mutter wiederholte sich symbolisch die frühkindliche Traumatisierung bei dem inzwischen zweiundzwanzig Jahre alt gewordenen Mädchen, wobei die alten Ängste mit großer Intensität wieder hervorbrachen.

Ihr behandelnder Arzt benötigte nur acht Stunden, um sie von ihren fürchterlichen Angstzuständen zu heilen. Er erklärte ihr die Symptome, worauf sehr bald die Ängste wichen. Der Hospitalismus, der sich bei Claudia B. als frühkindliches Trauma festgesetzt hatte und sich bis zur Neurose steigerte, konnte völlig geheilt werden.

3. Drachen- und Tierträume

»Ich war in einem großen Wald, und da war es sehr dunkel. Die Blätter an den Bäumen waren ganz groß und dick. Von den Bäumen hingen lange Schläuche, die fast bis zur Erde reichten. Weil der Boden ganz naß war, habe ich mich an einen solchen Schlauch gehängt und bin über den Boden geschwebt. Plötzlich war da ein ganz großer Berg. Überall schrien Tiere. Die konnte ich nicht sehen, weil die Bäume so dicht waren. Der Berg war höher als die Bäume ringsum. Als ich auf den Berg klettern wollte, bewegte er sich. Der Berg war auf einmal ein ganz großes Tier, das auf seinem Rücken viele Stacheln hatte. Aus dem Mund dampfte es ganz wild wie eine Lokomotive. Wenn sich das Tier bewegte, zitterte die ganze Erde. Dabei hat es immer geregnet. Als ich aufwachte, hat mich Mami mit einem Handtuch abgetrocknet, weil ich doch ganz naß geworden bin.«

Wolfgang W. ist vier Jahre alt. Ein Einzelkind, das keinen Kindergarten besucht. Aus erzieherischer Überzeugung hatten ihm die Eltern keine Märchen, Sagen oder Gruselgeschichten erzählt. Ein Fernsehgerät ist in der Familie nicht vorhanden. Als Wolfgang die Bezeichnung Drache hörte, wußte er nichts damit anzufangen. Auch von Urlandschaften oder Naturkatastrophen hatte er niemals vorher gehört.

Dieser Traum des kleinen Wolfgang beweist eindeutig, daß in Kindern Urvorstellungen vorhanden sind. Nach Auffassung vieler moderner Wissenschaftler stellt der Traum des Menschen ein Relikt aus früheren stammesgeschichtlichen Entwicklungsstufen unseres Seelenlebens dar.

Wolfgang hatte sich erkältet und hatte deshalb erhöhte Temperatur. In seinem Fiebertraum hatte er geschwitzt, so daß er beim Erwachen tatsächlich glaubte, er sei von dem Regen, den er im Traum gesehen hatte, naß geworden. Die Mutter trocknete ihn mit einem Handtuch ab, so wie sie es immer tat, wenn Wolfgang aus der Badewanne kam oder wenn er einmal vom Regen durchnäßt worden war.

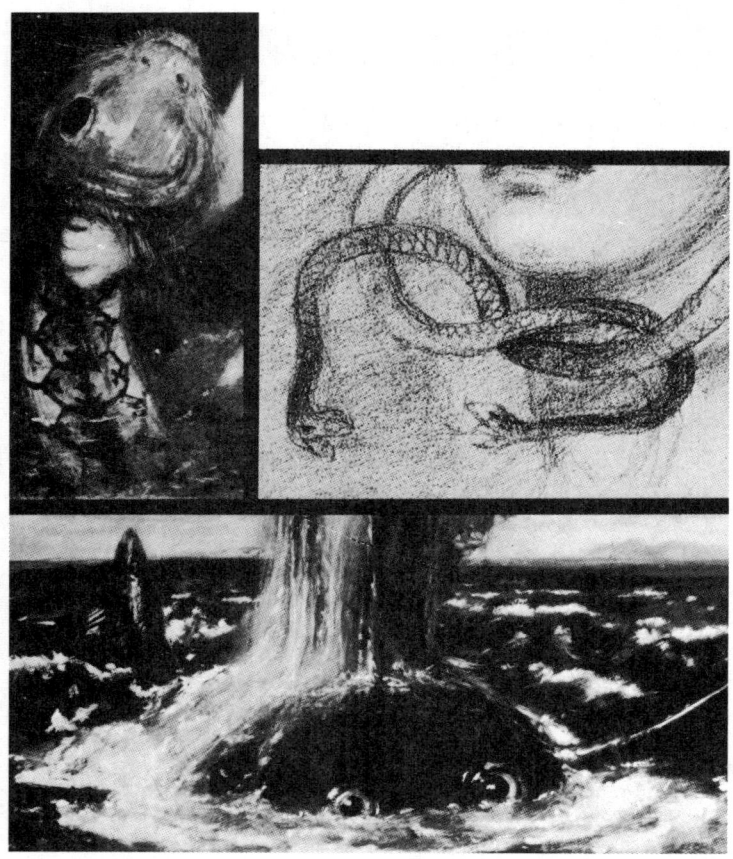

Traumbilder Böcklins
Von dem Maler Böcklin weiß man, daß er von schweren Träumen geplagt
wurde. Er brachte viele seiner oft erschreckenden und entsetzlichen Träume
in seinen Bildern zum Ausdruck, die Urwesen darstellen.

»Auf meinem Heimweg entdeckte ich im Traum, wie sich eine kleine dicke Schlange langsam auf mein Elternhaus zubewegte. In der folgenden Nacht befand ich mich im Traum wieder auf dem gleichen Weg. Jetzt war es aber eine viel größere und dickere Schlange, die sich durch unseren Gartenzaun zwängte. Ich hörte, wie sie sich die Treppe hinaufschlängelte und dann oben eine Tür öffnete. Da kam mein Bruder nach Hause. Ich wollte ihn warnen; aber es war schon zu spät. Er hielt die Schlange in der Hand und zerdrückte sie fast. Doch die Schlange war jetzt gar nicht mehr häßlich, sondern hatte wundervoll schillernde Farben.«

Erotisch-sexuelles Denken ist in der vierundzwanzigjährigen Marlies K. erwacht, zunächst noch zaghaft – das Symbol der kleinen Schlange –, dann stärker zunehmend, durch die dickere Schlange dargestellt. In ihrem Elternhaus sieht sie das Sinnbild ihrer eigenen Person. Das Öffnen der Tür durch die Schlange ist ein sicheres Zeichen für vorhandene Liebesbereitschaft (Öffnen einer unbekannten Tür). Der Bruder ist in ihrem Traum nur eine mahnende Besinnungserscheinung auf sich selbst. Wahrscheinlich sträubt sie sich im Augenblick noch gegen die erwachenden Gefühlsregungen. Das Zerdrücken der Schlange ist ein Zeichen der Angst vor der Problematik des Empfindens. Aber die Schlange wird schöner, ein Zeichen, daß das natürliche Verlangen in ihr die Oberhand gewinnt.

*

»Im Traum befand ich mich in einem mir gänzlich unbekannten Haus. Es stand ganz allein in einer unendlichen Ebene. Es war sehr hell draußen. Man konnte aber keine Sonne sehen. Plötzlich hörte ich einen Schrei. Ich sah zum wolkenlosen Himmel auf, und von dort sprang ein Tiger auf die Erde hinab. Noch bevor ich die Tür hinter mir schließen konnte, hatte der Tiger bereits eine Tatze dazwischen gestellt. Nach einiger Mühe gelang es mir aber doch, die Türe zu schließen. Dann geschah dasselbe noch einmal: Wieder hörte ich einen Schrei und wieder kam ein Tiger vom Himmel, der diesmal mein Kind bedrohte. Wieder gelang es mir, mein Kind zu retten.«

Ein Tiger ist ein Symbol für große Leidenschaft. Das angreifende Tier bedeutet, daß Frau Renate J. (22 Jahre) seitens eines rachesüchtigen Menschen großen Schaden erleiden wird, zumindest von einem solchen bedroht wird. Sie sollte sehr auf ihre Wünsche und Empfindungen achten, damit ihr und ihrer Ehe keine Gefahr droht. Irgend etwas, das mit einem anderen Mann zusammenhängt, wird in nächster Zeit – oder ist bereits – geschehen. Sie sollte sich vor Unüberlegtheit hüten.

4. Hexen- und Gespensterträume

»Ich spielte in einem schönen Garten. Da waren ganz viele Blumen. Plötzlich kam eine Hexe, und die hat gelacht. Sie hat mir befohlen, eine Blume zu pflücken und dann zu essen. Da kam Mutti und sagte zu mir: ›Nein, Kai, tu das nicht!‹ Nun waren es ganz viele Hexen, die mich und Mutti und noch ganz viele andere Leute jagten und sich auch gegenseitig verfolgten. Eine war besonders schlimm, die hat alle anderen gejagt, aber die entkamen, weil die böse Hexe stolperte und in die Blumen fiel.«

Der fünfjährige Kai H. ist ein phantasievoller, sensibler und ängstlicher Junge. Manchmal läßt er sich zu Wutausbrüchen hinreißen und beschimpft dann auch seine Eltern. Kai ist Bettnässer. Natürlich kennt er Märchen und daher auch Hexen wie auch die Bedeutung von »Gut« und »Böse«. Sein Vater ist selten zu Hause, da er als Vertreter für eine Firma ständig unterwegs ist. Die Erziehung des Kindes liegt ganz in den Händen der Mutter und der Großmutter (väterlicherseits). Die Großmutter ist herrisch und egoistisch und tyrannisiert die ganze Familie. Man ist auf sie angewiesen, da sie von ihrer hohen Rente einen beträchtlichen Teil zum Haushalt beisteuert und das eigene Geld nicht reicht. Die Mutter wagt ihrer Schwiegermutter nicht zu widersprechen, weil sie fürchtet, mit ihrem Mann in Streit zu geraten. Die Großmutter nörgelt ständig an ihrem Enkel herum, besonders wenn er einmal zu sehr herumtollt oder wenn er nicht essen will. Sie steht auf dem Standpunkt: Was auf den Tisch kommt, wird gegessen. Kai ist Einzelkind. Die Mutter versucht meist einzulenken und ihrer Schwiegermutter begreiflich zu machen, daß auch sie als Kind nicht immer jedes Gericht gemocht habe.

So wird verständlich, warum die Hexe, die von Kai als besonders alt und besonders böse geschildert wird, ihm befiehlt, Blumen zu

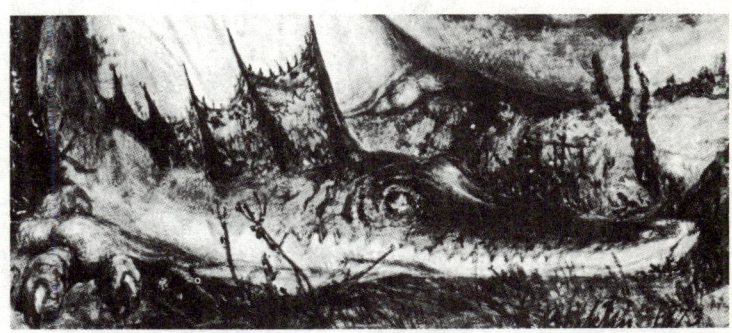

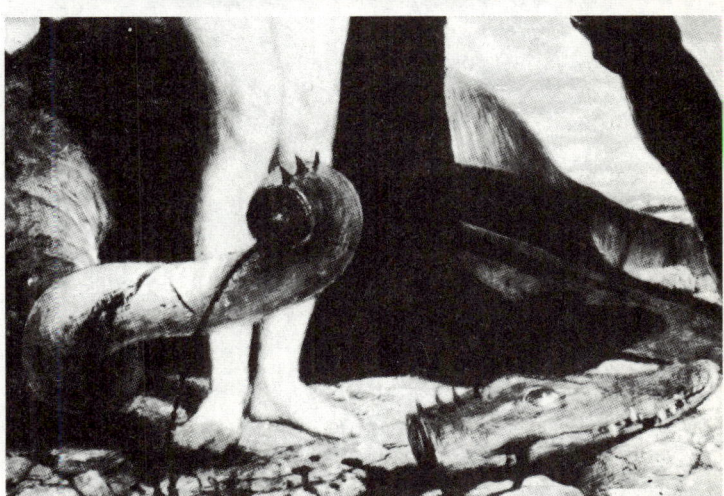

Aus Böcklins Traumbildwelt
Manche von Böcklin dargestellten »Urwesen« – Traumtiere des Schreckens – werden dann von »Helden« zur Strecke gebracht.

essen, ein Gedanke, der dem Kind völlig absurd erscheinen muß. Die Hexe ist also die Großmutter, vor der nicht nur er und die Mutter fliehen, sondern auch »viele andere Leute«. Die Großmutter steht für das allgemein Böse.

*

»In der vergangenen Nacht hatte ich folgenden Traum: Ich lag in meinem Bett und erwachte von einem heftigen Klingeln an der Wohnungstür. Zunächst tat ich so, als hörte ich nichts. Ich hatte Angst, daß mich etwas Unangenehmes erwarte. Nach einer Weile war ich aber doch neugierig und schlich mich zur Tür. Da stand plötzlich mitten im Zimmer ein kleines häßliches Gespenst und grinste böse. Wieder tat ich so, als merkte ich nichts, und schlich zurück in mein Bett.«

Daß die achtunddreißigjährige Petra A. sich selbst im Bett sieht, kann einmal im erotischen Sinn zu verstehen sein, aber auch einem Ruhebedürfnis Ausdruck geben, nach dem sich das Unterbewußtsein sehnt. Die letztere Aussage liegt deshalb besonders nahe, weil es in ihrem Traum plötzlich klingelt. Man wird als Schlafender durch ein Alarmzeichen der eigenen Nerven beruhigt. Da sie einen Geist sieht, wird sie etwas Unangenehmes erfahren. Der Geist, den Frau A. als kleinen häßlichen Mann beschreibt, kann aber auch darauf hindeuten, daß in erotischer Hinsicht die innere Ordnung gestört ist. Der Volksmund sagt: »Wie man sich bettet, so liegt man!« Darunter ist im übertragenen Sinn zu verstehen, daß derjenige nicht gut in seinem Bett liegt, der Dinge zu verkraften hat, die außerhalb der üblichen Ordnung liegen. Es wäre also möglich, daß Frau A. durch eigenes Verhalten in ein Stadium innerer Unruhe geraten ist, die das Seelenleben nicht mehr ohne Proteste zu verkraften vermag.

Schreckensmasken, die nach Träumen gestaltet werden
Zahlreiche afrikanische und südasiatische Masken – vor allem Teufelsmasken – werden, nach den eigenen Aussagen der Maskenschnitzer, aufgrund von Traumerlebnissen gestaltet. Dabei ist jedoch zu bemerken, daß diese Traumerlebnisse offenbar durch traditionelle »Grundzüge« stark beeinflußt werden.

5. Reinkarnationsträume

Im April 1950 starb ein zehnjähriger Junge mit Namen Jain, Sohn von Bholanath Jain, an Blattern in einem Haus in Kosi Kalan, einer kleinen indischen Stadt in Uttar Pradesh. Am Tag seines Todes lag er im Fiebertraum. Dabei sagte er zweimal zu seiner an seinem Lager sitzenden Mutter: »Du bist nicht meine Mutter. Ich will zu meiner Mutter!«, wobei er in Richtung einer anderen Stadt zeigte. Im August des folgenden Jahres wurde der Frau von Brijal Vrashnay in Chhatta ein Sohn geboren, der Prakash genannt wurde. Im Alter von viereinhalb Jahren begann dieser mitten in der Nacht aufzuwachen, aufzustehen und auf die Straße zu laufen. Als er einmal dabei aufgehalten und gefragt wurde, was er denn zu so später Stunde auf der Straße suche, sagte er, sein Name sei Nirmal und er wolle nach Hause nach Kosi Kalan gehen.

Als Prakash fünf Jahre alt geworden war, wurden seine Erinnerungen an sein Leben als Nirmal erstaunlich lebhaft. Seine Familie unternahm verschiedene Maßnahmen in der Hoffnung, daß der kleine Prakash seine Träume über Nirmal und Kosi Kalan aufgeben würde. Sie setzten ihn auf eine Töpferscheibe und drehten ihn gegen den Uhrzeigersinn, vermutlich um sein Gedächtnis zu schwächen. Gelegentlich schlugen sie ihn sogar, wenn er von seinen Träumen erzählte. Nach einiger Zeit schien Prakash sein Leben als Nirmal vergessen zu haben, zumindest sprach er nicht mehr offen von seinem Wunsch, nach Kosi Kalan zurückzukehren.

Dieser ist einer von 600 Berichten, die der amerikanische Wissenschaftler Professor Ian Stevenson von der Universität in Charlottesville über Reinkarnationsphänomene sammelte und nachprüfte. Professor Stevenson stellte fest, daß die meisten Versuchspersonen die Erinnerung an ein von ihnen behauptetes anderes Leben vor ihrem eigenen Leben zwischen dem fünften und zehnten Lebensjahr vergessen. Die gesammelten Berichte stammen aus allen Ländern der Erde.

Der Wissenschaftler hörte von diesem Fall auf einer seiner Forschungsreisen durch Indien und ging den Angaben nach. Dabei entdeckte er die seltsamen Übereinstimmungen der Fälle Jain aus Kosi Kalan und Prakash aus Chhatta.

*

Während seiner Untersuchungen in Südostalaska unter den Tlingit-Indianern ermittelte Professor Stevenson den Fall des kleinen Jimmy Svenson in Sittka. Als dieser zwei Jahre alt war, begann er über den Bruder seiner Mutter, John Cisko, zu sprechen. Cisko hatte in dem kleinen Ort Klukwan, einige hundert Meilen von Sittka entfernt, gelebt. Cisko, ein übler Trinker, war zuletzt zwei Jahre vor der Geburt des kleinen Jimmy Svenson gesehen worden, als er mit seinem Boot und zwei Frauen aufs Meer gefahren war. Einige Stunden später wurde das Boot an der Küste gefunden. Die Untersuchungen ergaben, daß sich das Boot mit Wasser gefüllt hatte, bevor die wahrscheinlich betrunkenen Insassen die Gefahr bemerkten. Die Leichname der Frauen wurden in der Nähe des Bootes gefunden, aber der Ciskos blieb verschwunden. Seine Schwester war überzeugt, daß die beiden eifersüchtigen Frauen ihren Bruder ermordet hatten.

Als der kleine Jimmy geboren wurde, hatte er vier runde Narben auf seinem Unterleib. Professor Stevenson untersuchte Jimmy, der inzwischen neun Jahre alt geworden war, und stellte fest: »Die Narben ähneln nahezu verheilten Einschußwunden.« Zu dieser Zeit konnte sich Jimmy nicht mehr an ein Vorleben als Cisko erinnern.

*

»Wenn ich träume, dann gehe ich in alten Kirchen und in Burgen spazieren. Ich komme durch Klostergänge, von denen ich ganz genau weiß, daß ich diese schon einmal im wirklichen Leben gesehen habe und alles nur nachträume. Auch wenn ich verreise – und das passierte mir zum Beispiel während einer Italienfahrt –, dann stehe ich auf einmal vor Stadtbildern oder in Gegenden, von denen ich blitzartig weiß, daß ich dort schon einmal gewesen bin. Als ich kürzlich mit Freunden an einer astroalphabetischen Tafel experimentierte, ergab sich zu meinem Erstaunen für mich der lateinische Name eines Mannes, der im 15. Jahrhundert gelebt hatte.«

Solche Erlebnisse haben viele Menschen. Für dieses Phänomen gibt es zwei Erklärungen, die aus Gründen der Objektivität beide ohne Stellungnahme wiedergegeben werden sollen: Manche Forscher ziehen die Möglichkeit einer Wiedergeburt (Reinkarnation) in Betracht. Andererseits gibt es eine physiologische Erklärung: Dinge, die unbewußt aufgenommen werden – vielleicht sogar im Säuglingsalter –, Erlebnisse oder Erinnerungen an Namen, die besonderen Eindruck gemacht haben, werden zu unauslöschlichen Faktoren des Erinnerungsvermögens. Dabei muß man noch bedenken, daß jeder Mensch zwei ungleich gebaute Augen hat. Das rechte Auge zum Beispiel kann ein Bild um Bruchteile einer Sekunde früher aufnehmen als das linke – mit einer unterschiedlichen Verarbeitungszeit im Gehirn –, dann hat der Träumende effektiv etwas, das ihn in Erstaunen versetzt, schon einmal gesehen und glaubt es nachzuerleben. Aber er sah es nur einige Bruchteile von Sekunden zuvor, und nicht etwa in einem anderen Leben. Es fällt schwer, die Träume des dreiundvierzigjährigen Paul S. einer dieser Möglichkeiten zuzuordnen.

6. Schneideträume

»Ich war im Zoo, und es hat geschneit. Alles war ganz weiß. Auch die Eisbären haben gefroren. Da kam plötzlich ein großes Tier, das ich noch niemals zuvor gesehen habe. Es sah ganz schrecklich aus, hatte einen ganz langen Schwanz und ein riesengroßes Messer in der Hand. Ich habe schreckliche Angst gehabt, aber ich war allein, und niemand konnte mein Schreien hören. Das böse Tier kam immer näher, und ich konnte überhaupt nicht weglaufen. Jetzt habe ich keine Angst mehr, weil ich immer vorher aufwache, bevor mir das böse Tier mit dem Messer etwas abschneiden kann.«

Besonders Jungen im Alter zwischen fünf und sieben Jahren haben Schneideträume – ein Ausdruck der Kastrationsangst. Auffällig in diesem Alter ist eine Parallelerscheinung im wachen Zustand: Kinder lassen sich nur ungern Haare, Finger- und Fußnägel schneiden. Der siebenjährige Norbert W. hat offensichtlich die Schneide-
traumphase bald überwunden, denn er hat zur Selbsthilfe gegriffen. Norbert erkannte, daß er in dem Traum, den er immer wieder träumte, zwar von dem Ungeheuer bedroht, aber nie ernstlich verletzt wurde, weil er vorher aufwachte. Das war noch vor einem Jahr ganz anders. Nachts hörte ihn die Mutter einmal laut aufschreien und lief besorgt zu ihm. Als sie das Licht anschaltete, stand der Junge ganz ängstlich in einer Ecke seines Zimmers und rief: »Nicht schneiden! Nicht schneiden!« Dabei schüttelte er immer seinen Kopf hin und her, und aus den Augen kollerten dicke Tränen. Die Mutter benötigte eine Viertelstunde, bis sie ihren Sohn wieder beruhigt hatte und er wieder einschlief.

Der Grund für Norberts lang anhaltende Kastrationsangst war schnell gefunden. Die Eltern lebten in einer unglücklichen Ehe. Der Vater hatte eine Freundin und kam oft nachts nicht nach Hause. Die Mutter wollte sich nicht scheiden lassen. Es kam mehrmals zu heftigen Eheauseinandersetzungen vor dem Jungen. Unbewußt rächte sich die unzufriedene, in ihrer Weiblichkeit gekränkte Frau, indem sie mit ihrem Sohn ihrem Mann ein liebevolles Einvernehmen vorspielte, wobei sie Norbert in den Arm nahm, ihn herzte und abküßte. Wenn ihr Mann zu Hause war, fand sie wie zufällig Gelegenheit, nackt aus dem Bad durchs Wohnzimmer zu gehen, während Norbert verwundert neben seinem gelangweilten Vater saß. Die robuste Natur des Jungen wußte sich selbst zu helfen. Allerdings könnte sich dennoch ein neurotischer Dauerschaden einstellen, wenn nicht die familiären Verhältnisse bald bereinigt werden würden.

*

»Es war einmal ein wunderschöner Prinz. Der wohnte auf einem großen Schloß und hatte sehr viel Geld. Aber der junge Prinz war ganz unglücklich, weil er keine Prinzessin gehabt hat. Da hat er sich eine Hexe bestellt, die ihm eine schöne Prinzessin herzaubern sollte. Doch die böse Hexe verwandelte sich in einen Frosch, weil sie auf den Prinzen wegen seiner Schönheit neidisch war. Der Frosch aber holte eine große Schere und schnitt dem Prinzen damit ins Bein. Das hat sehr geblutet. Dadurch wurde der Prinz in einen alten Schuh verwandelt. Das hat mir sehr leid getan, weil er doch so schön gewesen ist und jetzt keine Prinzessin mehr suchen konnte. Dann bin ich aufgewacht und war sehr traurig.«

Der Schneidetraum der fünfjährigen Barbara K. beweist, daß auch Mädchen Schneideträume haben können. Ihr Traum ist ganz in die kindliche Märchenwelt eingebettet und erinnert an den *Froschkönig*. Das Kind weiß, daß Mann und Frau zusammengehören, wie sie es von ihren Eltern her kennt, die in offensichtlich harmonischer Ehe zusammenleben. Folgerichtig sehnt sich der junge Prinz nach einer schönen Prinzessin, denn diese gehören zusammen wie Barbara zu ihrem heißgeliebten Teddybär. Das Weibliche, nach dem sich der Prinz sehnt, verkehrt sich durch die böse Hexe in eine Gefahr, die die Männlichkeit des Prinzen bedroht. Die Hexe verwandelt sich in einen Frosch (weibliches Traumsymbol) und schneidet den Prinzen ins Bein. Dadurch wird der Prinz verzaubert und verwandelt sich in einen Schuh. Durch die Verletzung verlor er seine männlichen Eigenschaften, denn auch der Schuh gilt in der Traumforschung seit Freud als Symbol für weibliche Geschlechtsmerkmale.

7. Flug- und Fallträume

»Vor vier Monaten habe ich plötzlich meinen Mann, der eben erst dreiundvierzig Jahre alt geworden war, durch einen Herzschlag verloren. Seit dieser Zeit bin ich von einer panischen Angst vor dem Leben besessen. Ich habe Angst vor der Zukunft und weiß nicht, wie ich meine drei Mädchen durchbringen soll. Die Rente ist viel zu klein, um davon leben zu können. Nun träume ich seit einigen Tagen immer wieder, daß ich fliegen kann. Ich fliege einfach durchs Fenster, über die Dächer und entkomme so stets in letzter

Minute meinen Verfolgern. Aber beim Fliegen stoße ich dauernd auf Hindernisse, an Särge, die entweder in einem Zimmer stehen oder aber durch die Luft schweben. Es ist so unheimlich, daß ich direkt Angst habe, abends einzuschlafen.«

Der tragische Verlust hat das Nervensystem der sechsunddreißigjährigen Berta G. aus dem Gleichgewicht gebracht. Schlimmer aber ist eine Belastung, die sich anscheinend für ihr Herz ergab. Denn die Flugträume sind bei Erwachsenen fast immer durch eine gestörte oder momentan nicht normale Herzfunktion bedingt. Bei Kindern im Alter um vierzehn Jahre treten Flugträume relativ häufig auf. Die neuere Forschung führt das auf die Rückbildung der Thymusdrüse zurück, die in der Mittellinie des Körpers hinter dem Brustbein liegt und beim reifen Menschen völlig verkümmert. Ebenfalls wird mit dem Traum, in dem Frau G. fliegen kann, angedeutet, daß ihre Psyche sie im Traum trösten will. Es ist beinahe günstig zu nennen, daß sie auch von Särgen träumt, weil dies wahrscheinlich Abschlußträume sind gegenüber dem tragischen Erlebnis, unter dem sie noch leidet. Sie muß mit ihrem Arzt sprechen, damit er ihr ein leichtes Herzberuhigungsmittel gibt.

*

»In letzter Zeit leide ich besonders unter den Beschwerden der Wechseljahre. Häufig beunruhigt mich ein immer wiederkehrender Traum, der vielleicht mit meinem Zustand in Verbindung steht: Mitten in der Nacht fahre ich plötzlich aus dem Bett hoch und verspüre starkes Herzklopfen. Ich bin dann jedesmal in Schweiß gebadet. Auslösend ist immer wieder der gleiche Traum: Aus dem Nichts heraus falle ich plötzlich in die Tiefe. Dabei packt mich eine furchtbare Angst. Mit einem Male schlage ich dann unten in der Tiefe heftig auf, und das ist der Augenblick, in dem ich erwache und die oben geschilderten Erscheinungen feststelle.«

Der Traum der siebenundvierzig Jahre alten Gisela W. steht in engem Zusammenhang mit ihren klimakterischen Beschwerden. Sie sollte einen Arzt konsultieren. Es handelt sich offenbar um Störungen, die ihren Kreislauf in Mitleidenschaft ziehen. Bezeichnend ist vor allen Dingen das heftige Herzklopfen, das sie nach dem Aufwachen feststellte. Diese Herztätigkeit steigert sich wahrscheinlich während des Schlafes. Wird das für den Organismus unerträglich, reagiert das Unterbewußtsein mit diesem »Sturz« im Traum. Damit wird ihr lediglich die Belastung, die sie im Schlaf befällt, angezeigt.

Flug- und Fallträume bei Erwachsenen gehören eigentlich zu den Warnträumen, die Krankheiten ankündigen (siehe dort), während ihr Auftreten bei Kindern während einer bestimmten Wachstumsphase durchaus normal ist, wie bereits erläutert wurde.

8. Träume an der Scheinschwelle der Wirklichkeit

Der fünfzehnjährige Jörg K. aus Osnabrück war mit seinem Bruder in München gewesen. Nun fuhren beide im Zug wieder zurück. Sie saßen im Gang auf ihren Koffern, da alle Abteile besetzt waren. Die Fahrt war lang, und das eintönige Fahrgeräusch machte müde. Jörgs Kopf sank immer tiefer auf seine Brust – er war eingenickt. Plötzlich schreckte er aus seinen Träumen auf und schrie: »Nicht schießen! Nicht schießen!« Dann riß er das Fenster herunter und sprang aus dem fahrenden Zug, der gerade aus einem Bahnhof ausgefahren war. Man zog die Notbremse und barg den schwerverletzten Jungen, der sich unter anderem eine schwere Gehirnerschütterung zugezogen hatte. Noch Monate später war er nicht in der Lage zu erklären, was er eigentlich geträumt hatte und welcher Vorgang ihn veranlaßt hatte, den Notschrei zu tun und aus dem fahrenden Zug zu springen.

Dieser Fall ist eine Bestätigung dafür, daß Traumerlebnisse keineswegs an die obere Grenze unseres Bewußtseins gelangen müssen. Wir können ganze Nächte hindurch träumen, ohne daß auch nur ein einziger Traum uns in der Erinnerung greifbar bleibt.

Gleichzeitig aber ist der Traum von Jörg K. eine Bestätigung für die These der Psychiater, daß bei jungen Menschen – je jünger sie sind, um so deutlicher – das Traumgeschehen oft mit der Wirklichkeit ineinanderfließt. Die wache und die geträumte Welt sind dann

Alptraum zwischen Traum und Wirklichkeit
Dies kommt im Bild »Der Schrei« von Edvard Munch (1863–1944) zum
Ausdruck.

auf einmal die gleiche. Auffällig ist, daß diese Zwangsträume vor allem bei Jugendlichen im Alter zwischen dreizehn und sechzehn Jahren auftreten.

*

Arthur G. war mit seinen fünfzehn Jahren schmächtiger und kleiner als die gleichaltrigen Jungen in Birmingham. Darunter schien er aber keineswegs zu leiden, denn er hatte eine zähe Natur und einen gesunden Ehrgeiz. Er war ein leidlich guter Schüler und ein hervorragender Fußballspieler. Man hielt ihn allgemein für einen ruhigen und besonnenen Jungen, mit dem man nicht so leicht in Streit geraten konnte. Arthur lebte mit seinem verwitweten Vater in einem kleinen Einfamilienhaus. Man konnte sagen, daß Arthur sich mit seinem Vater recht gut verstand, abgesehen von kleinen Meinungsverschiedenheiten, die überall einmal auftauchen. Jeden Morgen weckte der Vater seinen Sohn. Dann wurde zusammen gefrühstückt, ehe sich beider Wege trennten, der Vater ging ins Büro, Arthur in die Schule.

Der 21. August 1974 begann wie jeder Morgen. Der Vater ging, nachdem er das Badezimmer verlassen hatte, in Arthurs Zimmer, um seinen Sohn zu wecken. Manchmal schlief der Junge so fest, daß er ordentlich wachgerüttelt werden mußte. An diesem Morgen schien Arthur in einem Alptraum zu liegen und bewegte sich unruhig in seinem Bett. Als der Vater herangetreten war, sprang Arthur plötzlich auf und schrie: »Hör doch endlich auf!« stürzte sich auf seinen Vater, so daß beide zu Boden fielen. Durch den Sturz hatte der Vater die Besinnung verloren, da er mit dem Hinterkopf auf den Boden gefallen war, während Arthur aus seinem Traum erwachte und in große Panik geriet, als er sah, was geschehen war und was er sich nicht erklären konnte. Zudem dachte er, der Vater sei tot, weil dieser sich nicht mehr rührte. Doch nach kurzer Zeit schlug er die Augen wieder auf.

Wie sich später herausstellte, hatte Arthur tatsächlich einen Alptraum gehabt. Ein unbekannter Mann hatte ihn verfolgt und ihn dann ohne Grund niedergeschlagen. Darauf setzte sich Arthur im Traum zur Wehr. Er konnte, als der Vater ihn weckte, Traum und Wirklichkeit nicht voneinander unterscheiden.

9. Warnträume – die Krankheiten ankündigen

»Erst war ich in einer Diskothek. Die Musik war sehr laut. Ein Junge holte mich zum Tanzen. Die Tanzfläche war voll von Menschen, die sich drängten. Doch dann war ich plötzlich mit meinem Partner ganz allein. Die Musik wurde immer wilder, der Rhythmus immer schneller, daß unsere Körper nur so hin- und herzuckten. Nach einiger Zeit merkte ich, daß ich ganz außer Atem war, doch meine Arme und Beine bewegten sich wie von selbst weiter, ja ich konnte nicht einmal mehr aufhören, obwohl ich es doch wollte. Plötzlich sah ich mich in einem Zirkus sitzen. Ein Mann trat in die Manege, zeigte auf mich und bat, ich solle zu ihm herunterkommen. Ich wußte gar nicht, was ich tun sollte. Die Menschen um mich herum klatschten wie toll in die Hände. Da wurde ich von zwei

Mit einer Ratte im Wasser
Ratten sind in der Traumsymbolik gefährliche Wesen. Träume, wie in dieser Zeichnung dargestellt (eine Zeichnung aus dem Ende des 19. Jahrhunderts), verraten eine starke physiologische Störung, die zur Vorsicht mahnt.

Zwergen in die Höhe gehoben und in die Manege getragen. Der Mann sagte, ich brauche überhaupt keine Angst zu haben, er würde jetzt mit mir einige Kunststücke machen. Dann faßte er mich am Handgelenk und zog mich mit sich in die Zirkuskuppel. Ich stand auf einer schmalen Stange und schaute in die Tiefe. Da gab mir der Mann, der hinter mir stand, einen Stoß, so daß ich in die Tiefe fiel. Plötzlich packte mich eine Hand, griff nach mir, hielt mich fest, und ich fand mich auf einer Schaukel wieder. Ungewollt war ich die Hauptattraktion einer Flugnummer geworden – und dabei klatschten die Leute ununterbrochen.«

Diesen Traum erzählte die fünfzehnjährige Anke B. dem Schularzt bei einer Routineuntersuchung, als dieser danach gefragt hatte, was sie nachts träumen würde. Nachdem sie darüber berichtet hatte, fand der Arzt seine Vermutung bestätigt. Er hatte vorher ihren Hals abgetastet und bei dem Mädchen eine vergrößerte Schilddrüse diagnostiziert. Auch Ankes Augäpfel waren merkwürdig groß und traten etwas hervor. Eine nachfolgende eingehende Untersuchung im Krankenhaus ergab, daß Anke an einer Überfunktion der Schilddrüse litt. Die Traumforschung hat festgestellt, daß diese Kranken sehr oft Tanz- und heftige Bewegungsträume haben und daß ihre Traumerlebnisse sich oft im Zirkus oder auf Varietébühnen abspielen.

※

»Seit Jahren habe ich immer wieder den gleichen Traum: Ich stehe allein auf weiter Flur oder auf einer einsamen Straße. Auf einmal sehe ich ein Flugzeug auf mich zukommen. Wenn es über mir ist, zieht es Kreise und kommt dann immer niedriger. Plötzlich ist die Maschine so tief, daß sie gegen eine Erhebung oder gegen ein Haus ganz in der Nähe prallt und brennend abstürzt. Aber mir passiert nie etwas dabei. Wenn ich dann erwache, habe ich kein Angstgefühl, vielmehr das Empfinden, daß ich ein Unglück gut überstanden habe.«

Der Traum des achtundvierzigjährigen Peter St. ist nach der physiologischen Analyse typisch für einen Herzschaden, der sich allerdings noch nicht sehr stark bemerkbar macht, aber doch im Laufe der Nacht auftritt und an sich geeignet wäre, den Schlaf zu stören. Um nun den Schlaf zu retten gegenüber der körperlichen Störung, der Disfunktion des Herzens, hat Herr St. diesen Traum. Er reicht offenbar aus, über die Klippe hinwegzuhelfen, führt aber dennoch in den meisten Fällen zum Erwachen. Wenn er erwacht ist, sind die Spannung und der Streß, gegen den er sich im Traum zur Wehr setzte, überwunden. Er fühlt sich erleichtert.

Er sollte für eine gute Durchlüftung des Schlafzimmers sorgen; denn manchmal ist es auch Sauerstoffmangel, der ähnliche Träume entstehen läßt. In jedem Fall aber sollte Herr St. einen Arzt aufsuchen und sich von ihm untersuchen lassen.

*

»Wir, mein Mann, meine Kinder und ich, fahren jedes Jahr im Urlaub an die See. Nun hatte ich einen sehr merkwürdigen Traum. Wieder kam der Urlaub, aber diesmal fuhren wir in die Berge, was wir in Wirklichkeit sicher nicht tun würden, denn sowohl mein Mann als auch ich lieben die See über alles und glauben, uns dort besser erholen zu können. Wir kamen also in einem kleinen Bergdorf an und bezogen unser Quartier in einem Bauernhaus. Da mich die Fahrt ermüdet hatte, legte ich mich aufs Bett. Als ich wieder erwachte, war ich ganz allein und meine Familie ausgegangen. Ich machte mich also auf, um sie zu suchen. Mein Weg führte mich durch enge winklige Gassen, wobei ich das Gefühl hatte, daß sich die Häuser immer mehr zusammenschoben, um mich langsam zu erdrücken. In großer Panik rannte ich nun los, um aus diesem Ort herauszukommen. Schließlich gelangte ich in ein Tal. Aber auch hier rückten die Berge immer näher zusammen. Schweißgebadet erwachte ich.«

Die Traumschilderung der achtunddreißigjährigen Traute O. läßt auf eine Erkrankung der Atmungsorgane schließen, auch wenn diese ärztlich noch nicht festgestellt wurde. Träume vom Laufen oder Schleichen durch enge Gassen, durch winklige Straßen, vom

Aufenthalt zwischen Bergen, die sich langsam zusammenschieben, sind Alarmsignale und deuten auf eine Erkrankung der Atmungsorgane hin.

*

Ohne dem vorzugreifen, was im lexikalischen Teil dieses Buches noch erklärt wird, wollen wir nun einige häufig erlebte Traumsymbole folgen lassen, die in irgendeiner Weise mit Krankheiten in Verbindung gebracht werden. Aus diesen Beispielen ist ersichtlich, daß die Träume, in denen unser Organismus eine Störung oder eine Unterbrechung seines Gleichgewichts erlebt, keineswegs *Symbolträume* für echte Krankheiten und körperliche Leiden sein müssen. Dagegen zeigt sich der bedeutungsvolle Krankheitstraum fast immer verschlüsselt.

- *Gräten:* Schlucken Sie im Traum eine Gräte herunter und wiederholt sich dieser Traum, dann sollten Sie einen Nervenspezialisten aufsuchen und die Speiseröhre kontrollieren lassen.
- *Beule:* Wenn Sie von einer Beule träumen, die Ihre Wange verunstaltet, so könnte diese den Beginn einer Stirnhöhlenentzündung ankündigen.
- *Schaukel:* Glauben Sie im Traum zu schaukeln, dann ist Ihre mehr oder minder unregelmäßige Atmung die Ursache. Aber achten Sie auch auf Ihr Mittelohr.
- *Kreuzfahrt:* Träumen Sie von einer Reise auf dem Meer oder sind Sie von Wasser umgeben, ist möglicherweise Ihre Blase entzündet.
- *Gewundener Weg:* Wenn Sie im Traum einen gewundenen Weg entlanggehen, so ist das ein Zeichen, daß Ihre Eingeweide nicht in Ordnung sind.
- *Höhlen:* Träume von dunklen Höhlen können ein Hinweis auf schlechte Zähne sein, die Sie behandeln lassen müssen.
- *Pilze:* Träumen Sie von Pilzen auf Ihrer Haut, sollten Sie sich vor Ekzemen hüten.
- *Ameisen:* Ein Bein oder ein Arm ist eingeschlafen.
- *Bein aus Stein:* Dieses Traumbild könnte den Beginn einer Gehstörung anzeigen.

- *Biß eines Tiers:* Vorsicht! An der Bißstelle könnte ein Geschwür oder Furunkel entstehen.
- *Uhr, Motor:* Bei unregelmäßigem Schlag oder gleichmäßigem Motortuckern empfiehlt es sich, auf Ihr Herz zu achten.
- *Decke:* Eine Decke, die sich senkt oder die einstürzt, kann eine Hirnhautentzündung ankündigen.
- *Dolch:* Ein Messer, das in Ihren Leib gestoßen wird, kann auf einen Bandwurm hinweisen.
- *Schlange:* Wenn Sie im Traum eine Schlange herunterschlucken, lassen Sie Ihren Hals untersuchen.
- *Blut:* Sind Sie im Traum von Blut oder Flammen umgeben, lassen Sie Ihre Nerven- und Herzfunktionen untersuchen. Sollten Sie selbst im Traum bluten, sind innere Blutungen zu befürchten.
- *Tunnel:* Irren Sie im Traum in einem Tunnel umher, leiden Sie wahrscheinlich unter gestörter Darmtätigkeit.
- *Würmer:* Würmer im Traum können psychische Störungen ankündigen.
- *Koffer:* Träumt man von einem Koffer, den man verliert, ist dies ein Zeichen übertriebener nervöser Ängstlichkeit, manchmal auch von Gehirndurchblutungsstörungen.

Direkte Krankheitsträume (also Träume von Krankheitsgeschehen) haben meist einen ganz anderen Sinn. Für den, der seine Träume selbst analysieren will, ist es wichtig zu erfahren, was diese Krankheitsträume bedeuten können:
- *Brustfellentzündung:* Wahrscheinlich ist Ihnen nur irgendein Nahrungsmittel schlecht bekommen.
- *Operation:* Notwendigkeit, eine einschneidende Änderung in wichtigen Dingen vorzunehmen.
- *Herzkrankheit:* Gewisse psychische Liebesvorgänge entwickeln sich nicht so, wie Sie es erwarten.
- *Schweres Fieber:* In dem Träumenden brennt die Glut der Leidenschaft, die unter Umständen gefährlich entarten kann.
- *Magenleiden:* Sie sind zur Zeit nicht in der Lage, einen enttäuschenden Lebensvorgang psychisch zu verarbeiten.
- *Lähmungen:* Eine schwierige Angelegenheit verläuft nicht so, wie Sie es gern wollen. Sie müssen neue Wege beschreiten.

- *Krebserkrankung:* Das Symbol muß auf den Krebs als Tier in seiner Bewegung zurückgeführt werden. Sie schreiten nicht vorwärts, sondern Sie bewegen sich seitwärts oder zurück. Dieser Traum wird meist von Personen um die Fünfzig erlebt.
- *Offene Wunden:* Vorgänge, die an sich verhüllt bleiben sollten, sind symbolisch »aufgerissen«. Damit ist der Träumer einer gewissen Gefahr ausgesetzt.
- *Augenleiden:* Sie sind nicht imstande, das Leben richtig zu sehen. Dinge, die Sie klar erkennen müßten, vermögen Sie nicht so zu würdigen, wie diese es verdienen.

10. Träume von Erfindungen

»Planeten schossen an der Sonne vorbei. Sie waren mit der Sonne verbunden durch dünne Bänder und drehten sich um die Sonne, auf der ich selbst saß. Diese Sonne war umgeben von einem brennenden Gas. Doch plötzlich wurde das Gas fest. Die Sonne und die Planeten wurden Körper, die ich greifen konnte, und da erwachte ich.«

Das ist der Traum, den der berühmte Atomforscher Professor Niels Bohr hatte, als er der Struktur des Atoms nachspürte und das Problem im Wachbewußtsein nicht zu lösen vermochte, bis er dann seinen Traum von der Struktur der Atome hatte. Die Strukturdarstellung ist noch heute in jedem Lehrbuch der Physik enthalten. Professor Bohr sagte dazu: »Es genügte, als ich den Wissenschaftlern der Erde meine Entdeckung von der Struktur des Atoms entwickelte, meinen Traum immer aufs neue darzustellen. Die Sonne und die Planeten waren der Atomkern und die Elektronen. Das sind heute alltägliche Vorstellungen. Damals aber wußte ich erst, wie alles war, als ich es geträumt hatte.«

Der echte Erfindertraum unterscheidet sich von dem Wunschtraum des Phantasten dadurch, daß der Erfindertraum die letzte Einzelheit, den technischen Trick, offenbart, der dem Bewußtsein des Erfinders bis dahin entgangen war und den ihm dann Traum

»Der Wunderknabe«
Dieses Gemälde stellt Thomas Shatterton dar, der als Kind alte Pergamente fälschte und Priestergesänge des 15. Jahrhunderts erfand – bis er im Jahr 1770 Selbstmord durch Vergiftung beging. Er behauptete, daß er alle Angaben, alle Einzelheiten, die er auf seinen alten Pergamenten niederschrieb, im Traum erlebt habe, ebenso wie die mittelalterlichen Schriftzeichen und Texte, die lange Zeit von der Wissenschaft ernst genommen wurden.

und Schlaf enthüllen. Der griechische Philosoph Aristoteles (um 350 v. Chr.) träumte am hellichten Tag über Mittag von jenen Hebelgesetzen, die seinen Namen über Jahrtausende hinweg berühmt machten. Nach diesem Traum soll er aufgestanden sein und gesagt haben: »Gebt mir einen festen Punkt, damit ich die Erde aus den Angeln heben kann!«

Als James Watt an seiner Dampfmaschine herumgebastelt hatte und nicht die richtige Lösung fand, da hatte er im Jahre 1764 einen Traum und wußte auf einmal, wie er vorgehen mußte. Der bedeutendste Rechner aller Zeiten, Gauß, träumte seine rechnerischen Lösungen so vollendet, wie Rutherford im Jahre 1919 die erste Atomzertrümmerung träumte und aufgrund seiner Traumgesichte dann die erste Spaltung des Atoms realisierte.

Als der Pater G. Mendel vor fast hundert Jahren die noch heute allgemein gültige Erblehre entwickelte, kam er auf den entscheidenden Gedanken, als er im Traum ein großes buntes Kleefeld blühend vor sich sah und in diesem Bild sich die verschiedenfarbigen Kleeblüten nach Gruppen ordneten. Er hatte, genau wie Professor Sauerbruch, der seinen Pneumothorax und die Druckkammer zuerst einmal träumte, seit Jahr und Tag über die Möglichkeit einer Lösung nachgedacht. Da auf einmal zog das Gehirn ohne das Tagesbewußtsein den entscheidenden Schluß.

11. Wahrträume – die Zukünftiges vorwegnehmen

»Ich stand auf einer Brücke. Es regnete ganz fürchterlich. Die Brücke führte über ein tiefes Tal, darunter brauste ein wildes Wasser. Als ich in der Mitte der Brücke angekommen war, blitzte und donnerte es, so daß ich große Angst hatte. Plötzlich kam mir eine große Frau entgegen, die war sehr schön. Ich kannte sie aber nicht. Sie faßte mich bei der Hand und führte mich den Weg, den ich gekommen war, wieder zurück. Auf der anderen Seite angekommen, sagte sie, ich solle ja nicht wieder solche Dummheiten machen und versuchen, übers Wasser zu gehen, schon gar nicht auf einem so dünnen Brett. Das hatte ich überhaupt nicht verstanden, weil ich doch nur über die große feste Brücke hatte gehen wollen. Aber ehe ich noch etwas sagen konnte, war die merkwürdige Frau schon wieder verschwunden. Darüber habe ich mich sehr gewundert.«

In ihrem Traum begeht die vierzehnjährige Annetraud I. eine Brücke, was in der Symbolsprache bedeutet, daß man auf der Hut sein soll. Tal und Fluß bilden ein Hindernis. Der Blitz, der mit Donner einschlägt, kündet einen Verlust an. Da erscheint eine unbekannte schöne Person wie ein Schutzengel, der das Mädchen wieder sicher über die Brücke zurückführt und es ermahnt, so etwas nicht wieder zu tun. Dabei spricht es von einem dünnen Brett und schafft so eine deutliche Verbindung zu den kommenden Ereigneten. Annetraud wohnt in einem kleinen Ort in Süddeutschland, nahe an einem Fluß mit seichtem Ufer, in dem die Kinder an heißen Sommertagen gelegentlich baden. Annetraud kann nicht schwimmen, weshalb ihr die Eltern verboten hatten, mit den anderen Kindern an den Fluß zu gehen.

Oberhalb des Flusses liegt ein altes, noch bewohntes Schloß, wo eine Schulfreundin Annetrauds mit ihrer Familie lebt. Oft waren die Kinder dort oben zu Besuch. Im Schloßhof stand ein tiefer Brunnen, aus dem noch heute Wasser geschöpft werden kann. Die ummauerte Brunnenöffnung hat einen Durchmesser von vielleicht vier Metern. Eines Tages kamen die Kinder auf den Gedanken, ein

Joseph deutet die Träume des Pharao
Sieben dürre und sieben fette Jahre.

langes Brett über den Brunnenrand zu legen und ihre Balancekünste zu erproben, indem sie auf dem Brett über den Brunnen turnten. Drei Kinder hatten den gefährlichen Balanceakt ohne Zwischenfälle hinter sich gebracht, als die Reihe an Annetraud kam. Doch die weigerte sich, das Brett zu betreten, weil sie sich plötzlich wieder an ihren Traum erinnerte, den sie einige Tage zuvor gehabt hatte. Obwohl man sie als Hasenfuß schalt, blieb Annetraud bei ihrem Entschluß. Daraufhin betrat das nächste Kind das schmale Brett, um über den Brunnen auf die andere Seite zu turnen. Als es etwa in der Mitte angekommen war, gab das morsche Holz unter dem Gewicht nach und brach in der Mitte entzwei. Mit einem lauten Schrei fiel das Kind vor den Augen der entsetzten Spielkameradinnen in die Tiefe und konnte nur noch tot geborgen werden.

*

»Liebe Mutter, ich hoffe, daß dieser Brief einen anderen Weg nimmt als ich, mit einem anderen Flugzeug reist als mit dem, das ich benutze. Ich habe in der letzten Nacht einen furchtbaren Traum gehabt. Unser Flugzeug zerschellte an einem riesigen Hang. Ich stürzte in eine tiefe Schlucht. Um mich her war nur Feuer. Und dann war alles hell, als sei ich in der Sonne, der ich aber in Wirklichkeit entgegenflog. Ich war krank, als ich erwachte, ich rang nach Luft. Ich will Dir keine Angst machen, Mutter, aber mein Herz klopft. Ich habe einen entsetzlichen Alpdruck auf meiner Seele, und doch wage ich es nicht, von diesem Flug zurückzutreten. Man könnte sonst über mich lachen ...«

Die italienische Schönheitskönigin Marcella Mariani hat ihr Schicksal und das der anderen Menschen, die in dem Flugzeug saßen, vorausgewußt. Zwei Tage, nachdem das Unglück geschah und das Flugzeug an einem Felsenhang des Monte Terminillo in den Apenninen zerschellte, erhielt die Mutter den Brief. Vier Stunden bevor die Todesmaschine startete, ließ Marcella den Arzt Dr. William Tertzy kommen. Sie hatte Fieber. Der Herzschlag war unregelmäßig. Sie klagte über Nervenschmerzen und erzählte dem Arzt von ihrem Angsttraum, der sie gequält hatte. Der Arzt versuchte sie zu beruhigen. Marcella wagte nicht, auf die Warnung zu hören und bestieg die Todesmaschine.

*

»Hier spricht Nina. Barbara, hast du eine Ahnung, wo Alexis ist? Ich muß ihn unbedingt erreichen! Was sagst du? In San Sebastian? Beim Rennen? Er will morgen daran teilnehmen? Ich habe geträumt, daß Alexis tödlich verunglückt – ich sah ihn in einem lichtblauen Wagen. Und daneben war ein anderes Fahrzeug – dunkelrot! Ein Reifen muß geplatzt sein. Zwei Wagen prallen gegeneinander ...«

So ähnlich hat sich Prinzessin Nina Mdivani am Telefon gegenüber ihrer Schwägerin Barbara Hutton, die im Begriff war, sich von Prinz Alexis Mdivani zu trennen, geäußert. Nina hatte im Hotel Ritz in Paris angerufen und erfuhr von Barbara Hutton die Anschrift ihres Bruders Alexis. Der erhielt am nächsten Morgen ein Telegramm, bevor das große Rennen von San Sebastian begann. Er öffnete es nicht, sondern meinte lächelnd: »Ich bin abergläubisch. Man soll vor einem Rennen kein Telegramm lesen. Es nimmt einem die Nerven, wenn eine schlechte Nachricht darin ist.«

Es geschah so, wie Nina geträumt hatte: Alexis verunglückte tödlich. Später fand man das Telegramm, in dem zu lesen stand: »Alexis, ich beschwöre Dich, fahre in diesem Rennen nicht. Ich sah Deinen Wagen verunglücken. Ich sah Dich tot. Ich flehe Dich an – fahre nicht!«

12. Wunschträume als Verdrängungs- und Entlastungsträume

»Im Traum war ich Landarzt in einer einsamen Gegend. Für meine Ortsveränderungen stand mir nur ein dunkler Hengst zur Verfügung. In der Nacht machte der Hengst einen tollen Lärm, schlug gegen die Box und wieherte laut. Ich wollte ihn beruhigen, doch er drängte zum Sattelzeug. Dann sattelte ich ihn und holte im Haus meinen Instrumentenkoffer. Der Hengst brauste los. Wir hielten vor einem einsamen Haus. Die Eltern einer Frau, die mir einst nahestand, traten vor die Tür. Man sagte mir, daß man mich gerade hätte rufen wollen, und führte mich in das Zimmer, wo jene Frau schwerkrank in ihrem Bett lag. Ich konnte ihr sofort helfen. Ich habe schon öfter geträumt, daß ich als Arzt anderen in höchster

Paradiesträume
Unter den Traumerlebnissen gibt es auch Paradiesträume, die in nostalgischer Romantik, wie auf diesem Böcklin-Bild, Ausdruck gewinnen.

Lebensgefahr Rettung bringen konnte. In Wirklichkeit aber bin ich von Beruf Klempner.«

Wahrscheinlich hat Herr H., siebenunddreißig Jahre alt, über jene Frau, die ihm einst viel bedeutete, etwas gehört, was sich auf ihr gesundheitliches Befinden bezieht. Offensichtlich hat ihn diese Frau einmal zurückgewiesen. Indem er auf dem Hengst reitet, hofft er auf Erfüllung seines Wunsches, der jungen Frau dennoch zu gefallen. Der Hengst ist schwarz, ein Traumsymbol für männliche Sexualwünsche. Herr H. ist der Meinung, daß er vor einigen Jahren von der angebeteten Frau deshalb abgewiesen worden war, weil er zu jener Zeit als Angestellter nicht über größere Geldmittel verfügen konnte. Inzwischen hat er sich selbständig gemacht und es unter größter Anstrengung geschafft, seine finanzielle Situation zu verbessern (Traumsymbol: er sieht sich als Arzt). Auf jeden Fall hat er das Gefühl, daß er dieser Frau in jeder Lebenslage alles sein könnte und sie auch in ihrem seelischen Kummer verstehen würde.

Offenbar hat er überhaupt den Wunsch, seine mitmenschliche Hilfsbereitschaft zu betätigen, um auf diesem Weg Anerkennung, Beifall und die Aufmerksamkeit der Umwelt zu finden.

*

»Ein seltsamer Traum beunruhigt mich seit einigen Tagen: Mit meiner Schulfreundin hatte ich mich an unserer Pfarrkirche zu einer Wanderung verabredet. Auch meine kleine Tochter war dabei. Plötzlich trugen meine Schulfreundin und mein Kind einen Sarg herbei und sagten, der Boden sei morsch. Darauf meinte ich: ›Man kann den Sarg ja auch so tragen, daß eine Seitenwand als Boden dient!‹ Was aber in diesen leeren Sarg hinein sollte, wußte ich nicht. Meine heute längst erwachsene Tochter sah ich in diesem Traum als Kind. Von meiner Schulfreundin weiß ich gar nichts mehr, seitdem ich damals in Deutschland eine furchtbare Bombennacht miterlebte.«

Ein leerer Sarg ist ein Traumsymbol dafür, daß man sich um seine Zukunft unnötige Sorgen macht. Das Bild in dem Traum der neunundvierzigjährigen Alice A. wird noch dadurch verstärkt, daß der

Sarg morsch ist. Ihr Unterbewußtsein fordert sie auf, eine furchtbare Vergangenheit, die noch heute in ihr nachwirkt, endgültig zu begraben. Sie erlebt ihre Tochter in diesem Traumgeschehen als Kleinkind. Der morsche Sarg bezieht sich darauf, daß das wirkliche Geschehen weit zurückliegt. Irgendwie wirkt aber dieses alte Erlebnis (vielleicht durch eine zufällige Begegnung mit einem Menschen, den sie lange nicht gesehen hat) sich bis in die Jetztzeit aus, oder irgend etwas hat sie wieder an diese alte Sache erinnert. Mit ihrer Schulfreundin trifft sie sich an einer Pfarrkirche, das Traumsymbol, daß man von einem unrechten Vorhaben abgehalten werden soll. Offensichtlich hält nun Frau A. die Zeit für gekommen – das zeigt das Aufbegehren des Unterbewußtseins –, dieses Bild endgültig aus ihrem Denken zu verbannen, selbst mit ungerechten und ungerechtfertigten Mitteln.

*

»Ich saß in meinem Büro und arbeitete noch. Es war längst nach Dienstschluß, und ich glaubte allein zu sein. So etwas kommt in Wirklichkeit bei mir häufig vor. Da hörte ich – im Traum natürlich – ein merkwürdiges Geräusch nebenan, wo das Büro meines Chefs lag. Sofort sprang ich auf, um nachzusehen, was geschehen war. Da lag mein Chef auf dem Boden, an Händen und Füßen an einen Stuhl gefesselt. Er konnte nicht schreien, da ihm ein Tuch vor den Mund gebunden worden war. Ehe ich noch irgend etwas tun konnte, ergriffen mich zwei starke Hände, ohne daß ich die dazugehörige Person erkennen konnte. Man fesselte mich ebenfalls und warf mich zu meinem Chef auf den Boden. Jetzt waren wir ganz allein. Ich konnte mich nicht befreien und lag still da, während mein Chef versuchte, sich zu befreien. Dabei trat er mich ständig mit seinen Füßen, was mir sehr unangenehm war. Schließlich wurde ich zornig, wobei es mir gelang, mich von meinen Fesseln zu befreien. Doch mein Chef trat mich immer noch, beziehungsweise versuchte es zu tun. Darüber wurde ich noch wütender, nahm das auf dem Schreibtisch stehende Telefon und schlug es meinem Chef über den Kopf. Da bewegte er sich nicht mehr. Als ich aus seinem Kopf Blut rinnen sah, floh ich entsetzt aus dem Raum und wurde schließlich wach.«

Wolfgang P. ist zweiundvierzig Jahre alt und arbeitet als Prokurist in einem mittelgroßen Betrieb. Er ist ein stiller, aber sehr ehrgeiziger Mann, der sich auf seinem Posten ständig neu behaupten muß. Mit seinem Chef, mit dem er sehr eng zusammenarbeitet, kommt er gut aus, und dieser weiß den fleißigen Mitarbeiter wohl zu schätzen. Doch im Unterbewußtsein fühlt sich Herr P. von seinem Vorgesetzten ständig bedroht, da dieser die Last der Verantwortung auf die Schultern seines Prokuristen lädt. Herr P. lebt in der ständigen Furcht, daß er einmal etwas falsch machen könnte. So sieht er seinen Chef gefesselt und geknebelt. In seinem Büro kann ihm weniger geschehen, aber als er das Zimmer seines Vorgesetzten betritt, fühlt auch er sich bedroht. Im wahren Sinn des Wortes wird er von ihm getreten (dauernd angehalten, etwas zu tun). Was er in Wirklichkeit niemals tun würde, geschieht im Traum: Er befreit sich von Streß und Zwang, indem er das Telefon (in seinem Beruf ein wichtiges Kommunikationsmittel) nimmt und damit seinen Chef erschlägt (siehe auch Aggressionsträume).

13. Aggressions- und Verfolgungsträume

»Wir spielten auf einer Wiese Fußball, meine Freunde und ich. Da passierte es, daß der Fußball in hohem Bogen über eine Hecke fiel. Ich lief hinterher, kroch durch die Hecke und entdeckte den Fußball unter einem Strauch. Da sah ich plötzlich, wie Herr Böck, unser Lehrer, aus einem Haus trat, das hinter der Hecke lag. Vor ihm standen drei Männer in langen schwarzen Umhängen. Herr Böck rief ihnen etwas zu, was ich nicht verstehen konnte. Doch plötzlich krachten Schüsse, und Herr Böck fiel um. Ich hatte große Angst und versteckte mich unter dem Strauch, bis die Mörder weggegangen waren. Dann lief ich schnell zu meinen Freunden, um ihnen zu erzählen, was ich gesehen hatte.«

Der Traum des dreizehnjährigen Peter S. ist ein typischer Aggressionstraum, der eine klare psychologische Aussage macht. Peter ist kein besonders guter Schüler, und sein Lehrer erscheint ihm sehr streng. Bevor Peter diesen Traum hatte, machte Herr Böck seine Eltern darauf aufmerksam, daß die Versetzung ihres Sohnes gefährdet sei, wenn er sich nicht gehörig anstrengen würde. Natürlich redeten die Eltern ihrem Sohn ins Gewissen und verboten ihm für eine gewisse Zeit das von ihm so geliebte Fußballspiel. Peter mußte nun zu Hause bleiben und unter Beaufsichtigung seine Schularbeiten machen. Kein Wunder, daß er seinen Lehrer insgeheim haßte.

Seinen unterdrückten Wunsch erlebt er nun in einem Erfüllungstraum, da er mit seinen Freunden auf einer Wiese Fußball spielt. Im Unterbewußtsein weiß er aber, daß ihm das verboten ist. So wird ihm der Ball entzogen, der über eine Hecke fliegt. Doch Peter gibt nicht auf. Er kriecht hinterher und sieht seinen Lehrer, die Bezugsperson, die ihn an seinem Spiel hindert. Den Wunsch, ihn zu beseitigen, löst der Traum durch drei fremde Mörder. Peter sieht dem Geschehen tatenlos zu und spürt eine gewisse Freude – auch wenn er im Augenblick Angst hat –, die sich dadurch äußert, daß er nicht Hilfe holt, sondern voll Sensationslust seinen Freunden das berichtet, was er gesehen hat. Peter hat seinen Aggressionstrieb durch einen Verdrängungstraum abreagiert.

*

»Seit einiger Zeit träume ich immer wieder, ich würde von meinem Mann erschossen. Dabei ist es ganz gleich, wo ich schlafe. Als ich einmal bei meiner Mutter war, träumte ich es zum erstenmal. Aber jetzt ist es mir auch oft zu Hause passiert. Es war sehr seltsam: Mein Mann saß am Tisch. Ich stand an der Tür und hatte unseren kleinen zweijährigen Sohn auf dem Arm. Der große Junge von sechs Jahren spielte draußen. Auf einmal zog mein Mann einen Revolver und schoß wie wild auf mich los. Ich hatte gebettelt und gefleht: ›Bitte, schieß nicht!‹, doch er lachte nur. Er schoß auch auf das Kind, aber ohne zu treffen. Als ich erwachte, zitterte ich am ganzen Körper. Seitdem habe ich eine furchtbare Angst, die ich nicht mehr loswerde.«

Dieser Angsttraum der achtundzwanzigjährigen Beate Sch., der sich bei ihr in letzter Zeit immer öfter wiederholte, konnte von ihr

Vampir-Traum
Seit Jahrhunderten wird immer wieder auf Horror-Träume aufmerksam
gemacht, in denen Vampire eine wichtige Rolle spielen, also Blutsauger, die
über Menschen herfallen. Die gezeichnete Darstellung stammt aus einer
Zeitschrift des 19. Jahrhunderts und zeigt den Vampir Varney, wie er sich
über ein bewußtloses Opfer wirft – das die Schreckensszene im Traum
erlebt.

selbst nicht gedeutet werden. Auf Befragen stellte sich heraus, daß
sie selbst der Ansicht war, ihr Mann sei ein friedlicher und keineswegs gewalttätiger Mensch. Der Grund ihres Wiederholungstrau-
mes wurde bald gefunden.

Die Familie hatte zwei sehr lebhafte Jungen, zwei und sechs Jahre
alt. Der Vater wünschte sich sehr als drittes Kind ein Mädchen.
Der Aufgabe, ein drittes Mal schwanger zu werden und ein drittes
Kind großzuziehen, fühlte sich Frau Sch. nicht gewachsen. Sie hatte
Angst davor, nicht zuletzt deswegen, weil man ihr erzählt hatte,

daß die Geburt des dritten Kindes für die Frau oft gefährlich sei. Davon hatte sie ihrem Mann aber nichts erzählt. Aus diesem in ihr Unterbewußtsein verdrängten Schuldkomplex heraus fürchtete sie, ihr Mann könnte ihr irgendwelche Vorwürfe machen. Deshalb fühlt sich Frau Sch. von ihrem Mann bedroht, obwohl sie genau weiß, daß dieser sie nicht ernstlich bedroht (die Schüsse treffen nicht).

*

»Im Traum hörte ich einen herrlichen Gesang. Durch das Fenster schauend, erblickte ich Männer und Frauen in bunter Tracht. In einem Laden waren so viele Menschen, daß ich wieder hinausging. Dort traf ich dann einen blonden Mann, der mir gleich Fesseln anlegte. Ein anderer Mann in Zylinder und Frack holte einen Wagen und befahl, daß ich mit dem Blonden als Mann und Frau nach Hause fahre. Mit gefesselten Händen nahm ich in der Kutsche, die jetzt kam, Platz. Auf einmal sprang ich auf und lief davon. Ich wurde verfolgt, doch ich kam nicht von der Stelle. Plötzlich war wieder der blonde Mann da und ließ sich von einer anderen Frau Schnur bringen, aber nicht um mich zu binden, sondern um sich selbst fesseln zu lassen. Ich hörte, wie jemand laut sagte, ich müsse 25 Schläge bekommen, weil ich geflohen sei. Gleichzeitig band man mir die Füße. Ich weinte laut. Von meinem Weinen wurde ich wach.«

Frau Ella H. ist dreißig Jahre alt. Ihre Fähigkeiten, im Traum Musik zu hören und Farben zu sehen, sind typische Merkmale für Frauenträume. Der Laden mit den vielen Menschen ist ein Symbol für ihre seelische Exhibition, ihre allzu freiwillige Anbietung. Frau H. ist mit sich, der Welt und ihrem Mann unzufrieden. Der blonde Mann ist ein Symbol für ihre sexuelle und erotische Verdrängung. Die Fesseln verdeutlichen ihre inneren Spannungen.

Neben ihrem Mann, der kaum Zeit für sie hat, muß sie zahlreichen gesellschaftlichen Verpflichtungen nachkommen, die sie sehr langweilen (Zylinder und Frack). Sie ist im Augenblick nicht in der Lage, sich so zu entscheiden, wie es eigentlich entsprechend ihrer Situation notwendig wäre, und wird ein Opfer ihrer eigenen Hoffnungen und Erwartungen, denen sie dann nicht entsprechen kann. Seit langer Zeit krankt sie an dieser Entschlußlosigkeit und schwankt zwischen mehreren Möglichkeiten, ihr Leben ganz anders einzurichten und allem eine neue, bessere Wendung zu geben. Doch die Umstände (Abhängigkeit in finanzieller Hinsicht von ihrem Mann) hindern sie. Ihre wirtschaftliche Situation zwingt sie, vorerst auszuhalten.

14. Träume von Toten und vom Tod

»In der Nacht vor unserem Schulausflug konnte ich nur sehr schwer einschlafen, weil ich so aufgeregt war. Von München aus sollte es mit einem Autobus in die Berge gehen, wo wir einige Tage in einer Hütte verbringen wollten. Ich sah, wie Gudrun (die Cousine der Träumerin, in deren Zimmer auch sie schlief) ruhig dalag und versuchte, auch einzuschlafen. Plötzlich sah ich meine Mutter an meinem Bett sitzen. Ich weinte vor Freude, weil ich sie wiedersehen konnte. Sie strich mit ihrer Hand über meinen Kopf und streichelte mich, wie sie es immer getan hatte, und sagte zu mir: ›Du mußt nicht weinen, mein Kind, denn du sollst wissen, daß ich immer und überall bei dir sein werde. Es wird etwas sehr Schlimmes geschehen, aber dir wird nichts passieren, weil ich dich beschützen werde. Denke immer daran, daß ich bei dir bin.‹ Ich wollte ihr noch sagen, wie sehr ich sie vermißt hätte, da war sie auch schon verschwunden. Am nächsten Morgen erwachte ich und war noch sehr müde. Beinahe hätte ich den Bus verpaßt, der uns in die Berge bringen sollte.«

Die Mutter der dreizehnjährigen Birgit G. war vor einem halben Jahr plötzlich an Krebs gestorben. Der Vater, der geschäftlich oft unterwegs sein mußte, konnte sich nicht genügend um das Mädchen kümmern. So kam Birgit in die Familie ihres Onkels, des Bruders ihrer verstorbenen Mutter. Hier fühlte sie sich wohl und fand in ihrer gleichaltrigen Cousine eine echte Freundin. Birgit sah nun im Traum ihre verstorbene Mutter, ein Traumsymbol als Warnung vor einer Unbedachtsamkeit oder Gefahr. Die Mutter hatte sie vor einer Gefahr gewarnt, ihr aber gleichzeitig angedeutet, daß ihr nichts passieren werde.

Als der Bus am Morgen mit zwanzig Kindern von München abfuhr, ahnte freilich niemand, was geschehen sollte. Auf einem Bergpaß verlor der Fahrer die Gewalt über sein Fahrzeug, so daß dieses in eine Schlucht fiel. Rettungsmannschaften bemühten sich um die Bergung. Der Fahrer des Busses, zwei Lehrer und zwölf Kinder waren tot, sieben weitere Kinder wurden schwerverletzt in das nächste Krankenhaus eingeliefert, während Birgit unversehrt aus den Trümmern herausgeschweißt werden konnte. Ein Mantelpaket, das in dem Netz über ihrem Sitz lag, war auf sie herabgefallen und hatte sie geschützt. Später behauptete Birgit, sie habe im Augenblick des Unglücks wieder ihre Mutter gesehen, die zu ihr gesagt hätte, daß ihr nichts geschehen könne, weil sie immer bei ihr sei (vgl. auch »Wahrträume, die Zukünftiges vorwegnehmen«).

✳

»In meinem Traum war ich in unserem alten Haus, obwohl wir schon vor mehreren Jahren in einen Neubau umgezogen sind. Meine Großmutter saß an unserem runden Tisch und wollte wahrsagen. Meine Mutter bestritt, daß die Großmutter das könne. Plötzlich sah ich meinen Vater, der vor einigen Wochen verstorben ist. Mein Vater lachte mich freundlich an und griff nach mir. Da kam mir plötzlich der Gedanke: ›Er ist tot. Er darf dich nicht anfassen, sonst mußt du sterben.‹ Ich riß mich los und wollte fortlaufen. Meine Mutter stand neben mir und wußte gar nicht, weshalb ich mich so benahm, denn sie konnte den Vater nicht sehen. Das Unheimliche war nun, daß plötzlich sein Mund immer breiter und größer wurde, wobei sich um den Mund ein schwarzer Strich bildete. Ich hatte das Gefühl, daß er etwas sagen wollte. Aber ich hörte keine Worte aus seinem Mund. Auch als mein Schwager in das Zimmer trat, merkte ich, daß alle anderen den Vater nicht sahen.«

Als Traumsymbol bedeutet die Großmutter, daß ein gutes Vorhaben gelingen wird. Doch die sechsundzwanzigjährige Therese L. kann sich nicht daran erinnern, was ihre Großmutter wahrsagen wollte. Die Träumerin sieht ihren toten Vater, was ihr eine unerwartete Freude oder Hilfe ankündigt. Offenbar handelt es sich um eine eigenartige Bilanz der Beziehungen zwischen der Tochter und dem toten Vater. Eine derartige Begegnung stellt sich bei den meisten Menschen früher oder später nach dem Ableben einer nahestehenden Person ein. Diese deutliche, meist letzte Begegnung im Traum kann sich schon nach wenigen Tagen, oft aber auch erst nach Monaten oder Jahren abspielen. Wir kennen Fälle, in denen sich dieser Traum erst nach zwölf oder vierzehn Jahren einstellte.

Therese L. scheint dem Vater zu dessen Lebzeiten ganz besonders seelisch nahegestanden zu haben. Sie ist mit dem Verhalten ihrer Umgebung nach dem Eintritt des Todes nicht einverstanden, weil sie aus der engen Beziehung zu ihm gefühlsmäßig weiß, wie der Tote es eigentlich gewünscht hätte. In keinem Fall aber braucht sie sich vor der Berührung des Toten zu fürchten, denn das bedeutet nicht, daß auch sie sterben muß. Man kann von einem Vorgang aus dem Grenzgebiet der Seele sprechen; aber es ist möglich, dieses Traumerlebnis als eine Entspannung gewisser Gehirnzellen in bezug auf die sympathischen Erinnerungen an eine aus dem Leben geschiedene Person auszudeuten.

*

»Ich stehe noch ganz unter dem Eindruck dieses Traumes: Meine Eltern feierten ihr vierzigjähriges Ehejubiläum. Alle Verwandten und Nachbarn waren zu Gast da. Plötzlich ging die Tür auf, und ein neuer Gast trat ein. Ich schaute auf und erschrak. Es war der Tod mit Mantel und Hut. Unter dem Hut hatte er zwei kleine schneeweiße Hörner. Er gab meiner Schwester ein rotes Kissen, damit sie es sich unterlegen konnte wegen ihres Rheumas. Ich bot ihm Kuchen an. Der Fehler, ihm Kuchen anzubieten, fiel mir gleich darauf ein. Warum, weiß ich eigentlich nicht. Er gab mir zum Beispiel nicht die Hand wie zum Beispiel meiner Schwester neben mir. Ich mußte in einen Spiegel schauen. Weil es dunkel war, konnte ich nur meine Umrisse erkennen. Es dauerte längere Zeit, ehe ich den Spiegel ertastet hatte. Da war der Tod fort. Ich schaute wieder in den Spiegel und konnte auf der Straße bis in die Kirche hinein alles beobachten. Der Kaplan kam gerade aus dem Beichtstuhl.«

Diese Fülle von Bildern im Traum der vierundvierzigjährigen Josefine C. hat einen sehr tiefen Sinn. Offensichtlich leidet sie unter den Nachwirkungen eines Vorgangs, mit dem sie noch nicht fertig geworden ist. Sie ist unverheiratet und hat den Anschluß verpaßt. Damit muß sie sich nun abfinden. Von ihren Eltern, die sie im Traum sieht, erhofft sie Halt und Hilfe. Es kommen viele Gäste, ein Symbol für ihre innere Einsamkeit. Da tritt der Tod auf, der den Abschluß eines Lebenskapitels anzeigt. Ihre Hoffnung auf eine glückliche Ehe oder Familie scheint endgültig begraben werden zu müssen. Ihre Schwester ist ihr eigener Schatten, also sie selbst. Das Kissen bedeutet Hilfe in ihrer schwierigen Lage – aber es ist rot und ein männliches Sexualsymbol, wie auch das Anbieten des Kuchens den Wunsch nach einer Herrenbekanntschaft verdeutlicht. Solange der Tod da ist, kann sie im Spiegel nur ihre Umrisse erkennen: sie sieht sich selbst als einen Engel, was sie aber in Wirklichkeit nicht ist. Später sieht sie sich selbst als junges Mädchen, was bedeutet, daß ihr jetziger Zustand auf einen eigenen Fehler in der Jugend zurückzuführen ist. Vielleicht hätte sie damals nicht so wählerisch sein dürfen, als die Männer sich noch um sie bewarben. Allerdings scheint sie aus irgendwelchen Gründen damals auf einen Mann verzichtet zu haben, denn die Kirche ist ein Symbol des Opfers. Der Kaplan, den sie aus der Kirche treten sieht, ist eine gute Vorbedeutung. Sie wird sich mit ihrer Lage abfinden.

15. Farb- und Musikträume

»Seit einiger Zeit habe ich immer wieder den gleichen Traum: Durch einen kleinen Seiteneingang betrete ich einen großen Dom und gelange über eine Wendeltreppe hinauf zur Empore. Dort bin ich ganz allein und schaue hinunter auf ein Meer von unwirklichen wunderbaren Farben. Der Raum ist erfüllt von einer überirdisch schönen Musik. Dieses Traumerlebnis vermittelt mir jedesmal ein beklemmendes und zugleich beglückendes Gefühl, das auch anhält, wenn ich mich nachher, also nach dem Erwachen, an diesen Traum erinnere.«

Sonate
Tartini stellt mit diesem eigenartigen Bild den »Devil's Trill« dar, eine
Sonate, die im Traum vernommen und nachher aufgrund des Traumerleb-
nisses niedergeschrieben wurde.

Trude A. ist siebenunddreißig Jahre alt, geschieden und hat einen
Sohn. Der Dom ist wie die Kirche ein Symbol des Opfers, wobei
eine Erfüllung wie auch die Opferung des eigenen Glücks bevorstehen kann. In Verbindung mit den anderen Symbolen scheint es
jedoch so zu sein, daß sich Frau A. mit neuen Heiratsabsichten
trägt. Einerseits beglückt sie der Gedanke, andererseits hat sie
Angst vor dem Ungewissen, das sie erwartet. Die Farbsymbolik ist
fast immer mit sexuellen Leidenschaften verbunden. Die über-
disch schöne Musik verheißt eine angenehme Geselligkeit und
Freude im allgemeinen. Ihr Besuch in jenem Dom, den sie zunächst
zaghaft durch einen Seiteneingang betritt, öffnet ihren Blick für
eine neue glückliche Zukunft. Die Wendeltreppe, auf der sie zur
Empore (einem bevorzugten Platz) hinaufsteigt, ist ein Symbol für
den gewundenen Weg, den sie in der Vergangenheit zurücklegen
mußte. Sie hat den Punkt erreicht, da sie sich innerlich freigemacht
hat von trübseligen Gedanken an die Vergangenheit.

*

»Ich träume sehr oft, und zwar von den verschiedensten Dingen. Aber auffallend häufig kehren in meinen Träumen blühende Obstbäume wieder. Die Blütenpracht erscheint mir im Traum herrlicher, als die Natur sie zu geben vermag. Mir fällt auf, daß solch ein Traum von blühenden Obstbäumen nicht in Verbindung mit etwas anderem auftritt. Ich sehe einfach einen Obstbaum in voller Blüte und Farbenpracht. Und das ist alles.«

Farbige Träume werden vorwiegend von Frauen erlebt. Der Traum des neunundzwanzigjährigen Ernst H. deutet auf ein sehr sensibles Seelenleben hin. Der blühende Obstbaum verheißt großes Glück in der Liebe. Er ist ein Potenz- und Sexualsymbol. Das Unterbewußtsein ist davon überzeugt, daß er in seinem Gefühlsleben jenen ersehnten Ausklang finden wird, von dem er so oft mit wachen Augen träumt. Er weiß dabei genau, was er will. Aber mitunter ist es für ihn sehr schwer, denjenigen Menschen, auf die es ankommt, zu verstehen zu geben, was das Herz begehrt.

Dritter Teil:

Verzeichnis der Traumsymbole

nach Stichwörtern alphabetisch geordnet von A bis Z

Bei allen im nachfolgenden Verzeichnis der Traumsymbole angeführten Stichwörtern ist daran zu denken, daß es sich um Trauminhalte handelt, also Erlebnisse, Erfahrungen, Handlungen des Träumers in seinem Traum. Beispielsweise bedeutet daher »Ein Armband tragen« nicht, daß der Träumer tatsächlich ein Armband trägt; er träumt dies nur. Oder das Stichwort »Bauchweh haben« verweist lediglich auf solche im Traum des Träumers empfundene Schmerzen.

A

A
als Buchstabe gedruckt, geschrieben, gemalt oder plastisch gesehen: guter Anfang in allen Unternehmungen.

Aal
wird meist mit Schlange identifiziert (siehe dort), oft im gleichen Sinn wie Wurm im Wasser gebraucht.
fangen: Neid.
aus den Händen schlüpfend: Mißlingen eines Unternehmens.
sich windend: unangenehme Nachricht.
zerschnitten: Tod eines Gegners oder gefährlichen Nebenbuhlers.
essen: Verdruß und Leid.

Aas
endgültige Aufgabe einer Sache.

eines Pferdes: angenehme Zeiten, langes Leben.
eines anderen Tieres: Schmerz und Trauer, unbeständige Situation.

Abbau
Angst vor einer unsicheren Zukunft.

Abbrechen
Abbau von Plänen, oft Verzagen an einer Wiederherstellung von etwas Verlorenem; Befürchtung, daß andere mit Wort und Tat zur Zerstörung von Plänen oder Ruf beitragen.

Abbrennen
schlecht vor allem, wenn Dachstuhl abbrennt.
wenn man Rauch sieht: gute Bedeutung.
wenn mann die helle Flamme dabei sieht: große Freude.

Abbruch
Befürchtung, daß andere mit Wort
   und Tat zur Zerstörung von Plänen oder Ruf beitragen.
eines Hauses: Wahrscheinlichkeit,
   eine neue Stellung auf besserer
   Basis zu finden.

Abdanken
vom Thron oder von einem hohen
   Amt: zu noch höheren Ehren
   kommen als bisher.

Abdecken
jemanden einen Tisch abdecken sehen: Sparsamkeit im Haushalt tut
   not.
es selbst tun: bevorstehende leichte
   Krankheit.

Abdecker
sehen und begegnen: Glück
mit ihm sprechen oder verkehren:
   Schaden.

Abdrucken
ein Buch oder Bild kopieren:
   Schande, Betrübnis und Angst.

Abend
in jeder Verbindung ein Nachlassen
   geistiger und körperlicher Kräfte.

Abendbrot
gute Nachricht; Glückssträhnen am
   anderen Tag; zufriedenstellende
   Erledigung einer Angelegenheit.

Abendessen
gute Nachricht; Glückssträhnen am
   anderen Tag; zufriedenstellende
   Erledigung einer Angelegenheit.

Abendmahl (des Herrn)
durch die besondere Auszeichnung
   wird man von Kummer und Sorgen befreit.
sehen: Glück, Segen und Ehre.
selbst daran teilnehmen: Befreiung
   von Sorgen und Kümmernissen.

Abendmusik
Harmonie in Musik ausgedrückt,
   am Abend oft mit negativem Vorzeichen.

Abendstern
Ereignisse stehen bevor, die Ge-
   mütsruhe und Herzensfrieden
   stören.
leuchtend sehen: vorgesehene Pläne
   lassen sich leicht verwirklichen.
mit anderen Sternen zusammen sehen: die aktuellen Projekte werden ihrem Ziel näher kommen
   und große finanzielle Vorteile
   bringen.
hinter Wolken, verdunkelt sehen:
   vergebliche Hoffnung.

Abenteurer/Abenteuer
Unsicherheit in bezug auf die Um-
   gebung oder eine andere Person.
   Neigung zu gewagten Beziehun-
   gen zu nicht ganz einwandfreien
   Personen.

Abfälle
Der Besitzstand wird sich vermehren.

Abfahrt
Sinnbild des unaufhaltbaren Schick-
   sals, wobei die Wahl der richtigen
   oder falschen Richtung beim
   Träumenden bleibt.

mit dem Auto, dem Flugzeug oder
der Bahn: man entgeht einem
drohenden Unheil.
sich selbst abfahren sehen: man
sucht sich vor einer Verantwortung zu drücken.

Abfallen
vom Glauben: schlechte Zukunft.

Abgabe
an Steuern oder Besitz leisten:
schweren Kummer.

Abgeordnete
sprechen oder sehen: Hoffnung, die
nur zu einem geringen Teil in Erfüllung geht.

Abgrund
sehen: das Unterbewußtsein sieht
eine Gefahr, die für den gegeben
ist, der gesehen wird; Aura des
Unglücks.
selbst hart an seinem Rand stehen:
Befürchtungen, Annäherung an
eine gefährliche Zone (Zeit) im
Leben.
langsam in denselben hineingleiten:
mit Trübsal und Kümmernissen
ist zu rechnen.
in ihn hineinstürzen: eine unverhoffte frohe Botschaft wird eintreffen.
andere in ihm sehen: die Lage eines
anderen ist voraussichtlich kata-
strophal.

Abmagern
sich selbst abmagern sehen: kein gutes Zeichen. Zank, Kummer und
neidische Freunde.
andere abmagern sehen: man wird
bald zu Wohlstand gelangen.

Abmessen
Krankheit, Zank.

Abnützen
Neuigkeit.

Abort
mit menschlichen Exkrementen:
gute Bedeutung.
einfache Latrine: man hüte sich vor
bösen Freunden.
modernes Wasserklosett: man wird
mit Unannehmlichkeiten zu
rechnen haben.

Abrechnen
Feindschaft haben.

Abreise
Sinnbild des unaufhaltbaren Schick-
sals, wobei die Wahl der richtigen
oder falschen Richtung beim
Träumenden bleibt.
mit dem Auto, dem Flugzeug oder
der Bahn: man entgeht einem
drohenden Unheil.
sich selbst abreisen sehen: man
sucht sich vor einer Verantwortung zu drücken.

Abschaben
Glück in der Liebe.

Abschied
die Trennung ist Beweis von
Freundschaft, jedoch auch Symbol der baldigen Änderung des
Lebens.
selbst nehmen: Treue.
einem Freund oder einer Freundin
geben: Erbschaft.
zweier Personen voneinander sehen: eigene Untreue.

Abschneiden
z.B. ein Stück Wurst oder sonstiges:
traurige Botschaft, Unglück und
Gefahr.
einen Erhängten: mit dem guten
Fortgang einer Sache ist zu rechnen.
von Gliedern usw. bei Kindern
(Schneideträume): Kastrationsangst.

Abschreiben
Schande, Betrübnis und Angst.

Abstechen
von Vieh: Krankheit.

Abtrocknen
Freude und Wohlergehen.

Abwasser (von Küche oder Badezimmer)
schmutzig und fettig: schlechte Bedeutung; Träume von trübem
Wasser erfahren keine gute Auslegung.
sauber und rein: bessere Bedeutung.

Abwischtuch
üble Nachrede.

Achat
größerer geschliffener Stein mit cha-
rakteristischem Auge: materielles
Glück.
kleiner schwarzer Stein: allerlei
Mißhelligkeiten sind zu erwarten.

Achse (vom Wagen)
knarrend: stagnierende Geschäfte.
ruhig laufend: guter Fortgang einer
bisher stark gehemmten Angelegenheit.

Achsel
fleischige: Glück
magere: Krankheit.
stark behaarte: man findet Schutz
vor unberechtigten Verleumdungen.
mit Ungeziefer: kommerzieller
Fortschritt.

Acker
bebaut: erfolgreiche Ernte.
unbebaut: Erfolglosigkeit im Beruf
oder nahes Unheil.
mit Jauche übergossen: guter Fortgang einer Angelegenheit.
gleichmäßig bewachsen: Glück und
Freude.
verwildert: Enttäuschung.

Ackern
Belohnung für anstrengende Arbeiten, guter Aufbau und Fortschritt
in beruflichen bzw. persönlichen
Angelegenheiten.

Adel
erhalten bzw. geadelt werden: Täuschung und Enttäuschung.
mit Adelsperson sprechen: ein gestecktes Ziel wird nicht erreicht.

Aderlassen
Streit, auch Tod eines nahen Verwandten.

Adern
Herzbeklemmung.

Adler
sehr kühne, tollkühne Gedanken
und Taten können erfolgreichen
und gefährlichen Ausgang haben.
lebend: Gewinn und Nutzen.

sitzend oder stehend: Tod großer
  Herren.
auf dem Haupt befindlich: Unglück
  und Tod.
in großer Höhe: mit einem besonders großen Glücksfall ist zu
  rechnen.
schwarz: baldiger Tod eines guten
  Freundes.
weiß: mögliche große Erbschaft.
schießen oder fangen: Verlust und
  Gram.
besitzen: Ehre, im Handel Vorteil.

Adreßbuch
von außen sehen: bestimmte Wünsche gehen nicht in Erfüllung.
darin blättern: Familienzuwachs.
einen bekannten Namen darin finden: Verlust einer langgehegten
  Hoffnung.

Advokat
mit ihm zu tun haben: Sorgen und
  Verlust.
mit ihm streiten: einen Prozeß verlieren.
in einer schwarzen Robe: keine
  Aussicht auf Besserung der Situation.

Affe
Entwicklung zum reifen Voll-
  menschen stößt auf Schwierigkeiten.
ihn sehen: man wird von Schmeichlern umgeben; man schenkt ihnen
  unverdienten Glauben.
ihn klettern sehen: gute Aussichten
  in Liebesdingen.

Afrika
sehen: andere Erdteile und Länder
  ziehen einen an, da die eigene Si-

tuation unbefriedigend ist oder
  Gefahren drohen.
im Atlas studieren: Sehnsucht nach
  fernen Ländern.
in diesem Erdteil sein: bevorstehende Krankheit, die Fieber mit
  sich bringt.

Ahle (Schuhmacherwerkzeug)
sehen: Verdruß.
sich damit verletzen: große Ausgaben.
wenn dabei das eigene Blut fließt:
  Ärger wegen Familienangehöri-
  gen.

Ahnherr
Mißtrauen in der Liebe.

Ähren
einzelne: Zufriedenheit.
Ährenfeld: von irdischen Gütern
  gesegnet werden.
das wogende Ährenfeld ist Sinnbild
  der Reife des Lebenswerkes und
  der Erfüllung der Arbeiten; Erfolg in kommerzieller Hinsicht.

Akademie
sehen: geistige Fortschritte.
besuchen: Glück für die Zukunft.
in eine gewählt werden: große Ehre,
  aber zugleich auch eintöniges, abgeschlossenes Leben.

Akademiker
durch Leichtsinn seinen guten Namen verlieren.

Aktien
kaufen, haben oder nur sehen: geschäftliche Sorgen.
verkaufen: bessere Verhältnisse.

89

verbrennen, wenn man dabei
schwarzen Rauch sieht: materielle Verluste.
wenn man dabei nur die roten Flammen sieht: beruflicher Erfolg.

Alarm
Sorgen, Kummer und Elend.

Alaun
Unglück im Unternehmen.

Alibi
nachweisen: eine Vorladung zur
Polizei oder unverhoffter Besuch
ist zu erwarten.

Alimente
zahlen: große Unannehmlichkeiten.
selbst empfangen: verminderte Sorgen.
gepfändete: Verdrießlichkeiten mit
Behörden.

Alkohol
trinken: Wunsch nach verbotenen
Freuden, der Unannehmlichkeiten bringt.

Almosen
schenken: bei Armen Glück, bei
Reichen Unglück.
selbst erhalten: die Verhältnisse verschlechtern sich.

Aloe
gilt als Elixier des langen Lebens,
oft im Sinne von Wurzeln,
Kraftsuche usw.

Alpen
sehen: Gesundheit und langes Leben.

in denselben sein: Festigung der
wirtschaftlichen Verhältnisse.
Tour machen: Glück im Beruf.
Alpenblumen: Erweiterung des geistigen Horizonts.
Alpenglühen: Sehnsucht nach einem göttlichen Erleben.

Alt
selbst sein: man wird in seinen Ansichten jünger.

Altar
Symbol des Opfers, wobei eine Erfüllung wie auch das Opfer eigenen Glücks bevorstehen kann.
sehen: für Ledige: baldige glückliche Ehe; für Verheiratete: mögliche Scheidung.
schmücken: Freude und Glück.
an einem andächtig beten: Erfüllung
langersehnter Wünsche.

Alte oder Alter
Mahnung zur Besinnung, Warnung
vor schlechten Neigungen, alte
Leute können auch bösartig sein.
sie sehen: Glück und Zufriedenheit.
selbst sein: man wird in seinen Ansichten jünger.

Amboß
darauf arbeiten: das Schicksal
nimmt neue Formen an; diese
können erfolgreich sein, aber
auch die Existenz erschüttern.
sehen: kleiner Gewinn.
fallen sehen: die Grundlage der Existenz wird erschüttert.

Ameisen
beachten, da oft im Zusammenhang
mit Störungen im vegetativen
Nervensystem.

sehen: zähes Arbeiten, viel Geduld und ein klarer Blick bringen große Vorteile.

am eigenen Körper: Glück und Erfolg.

zertreten bzw. einen Ameisenhaufen zerstören: Unglück und Sorgen.

von ihnen gebissen werden: Ansporn zu neuem beruflichem Entwickeln, das große materielle Fortschritte bringt.

Amme
sehen, die ein Kind säugt: großer Erfolg in der gegenwärtigen Situation ist zu erwarten.

von Kindern gesehen: schlechte Nachrichten.

von jungen Frauen gesehen: Sehnsucht nach Mutterglück.

Amor
Liebschaft ohne Dauer.

Ampel
Unklarheiten, unter Umständen auch Störungen im Gehirn, vor allem, wenn auf dem Kopf getragen.

brennend: Kummer.

ohne Licht: Freude und Glück.

Amputation
meist erotisch-sexuell gefärbt wie Kastrationsträume; mitunter auch – vor allem, wenn von Frauen geträumt – Trennung von Liebesobjekt, von geliebter Person.

Amsel
sehen oder singen hören: freudige Botschaft.

mehrere zusammen: die Lebenslage wird sich verbessern.

Amt
Ämter sind neben der damit verbundenen Aufgabe Einschränkungen der eigenen Freiheit.

ausüben: Sorgen um das tägliche Brot.

Amtsgebäude sehen: Hoffnungen werden nicht in Erfüllung gehen.

Amtmann: große Armut.

Amtsschreiber: Verfolgung eines Freundes.

Ananas
sehen oder kaufen: Frohsinn, Heiterkeit.

essen: zu Gast geladen werden.

Anatomie (Institut)
von außen sehen: Kummer über die nächste Zukunft wird kommen.

Gebäude betreten: Freude und Wohlergehen.

Anbeten
eine schöne Frau: große Ehre und Reichtum.

einen Mann (durch eine Frau): man kommt in bessere und glücklichere Verhältnisse.

Andacht
einer beiwohnen: man geht einer frohen Zukunft entgegen.

Andenken
geschenkt bekommen: eine Lebensfreude wird das Herz erfüllen.

selbst verschenken: eine Angelegenheit steht bevor, die glücklich macht.

Anfangen
irgend etwas: unangenehme Nachricht.
ein Buch zu lesen: materielle Vorteile in nächster Zukunft.

Anführer
einer Verschwörung oder eines Ge-
  heimbundes: Erbschaft und
  Reichtum, die jedoch ohne Be-
  stand sind.

Angeln
sehen: man findet sein seelisches
  Gleichgewicht wieder.
andere angeln sehen: Gelegenheit
  zu einer guten Kameradschaft.
große Fische aus klarem Wasser:
  Glück und Erfolg.

Angst
haben: man wird seine Feinde überwinden und trotz vieler Hemmnisse seinem Lebensziel näher
  kommen.

Anker
sehen: unliebsame Reise.
werfen sehen: Hilfe und Hoffnung.
sich an einem festhalten: die Verhältnisse bessern sich.

Anklage
bei einer Behörde erheben: getäuschte Hoffnung.
selbst erleiden: unverhoffter Verdruß und Unfriede.

Ankleben
Zettel oder Affichen: Zorn und Ärger.
sind diese schwarz: große Mißhelligkeiten in finanzieller Hinsicht
  und größere Verluste.

Ankleiden
sich selbst: Geheimnisse werden
  entdeckt.
bei anderen sehen: man wird einem
  fremden Menschen seine Hilfe
  nicht versagen.

Annageln
irgend etwas: Verdruß
Bretter: Festigung der Verhältnisse.
Fußboden: Erfolg auf durchaus ge-
  sicherter Basis.

Anruf (Telefon)
durch eigene Vermittlung soll eine
  Entscheidung herbeigerufen werden, oder man wird benötigt.

Anschauen
sich selbst: man wird wegen eines
  Unfalls bemitleidet.
um etwas zu bewundern: befrie-
  digte Eitelkeit.

Anspeien
oder angespien werden: Glück und
  Erfolg.
von einer Schlange angespien werden: Unglück und Verdruß.

Anstreichen
etwas schwarz: Krankheit.
etwas weiß: Verfolgung.
etwas grell oder rot: Freude.

Antenne
sehen, besitzen: Nachricht von
  Freunden, die in der Ferne sind.
an den Radioapparat anschließen:
  kommerzielle Bereicherung.
erden: starke Kräfte befähigen zur
  Erledigung einer großen Arbeit.
zerschneiden: schlechte Nachrichten.

Anzeige

erstatten: man verliert seine Stellung
und wird sich vergebens um eine
neue bemühen.
selbst angezeigt werden: Unfriede
und Unruhe.

Anzug

symbolische, soziale Bedeutung: jedem Stand seine Tracht; im
Traum wird man entkleidet.
besitzen oder kaufen: Reichtum
und Ruhm.
wechseln, umkleiden: eigene
Geheimnisse werden aufge-
deckt.
einen schwarzen tragen: bevorstehende Krankheit.
andere Menschen in schwarzen An-
zügen sehen: Enttäuschung.

Apfel

Liebeszeichen; gute Lebensbezie-
hungen in Sicht oder ins Auge gefaßt.
sehen: Hochzeit.
gute Äpfel essen: Heiratsglück.
wurmige essen: Trennung und
Trübsal.
Apfelbaum vor der Ernte:
glänzender Fortgang der Geschäfte.
Apfelbaum blühend oder mit
Früchten: bevorstehende freudige Nachricht, die für das ganze
Leben maßgebend ist.

Apfelsine

sehen: Reiselust.
pflücken: das Glück steht auf
schwachen Füßen.
essen: man wird sich zum Vorteil
verändern.

Apostel

sehen: eine Patenstelle wird über-
nommen, oder man sorgt sich um
jemanden.
von einem gesegnet werden: die
Verhältnisse sind alleine nicht
mehr zu meistern.

Apotheke

von außen sehen: Möglichkeit einer
reichen Heirat.
in eine eintreten und ein Medika-
ment kaufen: Geldverlust.

Aprikose

sehen: Gewinn und Freude.
verkaufen: kommerzieller Vorteil.
essen: Gesundheit.

Aquarium

sehen: Unannehmlichkeiten.
darin Fische und Reptilien sehen:
Glück.
selbst darin schwimmen: drohender
Verlust.

Arbeit

günstiges Vorzeichen für Erfolg aus
eigener Kraft und mit eigenem
Einsatz.
ausführen: reicherer Geldzufluß als
bisher.
vergeben: Gewinn.

Arbeitslos

selbst sein: Verlust einer Stellung
oder das Mißlingen einer Sache,
auf die man große Hoffnung ge-
setzt hat.

Arm (Zustand)

sein: Täuschungen erleben.
und dabei fromm sein: Glück und
ruhiges Gewissen.

Arm (Körperteil)
seinen eigenen sehen: schwere Arbeit.
von besonderer Größe: schwere Arbeit.
einen kleinen haben: Lustbarkeit.
erheben: die Verhältnisse sind nicht frei von fremden Einflüssen.
mit starker Behaarung: Vermögen in Aussicht.
brechen: Uneinigkeit.
nur einen haben: Hemmnisse im Leben.

Armband
selbst eines tragen: stille Liebe.
eines geschenkt erhalten: bevorstehende Freude.
an anderen Menschen sehen: unnötige Ausgaben.
schwarzes: Krankheit und Siechtum.
Armbänder: unnötige Ausgaben.

Armbanduhr
selbst tragen: die Zeit wird stark in Anspruch genommen.
jemandem schenken: eigenes Glück.
an anderen Menschen eine sehen: große Erfolge stehen bevor.

Armbrust
sehen: man sehnt sich nach ruhigen und zufriedenen Zeiten.
mit einer schießen: die Geschäfte gehen nur langsam vorwärts.

Armee
sehen: Beunruhigung über die Zukunft.
aufmarschieren sehen: große Veränderungen.

in eine eintreten: Erfolg in finanzieller Hinsicht.
im Kriege: großer Reichtum ist zu erwarten.

Armenhaus
von außen sehen: Reichtum und Glück bei zäher Arbeit.
sich selbst als Inhaber eines solchen sehen: große Ideen bringen reichen Erfolg.

Armenvater
Erfüllung der Wünsche.

Arrest
in einen kommen: Kummer, Elend, jedoch später Freude.

Arznei
bereiten: Krankheit.
verabreichen: Glück im Spiel für diejenige Person, die sie einnimmt.
nehmen: Verluste, die jedoch wieder ausgeglichen werden können.
Arzneigewächse sehen oder essen: schlechte Geschäfte haben ein Ende.

Arzt
Bindung an den Vaterbegriff; Suche nach Ausweg, Rat, Hilfe.
sehen: bevorstehende Unpäßlichkeit.
einen sprechen: alte Hoffnungen werden sich erfüllen.
einen sehen, der einen Verletzten behandelt: jemand aus Familie oder Bekanntenkreis wird heiraten.
sich selbst als solchen sehen: Anstrengungen, größere Gewinne zu erzielen bzw. die Situation in

finanzieller Hinsicht zu verbessern, werden von Erfolg gekrönt sein.

Asche
Symbol des Vergangenen: Tod und Enttäuschung werden damit ausgedrückt.
sehen: man wird bitter getäuscht und tief gekränkt werden.
streuen: ein Trauerfall steht bevor.
sammeln: Vermögenszuwachs.

Äste
von Bäumen: getäuschte Hoffnung.
belaubte: unbegründeter Kummer.
abgebrochene: beruflicher Stillstand.

Astern:
sehen: zu Würde und Ansehen kommen.
schwarze in voller Blüte: bevorstehende Erkrankung einer Person aus näherer Umgebung.
weiße: bevorstehende Teilnahme an einer Beerdigung.
verwelkte: Hoffnungen gehen nicht in Erfüllung.

Astrologie
einen Astrologen sehen oder mit Astrologie sich befassen: größerer Erfolg als bisher wird eintreten.
astrologische Zeichen sehen: Entdeckungen, die für das weitere Fortkommen von großer Bedeutung sind, werden gemacht.

Attentat
sehen oder erleben: große Aufregung, die aber glücklich vorübergeht.

selbst ausführen: man opfert sich für eine aussichtslose Sache.
das an einem selbst ausgeführt wird: Gefahren drohen.
fließt Blut dabei: geschäftliche bzw. private Verluste.

Audienz
gewährt erhalten: man verbessert seine Stellung und hat Glück und Erfolg.
selbst gewähren: die derzeitigen Pläne sind zu weittragend, um in Erfüllung gehen zu können.

Aufbahrung
Traurigkeit.

Auferstehung
vom Unglück befreit werden; eine innere Wandlung beginnt.

Aufhängen
man ist in einem Entwicklungsübergang begriffen.
z.B. Wäsche zum Trocknen: man sehnt sich nach einer besseren Umgebung, was teilweise auch erreicht wird.
sehen: Unglück.
sich selbst erhängen: die Situation ändert sich zum Besseren.
aufgehängt sein oder werden: Glück und Ehre.

Aufregung
Hindernisse stehen bevor.

Aufruhr
sehen: die Situation wird unsicher.
miterleben: es steht ein Umschwung im Leben bevor.
wobei man Blut fließen sieht: unvorhergesehene Ausgaben sind zu erwarten.

Aufsteigen
Symbol der Erneuerung; Blick auf
  Kommendes.
die Treppe: Mißachtung wird einem
  begegnen.
den Berg: man wird mit Bestimmt-
  heit ein großes Ziel erreichen.
auf ein weißes Pferd: Glück und Erfolg.
auf ein schwarzes Pferd: Erfolg, der
  jedoch nicht anhaltend ist.

Auftrag
einen erhalten: ein angenehmer
  Brief wird eintreffen.
einen selbst erteilen: man macht sich
  unbeliebt.

Aufwachen
gute Verrichtung.

Augen
innerliche Unruhe, Beschäftigung
  mit sich selbst.
blaue: große Liebe.
schwarze: Vorsicht.
kranke, schielende: Geldmangel.
blinde: frohe Nachricht.
feurige: Liebe.
derselben beraubt werden: Liebesleid.

Augenbrauen
starke haben: Freude.
ausfallende, schüttere, verbrannte:
  Verlust zeigt sich an.

Augenschirm
haben: großer Nachteil.

Aurikeln
blühende: Glück in Lotterie und
  Spiel.

Ausbeißen/Ausziehen
eines Zahnes: große Auslagen und
  Sorgen.

Ausgraben
ein Schatz wird erworben oder Ankunft eines Briefes.

Ausland
reisen in dasselbe: eine große Veränderung steht bevor.
in demselben sein: Sehnsucht nach
  stabilen Verhältnissen.

Auskehren
Hochmut und Stolz.

Auslachen
dumme Wünsche.

Ausruhen
glückliche Zukunft.

Ausschlag
Schädigungen der Gesundheit und
  des Körpers fordern als gerechten
  Ausgleich Geld und Glück.
selbst haben: Geschäfte können gemacht oder Dispositionen getroffen werden, die reichen Gewinn
  bringen.
an anderen Menschen sehen: die allgemeinen Verhältnisse bessern
  sich.

Aussicht
die Aussicht ist meist das Symbol
  der nahen Zukunft: zwischen
  Klarheit und Nebel schwankt die
  gute und die schlechte Zukunft.
schöne weite: Glück und Wohlstand.
von einem Turm aus über viele
  Berge und Täler: eine größere
  Reise steht bevor.

trübe durch Nebel oder Rauch: es
wird große Unannehmlichkeiten
geben.

Aussöhnen
Schande.

Aussprache
man kann eine Verbesserung der
Existenz versuchen, aber ohne
Kampf geht das nicht.

Austern
das Symbol ist erotisch zu verstehen; Schwierigkeiten in der Er-
ringung eines Zieles, das oft sexueller Art ist.
sehen: hochfliegende Pläne gehen
nicht in Erfüllung.
essen: man will mehr scheinen, als
man ist.

Aussteuer
sehen, bekommen, kaufen:
Heirat.

Ausverkauf
bei einem solchen preiswert einkaufen: es bietet sich eine günstige
Gelegenheit, einen alten Wunsch
zu verwirklichen.

Auswandern
bevorstehende Veränderung im Leben.

Ausziehen
seine Kleider: Unglück durch eigenes Verschulden.
die Schuhe: eine Reise steht bevor.
aus der Wohnung: Veränderung im
persönlichen Leben.

Auto
man kommt vorwärts und hat,
wenn man selbst lenkt, die eigene
Sache fest in der Hand.
in einem mitfahren: bessere Verhältnisse.
eines selbst lenken: Suche nach
neuen Möglichkeiten, seinem Lebensziel näher zu kommen.
eines kaufen: Anbahnen eines neuen
Unternehmens, das erfolgreich
ist.
aus einem aussteigen: das Ansehen
nimmt Schaden.
eines brennen sehen: gute Bedeutung, wenn man nur die Flammen
sieht, schlechte Bedeutung bei
schwarzem Rauch.
Autopanne: eine Reise wird vergeblich sein.
Autounfall: finanzieller Verlust.
Autorennen gewinnen: man kommt
seinen Konkurrenten oder Rivalen zuvor.
Autozusammenstoß sehen: man bekommt in einer Sache starke Kon-
kurrenz.

Automat
Warenautomat sehen: eine ange-
nehme Erleichterung steht bevor.
Briefmarkenautomat: eine Sache in
Güte zu erledigen bringt nur ei-
nen Teilerfolg.

Axt
eigene oder fremde zerstörende
Energien brechen durch und wirken sich aus.
sehen: Unglück.
mit einer arbeiten: gutes Fortkommen.

B

Bacchus
schlechtes Weinjahr.

Bach
der Wasserspiegel des Baches kenn-
zeichnet in seiner Gestalt Reichtum und Ungunst des Lebens.
mit klarem Wasser: gute Geschäfte.
mit trübem Wasser: schlechte Geschäfte.
mit reißendem Wasser: Mißgeschick.
mit vielen Fischen: viel Glück.
in einem baden: gesund werden.

Backen
Brot: Glück.
Kuchen: die Situation nimmt For-
men der Besserung an.
Konfekt: einige Wünsche gehen in
Erfüllung.

Backenstreich
erhalten: Vorsicht vor überstürzten
und nicht gut durchdachten Dispositionen.
selbst austeilen: Energie wird für
eine Sache verschwendet, die es
nicht verdient.

Bäcker
Rückerinnerung an die Kindheit.
sehen: die Sorgen nehmen ab.
in einer Bäckerei sein: Glück, Erfolg
und Zufriedenheit.
Bäckerin: kräftige Gesundheit.
Bäckerladen: gesegnetes Jahr.

Backofen
von außen sehen: wohlhabende
Verhältnisse werden angezeigt.

die Glut in einem sehen: Erfolg und
Glück.

Bad
Versuch, Altes und Schmutziges
wegzuwaschen.
nehmen, lauwarm: bürgerlicher
Wohlstand.
heiß: Krankheit.
kalt: Feinde werden besiegt.
im Freien und in der Luft: Kraft und
Zähigkeit.
im Sande: Nervenstärkung.
in hellem Wasser: Glück.
in trübem Wasser: Verlust.

Badewanne
in einer aus Marmor baden: freudige
Überraschung nach einer ernsten
Krankheit.
in einer aus Zink baden: aus seinen
Verhältnissen kommt man nicht
heraus.
in einer gußeisern-emaillierten baden: die Situation bessert sich.

Bahnhof
neues Unternehmen, neuer Lebens-
abschnitt; fester, frischer Entschluß.
sehen: im Leben tritt ein Wechsel
ein.
innerhalb eines Bahnhofes prome-
nieren: man erhält eine Botschaft
übermittelt.
aus einem solchen herauskommen:
dringende Angelegenheiten warten auf ihre Erledigung.

Bahnschranke
Unannehmlichkeiten oder Unfall.

Bahre
Zeichen, daß etwas Neues herangetragen wird; selbst der Tod eines

Menschen bringt andererseits das
Erbe.
sehen: Todesfälle und Erbschaft.
auf einer liegen: Gutes haben.

Bajazzo
sehen: man kommt in eine kuriose
Situation.
die Rolle eines Bajazzos spielen:
man erlebt Leid, Enttäuschung
und Kummer.
das Lied aus »Bajazzo« singen
hören: gute Aspirationen verheißen einen kommerziellen
Erfolg.

Balkon
oft sexuell zu verstehen (Balkon =
Brust).
auf einem stehen: man findet einen
lieben Kameraden.
einen einstürzen sehen oder selbst
mitstürzen: zahlreiche Hoffnungen muß man als unrealisierbar
betrachten.

Ball
das Schicksal spielt mit uns; man
kann dabei Zeit verlieren, sein
Glück gewinnen oder sich aufgeben.
mit einem spielen: das Glück steht
vor einer Wende.
von einem getroffen werden: Unannehmlichkeiten.
einen verlieren: man wird etwas finden, das von Nutzen ist.

Ball (Tanz)
besuchen: Vergnügen finden.
auf einem tanzen: baldige Verlobung.

Ballen
von Kaffee, Papier usw. sehen:
Glück in Geschäften.
einen machen, etwas einpacken:
Vermehrung des Vermögens.

Ballett
sehen: Enttäuschung durch eine
Person, von der man sich sehr viel
versprochen hat.
einem beiwohnen: Enttäuschungen
allgemeiner Art.

Ballon
sehen: man erlebt eine große Ernüchterung.
sich selbst in einem fliegenden Ballon sehen: man entfernt sich von
erreichbaren Zielen.
einen mit Gas gefüllten platzen sehen: jemand wird wütend auf einen sein.

Balsam
Gesundheit.

Banane
bei Frauen rein sexuell zu verstehen.
sehen: man findet Annäherung bei
einem Menschen, der einen seelisch gut versteht.
essen: die Sexualität erwacht stär—
ker.

Band
sehen: gute Freundschaft.
halten: gute Freundschaft.
im Wind flattern sehen: Glück und
Erfolg.
endlose Bänder: Schulden werden
gemacht.
blaue: treue Liebe.
grüne: gute Hoffnungen.

rote Bänder: Vergnügen.
schwarze: Trauer.
weiße: reine Liebe.

Bandit
meist in Alpdrücken, sonst oft sexuell zu verstehen.
sehen: man wird in eine Angelegenheit verwickelt, die keinen Vorteil bringt.
von einem angefallen und beraubt werden: die Vermögenslage zeigt eine Tendenz zu einer grundlegenden Besserung.

Bank (Sitzgelegenheit)
Abrechnung mit Vergangenem, oft wie bei Bahnhof.
auf einer im Freien sitzen: Liebesabenteuer stehen bevor.

Bank (Gebäude)
auf einer Geld einzahlen: einer der geheimsten Wünsche wird in Erfüllung gehen.
von einer Geld abheben: Schulden.
in einer angestellt werden: gute Aussichten, die Gesamtsituation zu verbessern.

Bankier
sich selbst als einen sehen: man hüte sich vor Spekulationen; sie werden finanziell nicht von Vorteil sein.
mit einem sprechen: man wird einen Verlust erleiden.

Banknoten
viele sehen: es werden sich finanzielle Einbußen ergeben.
zählen: die Lage verschlechtert sich.

Bankrott
selbst machen: aus einer schwierigen Lage findet man ganz plötzlich einen gangbaren Ausweg.

Bar
in einer sitzen: man wird eine flüchtige Bekanntschaft machen.

Bär
Unklarheiten über Mitmenschen in innerer Beziehung.
einen Bären tanzen sehen: Klatschereien und Verdruß.
einen toten oder ein Bärenfell sehen: Glück, das jedoch nicht ohne Hindernisse ist.
mehrere Bären sehen: es stehen Ereignisse bevor, welche die ganze Kraft in Anspruch nehmen.

Barbier
sehen, sich von einem die Haare schneiden oder rasieren lassen: man kommt zu Schaden.

Barfuß
gehen: die Gesundheit bessert sich.
in klarem Wasser gehen: gute Bedeutung.
in taufrischem Gras gehen: sehr gute Bedeutung.
auf Steinen gehen, die einem weh tun: in einem Unternehmen sind Schwierigkeiten zu erwarten.

Barometer
sehen: ein mit großen Hoffnungen begonnenes Unternehmen wird ein Fiasko erleiden.
in Scherben fallen lassen: eine plötzliche Änderung in der eigenen Lebenshaltung kann erwartet werden.

Barriere

sehen: unverhofft stellen sich Hindernisse ein.

überschreiten: in irgendeiner Sache wird man ein gutes Resultat erzielen.

sehr hohe, die nicht zu übersteigen ist: in einer Angelegenheit ist man viel zu optimistisch.

Bart

Vateridee; bei Frauen: Gefühl oder Geborgenheit bei einem Mann mit Bart.

einen wachsen sehen: man wird in günstige Verhältnisse kommen.

einen sehen oder haben: gute Gesundheit; je stärker und voller der Bart, um so günstiger.

einen abschneiden oder abrasieren: Verluste.

einen verlieren: Verluste.

ein roter: man hüte sich vor falschen Freunden.

einen bei einer Frau sehen: Vorsicht.

Baß

singen oder hören: Vergnügen in Aussicht.

Baßgeige

hören: bringt Glück.

selbst spielen: man wird fröhlich.

Bauch

fast immer sexuell zu verstehen.

sehen: zeitgemäße Ansichten drängen sich in den Vordergrund.

auf ihm liegen: die Gesundheit wird eine Einbuße erleiden.

einen großen und dicken haben oder sehen: Vermögenszuwachs.

ein magerer: Geldverlust.

Bauchweh

haben: Warnung vor Unmäßigkeit.

Bauen

Aufbau auch im Leben, Planen ist erfolgreich.

ein Haus: rasches Vorwärtskommen im Leben und eine gesicherte Existenz.

beim eigenen Hausbau mithelfen: Glück und Wohlhabenheit.

einen Bau abtragen: Pläne werden nicht gut ausgehen.

einen Bau einstürzen sehen: großes Unglück steht einem selbst oder der Familie bevor.

Bauer

Sehnsucht nach Natur und einfachem Leben.

tätig sehen: frohe Zukunft.

einem jungen begegnen: Glück und Erfolg in beruflichen oder privaten Dispositionen.

einem alten begegnen: Hemmnisse und Erschwernisse im Vorwärtskommen.

sich selbst als einen sehen: gutes Vorwärtskommen auf sauberer Basis.

Bauernmädchen

mit einem Blumenkranz auf dem Kopf sehen: Verlobung oder anderes unverhofftes Liebesglück.

weinen sehen: Untreue eines Freundes.

Bauernstube

sehen: Wohlstand.

im Winter in eine geheizte eintreten: gesicherte Position.

mit einer großen Gesellschaft in einer weilen: ein Familienfest kündigt sich an.

aus einer in die Kälte hinaustreten: man wird Verluste haben; die Position wird unsicher werden.

Baum
Besserung des eigenen Zustandes; Heilung, wenn Baum gesund und blühend; meist Potenzsymbol.

blühen sehen: großes Glück.

Früchte von einem abreißen: ein Abenteuer.

einen erklettern oder darauf sitzen: Erlangung einer gesicherten Stellung.

von einem fallen: dem Spott ausgesetzt sein.

einen dürren sehen: Mißerfolg und Kummer.

einen schütteln: Glück.

einen mit Früchten beladenen sehen: man hat gute Aussichten.

unter einem sitzen: gute Botschaft.

Bäume
sind Zeichen des reinen und natürlichen Lebens. Siehe auch Baum, Birke und andere Bäume.

Baumeister
sein oder mit einem zu tun haben: man wird eine befriedigende Stellung erreichen.

mit einem streiten: Vorsicht bei allen Unternehmungen der nächsten Zeit.

Bauplatz
sehen: gewinnbringendes Unternehmen.

Beamter
einen sehen: in der Regel nichts Gutes.

einem Geld geben: Verluste.

mit einem streiten: viele Unannehmlichkeiten durch eine Auseinandersetzung oder einen Prozeß.

Becher
der Becher ist das Gefäß des Lebens, von dessen Erhaltung Glück und Leben abhängen.

einen geschenkt erhalten: deutet auf ein Ehrenamt oder eine Erbschaft hin.

aus einem silbernen oder goldenen trinken: bringt Genesung.

einen zum Trunk gereichten ablehnen: schwerer Zusammenbruch im Leben.

einen zerbrechen: Krankheit.

Bediener
warnt vor Verleumdung und Betrug.

Bedrängnis
man wird seine Feinde überwinden und trotz vieler Hemmnisse seinem Lebensziel wesentlich näher kommen.

Bedrohung
deutet auf unabwendbare Leiden.

Bedürfnis
fühlen oder haben: deutet auf Schmähungen hin.

Beeren
sammeln: Last und Mühe.

essen: Freude und Genüsse stehen in Aussicht.

feilhalten: Sorgen um das tägliche Brot.
unreife oder vertrocknete: Ärger und Verdruß.

Befehl
erhalten: man findet sich in jede Lage hinein.
erteilen: gute Stellung.

Befriedigung
ein reines Gewissen haben.

Begräbnis
seelisch ist etwas vorübergehend oder dauernd abgestorben.
sein eigenes sehen: ein im allgemeinen gutes Zeichen.
von guten Freunden: Ärgernisse.
von Unbekannten: Erbschaft.
einer hohen Persönlichkeit: politische Änderung.
einem fremden beiwohnen: ein Freund wird ins Unglück geraten.

Begrüßen
einer hohen Persönlichkeit: ein angenehmer Besuch wird angezeigt.
einer Person, die man nicht mag: bringt einen unangenehmen Besuch.
selbst von Kindern begrüßt werden: glückliches Ereignis im Familienleben.

Behaglichkeit
ein reines Gewissen haben.

Beichte
sehen: man macht sich Vorwürfe.
einer beiwohnen: mahnt zur Erforschung seines Tuns und Lassens.
selbst Beichtvater sein: man wird in einem wohltätigen Unternehmen aktiv werden.

Beil
eigene oder fremde zerstörende Energien brechen durch und wirken sich aus.
sehen: Unglück.
mit einem arbeiten: gutes Fortkommen.

Bein
sexuell zu verstehen (wie alle Gliedmaßen).
ein gesundes haben: bringt Freude und Glück.
ein krankes haben: bringt Verlust und Schaden.
Beinbruch bei anderen sehen: Erfolg bei einem Wettbewerb, z.B. Examen, Sport.

Beischlaf
rein sexuell zu verstehen; im späteren Alter Pläne für Neuschöpfungen.
mit der Geliebten: zeigt Gutes an.
mit der Gattin: Leid.

Beißen
oder gebissen werden: bedeutet heftige Feindschaft.

Beistand
es wird einem geholfen werden.

Bekannte
treffen und sprechen: man erfährt eine Neuigkeit.

Bekehrung
mahnt zur Ausdauer bei guten Werken.

Beklagen
bei einer Behörde: getäuschte Hoffnung.

selbst beklagt werden: unverhoffter Verdruß und Unfriede.

Belehrung
geben: zeigt gute Stellung an.
empfangen: Verkehr mit geistreichen Menschen.

Beleibt
sein: siehe Bauch.

Beleidigen
selbst beleidigt werden: man wird ein liebes Wesen verlieren.
von einem Erwachsenen beleidigt werden: kann eine Trennung bringen.
von einem Kind beleidigt werden: gutes Zeichen; man wird einen Gewinn in der Lotterie, in einem allenfalls schwebenden Prozeß usw. haben.
einer fremden Person: Mißverständnis in der beruflichen Tätigkeit.

Bellen
der Mensch verläßt sich bei unbekannten Gefahren oft auf das Tier, wobei der Hund der beste Gefährte ist.
hören: Warnung vor einer unbekannten Gefahr.
bellende Hunde sehen: in der eigenen Umgebung befinden sich Leute, die schlechte Absichten haben.
von Hunden angebellt werden: Vorsicht und kaltes Blut sind notwendig.

Benzin
sehen: leicht entflammende, aber ebenso schnell wieder erlöschende Leidenschaft.

brennendes sehen: eine lustige Unterhaltung ist in Aussicht.

Berg
Schwierigkeiten sind zu überwinden.
ersteigen: zeigt viele Hindernisse an, die aber, sobald sie überwunden sind, Freude bringen.
hinabsteigen: wohlverdienter Genuß nach schwerer, segensreicher Arbeit.
hinunterfallen: bringt eine Enttäuschung; wenn man dabei Blut sieht, kündet dies eine ernste Krise der eigenen Situation an.
wanken sehen: Feindschaft und Verfolgung durch andere.
einen feuerspeienden sehen: es droht eine Gefahr.
einen mit Schlössern sehen: eine Zeit guter finanzieller Verhältnisse beginnt.
einen mit einer Ruine sehen: mahnt an das herannahende Alter.

Bergleute
sehen: bringt Glück.
die eine Grube verlassen: Verbesserung der Lage.
selbst Bergmann sein: kündet gesicherte Verhältnisse an.

Bergtour
machen: mühselige Überwindung von großen Schwierigkeiten.
im Frühling, bei Sonnenschein: man ist hoffnungsvoll und glaubt an seinen Erfolg.
bei Regen: man wird Sorgen bekommen.

Bernstein
man wird ein Geschenk bekommen.

Beschwörung

sehen oder erleben: Umwälzung im
  sozialen Leben.
selbst vornehmen: kündet große Ereignisse im eigenen Leben an.

Besen

meist rein sexuell als Instrument zu
  verstehen.
sehen: bringt Verkehr mit unangenehmen Leuten.
mit einem hantieren: glückliche
  Überwindung von Hindernissen.

Besuch

erhalten: man wird mit dem Gericht
  zu tun bekommen.
machen: kündet ein Familienfest an.
als Besucher unfreundlich aufgenommen werden: Ärger unter
  Bekannten und Freunden.

Beten

das Beten ist ein Zwiegespräch aus
  Gottesfurcht, heute im Traum
  meist nur der Ausdruck innerer
  Disharmonie.
sehen: bedeutet Gottesfurcht.
in der Kirche: Gewissensbisse.
vor einem im Freien stehenden
  Kreuz oder Heiligenbild: Angst
  um die Existenz.

Betrübnis

betrübt sein: Freude und Versöhnung mit Feinden.

Betrüger

im Spiel erwischen: man wird sich
  für etwas rächen.
als einer bei einem Geschäft er-
  wischt werden: gutes Fortkommen.

mit einer Betrügerin zu tun haben:
  kündet ein Liebesabenteuer an.
Betrug im Traum zeigt oft an, daß
  die Verkehrtheit des Traumes im
  Leben anzunehmen ist: Wo man
  Liebe sucht, ist Betrug, wo man
  Ehrlichkeit erhofft, ist Vorsicht
  am Platze.

Betrunken

oft Warntraum bei Ohr- oder Hirn-
  störungen, falls nicht einmalige
  Reaktion auf von außen kommende Störung.
sein: man erlebt angenehme Stunden, die aber keinen großen Eindruck hinterlassen.
betrunkene Leute sehen: Enttäuschung seelischer Art.
auf einem Maskenball sein: man
  wird ausgelacht werden.

Betschemel/Betstuhl

Freude und Trost.

Bett

sexuell zu verstehen; unter Umständen Ausdruck von Ruhebedürfnis.
ein leeres sehen: Todesfall.
machen: häusliches Glück.
in einem liegen, wenn es rein ist: Zufriedenheit.
wenn es schmutzig ist: Unzufriedenheit.
in einem nicht schlafen können:
  Uneinigkeit.
mit einem Kind in einem liegen: Erfüllung einer Hoffnung.

Betteln

sehen: man wird Vergeltung
  üben.

Bettfedern
sehen: bedeutet Verdrießlichkeiten.
kaufen: gute Wirtschaft.

Bettler
im Bettler liegt stets die Möglichkeit, gute wie schlechte Instinkte
zu zeigen. Der andere als Bettler
läßt einen selbst höher scheinen.
sehen: eine kleine freudige Überraschung steht bevor.
selbst einer sein: man wird Erfolg
im Lotteriespiel oder Glück in
Geschäften haben.
einem etwas geben: Befreiung aus
einer unangenehmen Lage.
Bettlerin: man wird ein Geschenk
erhalten.

Bettwäsche
waschen: man soll seine Angelegenheiten in Ordnung bringen.
in blendend weißer oder reich ver-
zierter schlafen: Verbesserung
der Situation.
in schmutziger schlafen: man leidet
an Minderwertigkeitsgefühlen.

Beutel
das materielle Denken im Traum ist
eine Warnung, sich im Leben
nicht nur davon beherrschen zu
lassen.
ohne Geld: kündet einen Geldverlust an.
mit Geld: Lotteriegewinn.
einen auf der Straße finden: unverhofftes Glück oder unerwarteter
Gewinn.
einen mit Geld als Geschenk erhalten: angenehme Überraschung.

Bezaubert
sein: Bekanntschaft mit Künstlern.

Bibel
sehen oder lesen: glücklicher Hausstand.
kaufen: familiärer Konflikt wird
beigelegt werden.
fallen lassen: bedeutet eine Trennung.

Bibliothek
sehen oder darin sein: Erfolg, aber
erst nach langem, ernstem und
zähem Streben.

Biene
Biene ist als Symbol gut, Wespe
schlecht.
sehen: Gewinn und Erfolg.
eine auf großen roten Blüten sehen:
Beginn einer Glücksepoche, in
der so gut wie alles gelingen wird.
von einer gestochen werden: man
wird eine Bekanntschaft machen,
die schöne Erinnerungen zurück-
lassen wird.

Bienenkorb
sehen: glückliches Heim.
einen zerstörten sehen: Pech und
Mißverständnisse.

Bienenschwarm
sehen: Befestigung einer Liebesbeziehung.
von einem umschwärmt sein: man
wird viel Freude erleben.

Bier
Bier und Met sind seit alters Symbole von Ruhe und Gesundheit.
trinken: Gesundheit und guter Verdienst.
mit jemandem Bruderschaft trinken: gute und nützliche Freunde.
verschütten: Heirat oder Kindtaufe.

Bierfaß
sehen: Fröhlichkeit.
aus einem trinken: man langweilt
sich und braucht eine Zerstreuung.

Bild
wie Spiegel und Fotografie: auf der
Suche nach einem klaren Bild von
sich oder von anderen.
sein eigenes sehen: bringt Glück.
das von Kindern, Frauen oder Bekannten sehen: bringt Neuigkeiten.
von verstorbenen Eltern oder
Freunden sehen: Befreiung aus
einer drückenden Lage, Hilfe
oder Unterstützung.
von Menschen sehen, unter denen
man leidet oder gelitten hat: man
ist zu ängstlich und unsicher.
viele Bilder sehen: kündet Ehre oder
eine Ehrung an.

Bildhauer
sehen: man wird Kenntnisse sammeln.
sich selbst als solchen sehen: größere Sicherheit für die Existenz.
Bildhauererzeugnisse ausgestellt sehen: man wird in kurzer Zeit ein
großes Ziel erreichen.

Billard
sehen: veränderliches Glück.
spielen: fragliches Unternehmen.

Binde
sehen: man wird seine Arbeit mit
Leichtigkeit ausführen.

Birke
Bäume sind Zeichen des reinen und
natürlichen Lebens.

sehen: bringt Glück und Gutes.
auf eine klettern: unverhofftes
Glück.

Birne
die Birne ist mehr als der Apfel ein
Zeichen der Liebesbeziehungen;
mit ihr sind auch allgemeine Beziehungen zu Menschen angedeutet.
sehen: Hochzeit.
essen: Trauer.
gute: Heiratsglück.
wurmige: Trennung und Trübsal.
Birnbaum blühend oder mit Früchten: bevorstehende freudige
Nachricht, die für das ganze Leben maßgebend ist.
Birnbaum vor der Ernte: glänzender Fortgang der Geschäfte.

Bischof
die Verbindung mit einem Priester
heißt Unterordnung und meist
Maßregelung.
sehen: Zank und Unfriede.
mit einem streiten: kündet heftige
Anfeindung an.

Biskuit
sehen: Naschsucht.
backen: Verlobung in der Familie
oder ein anderes erfreuliches Fest.
essen: man sehnt sich nach etwas,
aber man ist sich noch nicht ganz
klar darüber.

Bißwunde
von einem Tier: Eifersucht.

Bitten
die Traumbitte ist ein Zeichen von
innerer Sorge und geheimen Befürchtungen.

Bitter
eine bittere Sache genießen: Gesundheit.

Bittschrift
sehen: schlechter Ausgang eines Unternehmens.
aufsetzen: Unannehmlichkeiten geschäftlicher bzw. beruflicher Art.
eine erhalten: Verlust.

Blasebalg
Zank.

Blasrohr
verwenden: Unglück.

Blatt
die Blätter von Pflanzen und Bäumen zeigen den Wandel der Natur, das Werden und Sterben an.
von einem Buch: Wissen bekommen.
schöne grüne Blätter sehen: Erfüllung eines Wunsches.
bunte oder welke sehen: Enttäuschungen und Sorgen.
abfallende: Unheil.

Blattern
haben oder sehen: man gelangt zu Reichtum.

Blau
als Farbe: Symbol der Erfüllung von Wünschen.
ein blaues Kleid sehen: seelisches Leid.
einen klarblauen Himmel sehen: gutes Zeichen dafür, daß man von mancherlei Schwierigkeiten befreit werden wird.
in einem blauen Zimmer sitzen: materielle Sorgen.

Blech
sehen oder verarbeiten: man gibt sich mit wertlosen Dingen ab.

Blei
sehen: deutet auf eine Verleumdung.
gießen: Glück in der Liebe oder Ehe.
eine schwere Menge auf dem Rükken tragen: Lotteriegewinn und gute Geschäfte.

Bleistift
sehen oder damit schreiben: kündet Nachrichten an.
mit einem zeichnen: man soll seinen künstlerischen Neigungen nachgehen, denn man wird damit Erfolg haben.

Bleiweiß
Sittsamkeit.

Blind
das blinde Glück und der blinde Zufall sind selten, der Mensch geht oft blind durchs Leben. Machen Sie die Augen auf.
sich selbst sehen: man wird blindlings in eine Gefahr hineinlaufen.
eine Person sehen oder führen: man übernimmt eine Aufgabe, die nicht durchführbar sein wird.
einem Bettler begegnen: Glück im Lotteriespiel.

Blitz
ganz plötzliche Klarheit über Zustände und Ereignisse; vor allem gut bei wohlhabenden Personen.
sehen: Geldverlust, Verdruß, Streit in der Familie, Unannehmlichkeiten im Geschäft.

auf seinen Kopf oder sein Haus
  schlagen sehen: Verlust an Gut
  und Leben.
von einem getroffen werden, ohne
  dabei Schaden zu nehmen: eine
  Gefahr, der man entrinnen wird.
von einem zu Schaden kommen:
  unerwarteter Schicksalsschlag
  oder schlechte Nachrichten.
als Wetterleuchten sehen: bedeutet
  Gutes.
und Donner: freudiges Wiedersehen mit Freund oder Freundin.
der mit Donnern einschlägt: kündet
  einen Verlust an.

Blühen
das Blühen zeigt (wie Blüten)
  Wachsen und Entfalten der Natur
  im Vergleich zum Menschenle-
  ben.

Blumen
sehen: vielfältige Bedeutung, oft sexuell zu verstehen; es kommt auf
  die Blume an.
frische: Gesundheit.
schöne: Erfolge.
gut riechende: viel Gutes.
welke: Mißerfolge.
pflücken: man hüte sich vor Schaden; reiche Ernte für Landleute.
abreißen und wegwerfen: seinem
  Glück ausweichen

Blumenstrauß
sehen: beständige Liebe oder
  Freundschaft.
binden: Liebesglück.

Blut
sehr unterschiedlich, oft sexuell zu
  verstehen.

sehen: man bangt um einen Menschen, der einem nahesteht.
selbst bluten: ein gutes Zeichen.
speien: Krankheit, Böses.

Blutegel
für Kranke Genesung, für Gesunde
  Krankheit.

Blutwurst
sehen oder essen: gibt Gesundheit.
jemanden essen sehen und selbst
  Hunger haben: man ist ermüdet
  oder verbittert und benötigt eine
  Zerstreuung.

Bock
sehen: Gewinn und Erbschaft.
von einem bedroht werden: man
  soll sich nicht einschüchtern lassen.
einen töten: man wird durch eine
  Ungeschicklichkeit einen materiellen Verlust erleiden.

Boden
sehen und darauf laufen: Freude
  und Leid.
auf einem liegen: Mahnung, auf
  seine Gesundheit zu achten.
auf einem sitzen: zunehmende Unsicherheit der Verhältnisse.

Börse
an einer spekulieren: ein Versuch,
  seinen Lebensstandard durch einen besonderen Schachzug zu
  verbessern, der fehlschlagen
  wird.
an einer solchen Angestellter oder
  sonstwie beruflich tätig sein:
  Warnung vor einem unbedachten
  Unternehmen.

Bogen
zum Schießen sehen: vergnügte
  Stunden.
mit einem schießen: bedeutet ein
  Abenteuer.

Bohnen
essen: Zank und Streit.
pflücken und zubereiten: Glück im
  Geschäft.
am Busch sehen: man hat Pläne,
  die sich nicht verwirklichen
  lassen.
Sexualsymbol; keimend und schie-
  ßend gesehen: für Frauen beach-
  tenswert; bei jungen Männern
  und Greisen in Beziehung zum
  Skrotum zu bringen.

Bohrer
sehen: langwierige Krankheit.
mit einem hantieren: mühevolle Arbeit, die einem keinen Gewinn
  einbringen wird.
mit einem ein Loch in die Erde boh-
  ren: Tod eines Angehörigen,
  Freundes oder anderen nahestehenden Menschen.

Bombe
Gefahren, Vernichtungstraum.
sehen: unerwartetes und ungünstiges Ereignis.
selbst auf jemanden werfen: Anfeindungen durch andere.
explodieren und Zerstörung anrich-
  ten sehen: Unfall.
Bombenattentat auf hochste-
  hende Person sehen: man wird
  einer vielleicht gar nicht bemerkten Gefahr glücklich entrinnen oder ist ihr bereits ent-
  ronnen.

Boot
Änderung des Lebensweges; auf
  Wasser freilich etwas unsicher
  empfunden, vor allem bei trübem
  Wasser.
sehen: kündet eine Veränderung an.
mit einem eine Ausfahrt machen:
  wenn das Wetter klar ist, kann
  man ein günstiges, andernfalls
  muß man ein ungünstiges Ereignis erwarten (siehe auch Nachen).

Bordell
die Eigenbewertung und die Liebes-
  kraft werden von sich und vom
  Partner gegenübergestellt.

Bote
der Bote ist der Bringer von Überraschungen, die meist die eigene Erwartung enttäuschen.
wenn er einen Brief bringt: unangenehme Nachrichten.
wenn er etwas anderes bringt: angenehme Überraschung.

Boxen
sich selbst sehen: schwerer Kampf
  um einen Plan.
dabei unterliegen: Scheitern einer
  Hoffnung.
dabei siegen: ein Plan wird nach
  großen Schwierigkeiten doch
  noch zur Durchführung kommen.
andere sehen: man wird mit anderen
  Menschen in Streit geraten.

Brand
Unsicherheit, Hilfsbedürftigkeit,
  Unklarheit gegenüber der Umwelt.
sehen: man wird eine große Freude
  erleben.

einen entfachen: man wird vergebens gegen eine ungünstige
Schicksalswendung protestieren
oder ankämpfen.
in der eigenen Wohnung sehen:
wenn man nur helle Flammen
ohne Rauch sieht: Verbesserung
der Situation; bei starker Rauch-
entwicklung: das Gegenteil.

Branntwein
sehen oder trinken: man wird durch
eigenes Verschulden einen Schaden erleiden.
verschütten oder auf den Boden gießen: Warnung vor einem leichtsinnigen Schritt, den man zu unternehmen im Begriffe ist.
verkaufen: man hat einem anderen
gegenüber schlechte Absichten.

Braten
sehen oder zubereiten: man wird
eine Einladung erhalten.
essen: günstige Geschäfte oder andere Gewinne.

Bratpfanne
eine leere sehen: Enttäuschung.
über dem Feuer bei der Speisezube-
reitung sehen: Gewinn.
eine schmutzige abwaschen oder
reinigen: man wird mit einem
Unternehmen zufrieden sein.

Braun
als Zwischenfarbe deutet auf ein
Übergangsstadium hin, das meist
zum Schlechten führt.
als Farbe sehen: trügerische Hoffnung.
braune Augen sehen: man wird es
mit einem falschen Menschen zu
tun bekommen.

ein braunes Kleid tragen: man wird
in eine Gefahr geraten.

Braut
die Sehnsucht nach der Ehe und der
Geborgenheit ist ebensogroß
wie die Sehnsucht nach dem
Glück.
sehen: Freude und Glück.
sich selbst als eine sehen: man wird
die eigene Situation verbessern
können.

Brautführer
sehen: verspricht Erfolge irgendwelcher Art.
während der Trauung selbst sein:
man steht vor einem entscheidenden Ereignis.

Bräutigam
Erwartung auf die Erfüllung ist
nicht immer konform mit dem
Glück.
sehen: baldige Hochzeit im Freun-
des- oder Verwandtenkreis.
den seinen küssen: bedeutet einen
kleinen Streit mit diesem.
mit ihm streiten: man wird von ihm
angenehm überrascht werden.

Brechen
von Körpergliedern: man wird einen empfindlichen Verlust haben.

Brett
kaufen: bringt die Vereinigung mit
einem anderen Menschen.
schneiden: bringt eine Plage.
Bretter zusammenschlagen: Vergrößerung des Geschäftes oder
des häuslichen Wohlstandes.

auf ihnen über ein Wasser gehen:
aus einer drohenden Gefahr wird
man sicher und ohne Schaden
herauskommen.

Brezel
sehen, kaufen oder essen: kündet
ein Vergnügen an.
auf der Straße verkaufen: Verbesserung der Situation.

Brief
erhalten: unangenehme Nachrichten.
Liebesbrief: schlechte Nachrichten.
Trauerbrief: gute Nachrichten.

Briefmarke
sehen, kaufen oder aufkleben:
bringt eine neue Bekannt-
schaft.
ausländische sehen oder sammeln:
Bekanntschaft mit Ausländern.

Brieftasche
in der Brieftasche kann die eigene
Existenz gesehen werden; um sie
ringt man, und man will sie nicht
verlieren.
verlieren: ein eigenes Geheimnis
wird offenbar werden.
finden: man wird hinter das Geheimnis eines anderen kommen.
eine mit Geld finden: man möchte
ohne Arbeit zu Geld kommen,
was aber nicht gelingen wird.
eine gestohlen bekommen: Warnung vor einem Menschen in der
näheren Umgebung, der
schlechte Absichten hat.

Briefträger
gute Gesundheit.

Brillant
sehr oft Minderwertigkeitsgefühle,
Bluff; eigene Überbewertung.
sehen: man hat oder findet einen
Menschen, der einen aufopfernd
liebt.
geschenkt bekommen: Verlobung
oder Verbesserung der Lage.
verlieren: eine Person, die man liebt,
wird einen verlassen.

Brille
innerliche Unruhe, Beschäftigung
mit sich selbst.
sehen oder tragen: man kommt in
eine Pechsträhne.
eine grüne tragen: gute Aussicht in
geschäftlichen oder anderen Angelegenheiten.

Brombeeren
sehen: Freude.
sammeln: man wird einen Menschen kennenlernen, der es gut
mit einem meint.
essen: kündet einen fröhlichen Ausflug an.

Brot
je nachdem: Nottraum, Wunschtraum, Sexualtraum.
sehen, kaufen oder essen: bringt
treue Freunde.
backen: Glück.
jemanden essen sehen, während
man selbst Hunger hat: Freund
oder Freundin werden einen Erfolg haben, den man für sich erhoffte.
altes, hartes: man wird demnächst
große Schwierigkeiten zu überwinden haben.
frisches, mürbes: fremde Gäste.

Brotkrumen
sehen: bringt viel Geld.
Vögel damit füttern: glückliches Familienleben.

Brücke
sehr günstig für die Zukunft, wenn die Brücke ganz ist.
sehen: es wird einem gelingen, gegensätzliche Interessen auszugleichen und dadurch zu gewinnen.
mehrere sehen: Verdruß.
auf einer gehen: man muß auf der Hut sein.
auf einer hinfallen: Verhinderung an Geschäften.
über eine alte, unsichere gehen: man wird einer Gefahr noch glücklich ausweichen können.
über eine sehr lange gehen: großer Fortschritt im Leben.

Bruder
Besinnungstraum auf sich selbst.
sehen: gute Gesundheit.
sich von ihm verabschieden: man ist in einer Angelegenheit ganz auf sich alleine angewiesen.
ihn sterben sehen: Verschlechterung der Lage.

Bruderschaft
mit jemandem trinken: treue Freundschaft.

Brunnen
schlecht, wenn er ohne Wasser; gut, wenn er voll ist.
sehen: ein anfänglicher Flirt verwandelt sich in eine tiefe Leidenschaft.
mit klarem Wasser: gute Spekulation.

das Wasser überlaufen sehen: Verlust.
aus einem solchen Wasser schöpfen: Bindung an einen anderen Menschen; je nachdem, ob das Wasser klar ist oder trübe, wird dieser Mensch treu oder falsch sein.

Brüste
rein sexuell zu verstehen.
schöne einer Frau sehen: angenehme Überraschung.
von einem schönen Mädchen sehen: Erfüllung der geheimsten Wünsche.
übermäßig große sehen: verheißt eine Zeit äußeren Wohlstandes.
welke sehen: bringt Sorgen.
übermäßig große haben: Wohlbefinden.
Kind an der Mutterbrust sehen: viel Glück in persönlichen und privaten Angelegenheiten.
selbst ein Kind an der Brust halten: Heimweh.

Buch
beim Buch ist der Titel zu beachten; er bedeutet unter Umständen »Buch des Lebens«.
sehen oder lesen: man macht eine Bekanntschaft von dauerndem Wert.
eines schreiben: Unzufriedenheit im beruflichen Leben.
ein ernsthaftes lesen: Ehre und Weisheit.
eines kaufen: man bringt sich und anderen Nutzen.

Buchsbaum
sehen: Erfüllung von Hoffnungen.

verdorrter: man kommt schwer
vorwärts.
durch eine Buchsbaumhecke gehen:
herrliche Zukunft.

Buchstaben
sehen und lernen: häusliches
Glück.
in alphabetischer Reihenfolge
schreiben: man wird eine Angelegenheit in Ordnung bringen.

Bücken
sich selbst: Erniedrigung.

Bucklig
sexuell zu verstehen, wenn von
Frauen geträumt.
einen buckligen Menschen sehen:
man wird einen Vorteil erlangen.
mit einem Buckligen sprechen oder
zu tun haben: Glück in einer Spekulation oder in der Lotterie.
selbst bucklig sein: verspricht gute
Gesundheit.

Buddha
sehen: man fürchtet sich vor dem
suggestiven Einfluß eines Menschen, dem man sich nicht entzie-
hen kann.
anbeten: man möchte einem Menschen sagen, was man auf dem
Herzen hat, aber man wird es
nicht wagen.
von einem angesprochen werden:
es wird ein unerwartetes günstiges Ereignis eintreten.

Bügeleisen
sehen oder benutzen: verspricht einen Gewinn.
mit einem etwas versengen: günstige Veränderung.

Buhlen
sehen: frohe Stunden.
selbst daran beteiligt sein: Glück.

Burg
die Burg im Traum ist nicht Symbol
des innerlich Gefestigten, sondern der aus ihr drohenden Gefahr.
sehen oder sich darin aufhalten: bedeutet Gefahr.
an eine verschlossene kommen: man
wird etwas Unverhofftes erleben.
eine brennende mit viel Rauch sehen: kündet schwere Ereignisse
im Lande an.
eine zerfallene sehen: man wird an
bessere Zeiten erinnert werden.

Bürger
man ist allein und sehnt sich nach
anderen Menschen, mit denen
man sprechen möchte.
sein: Ehren erhalten.

Bürgermeister
sehen oder sprechen: man wird eine
vorteilhafte Bekanntschaft machen.
mit einem streiten: Widerwärtigkeiten.
selbst sein: Fortschritte im Beruf.

Bürste
Unruhe, sehr oft sexuell zu verstehen.
sehen: man wird ins Gerede der
Leute kommen.
kaufen: man wird unter der Eifersucht anderer zu leiden haben.
Kleider ausbürsten und dabei viel
Staub sehen: bringt Ärger.
Schuhe bürsten: man wird eine
schlechte Behandlung erfahren.

Fußboden bürsten: man wird
Schwierigkeiten in der Arbeit zu
überwinden haben.
viele Bürsten sehen oder besitzen:
man wird in Streit kommen.

Busch
einen grünen sehen: große Freude.
einen vertrockneten sehen: man
wird sich in der nächsten Zeit viel
langweilen.

Buße
tun: man wird eine Kränkung erleiden.
einen Büßer sehen: schlechte Nachrichten.

Bütte
sehen oder tragen: wenn sie gefüllt
ist: gutes Einkommen; wenn sie
leer ist: das Gegenteil.

Butter
es können damit Nahrungssorgen
ausgedrückt werden, aber auch
sexuelle Neigungen.
sehen: etwas, was man verheimli-
chen möchte, wird herauskommen.
frische: bedeutet ein gutes Jahr.
ranzige: bedeutet Verleumdung.
essen: bringt Gesundheit.
machen: Sehnsucht nach Zärtlich-
keiten.

Buttermilch
bringt dem Landmann Gutes, den
anderen Schaden.

C

Café
Andeutung der Ruhephase vor etwas Neuem.
in einem sitzen: man wird gezwungen sein, seine Zeit mit Nichtstun
zu verbringen.

Cello
das Instrument und jede Musik sind
ein gutes und harmloses Zeichen
der inneren Ausgeglichenheit.

Champagner
fraglich, ob sexuell zu verstehen;
Ausbruch aus der Disziplin.
sehen: Glück von kurzer Dauer.
alleine trinken: man findet in seiner
Umgebung kein Verständnis.
in Gesellschaft trinken: kündet einen fröhlichen Zeitvertreib an.
eine Champagnerflasche zerbrechen: ein stürmisches Erlebnis
kündet sich an.

Chauffeur
sehen: man verliebt sich in jemanden, der gesellschaftlich unter einem steht.
selbst sein: man braucht eine Änderung.

Chef
immer ein unangenehmes Zeichen,
wobei meist im eigenen Beruf ein
Wechsel bevorsteht.
von seinem träumen: Unannehmlichkeiten, auch wenn der Chef
im Traum noch so gnädig ist.
mit einem streiten: bringt Unsicherheit in die Existenz.
ein Geschenk von einem erhalten:
man wird einen Verlust haben.

Chemiker
die Enthüllung der Naturgeheimnisse durch die Chemie zeigt an,
daß im Leben ebenfalls vieles gelüftet wird.
sehen: man wird ein Geheimnis lösen.
sich mit einem unterhalten oder mit ihm zu tun haben: es hat jemand ernste Absichten mit einem.
chemische Artikel herstellen: man hat schlechte Absichten einem anderen gegenüber.

China
sehen oder dort sein: man wird Neuigkeiten hören; ob sie einem aber Freude machen werden, ist fraglich.
im Atlas oder auf einer Landkarte sehen: man hat Gewissensbisse.
nach China fahren: bedeutet ein gefährliches Unternehmen.

Chinese
sehr unterschiedlich; oft Furcht vor Verschlagenheit oder Enthüllungen eigener Verschlagenheit.
mit einem verkehren: man wird mit einem falschen Menschen zu tun bekommen.
einen sehen: Fleiß führt zum Ziel.

Chinageschirr
man erhält feinen Umgang.

Cholera
eine Erkrankung zeigt an, daß eine Gefahr droht; im Unbewußten bleibt immer die Furcht vor dem Krankwerden.
sehen: kündet eine Krankheit an.
sich in einem Ort mit Epidemie aufhalten: bedeutet Unglücksfall.

Familienmitglieder davon befallen sehen: Warnung zur Vorsicht.

Chormeister/Chormusik
Fröhlichkeit.

Christ/Christin/Christkind
betend: Festigkeit im Glauben.
sehen und reden hören: Freude und Segen.
Gott lobend und preisend: Glück und Segen allezeit.

Chronik
darin lesen: verheißt eine gute Zukunft.

Chronometer
besitzen: man ist hochmütig.
beschädigen: es wird ein Durcheinander im privaten oder beruflichen Leben geben.

Chrysanthemen
die Erwartung des Liebes- und Ehelebens wird angedeutet.

Clown
Ungewißheit, Furcht vor Spott und Gefühl eigener Minderwertigkeit.
sehen: man wird eine Auszeichnung erhalten.
selbst einer sein: man wird bei seinen Freunden kein Verständnis finden.

Cocktail
trinken: man sehnt sich nach Abwechslung.
zubereiten: es wird Mißverständnisse im privaten Leben geben.

Coiffeur (Friseur)
eine innere Reform geringerer Wichtigkeit ist im Gange, besonders, wenn Frauen davon träumen.

Couplet
singen: bedeutet ein frohes Ereignis.
singen hören: bringt einen fröhlichen Zeitvertreib.
mit jemand anderem eines singen: bringt eine angenehme Bekanntschaft.

Coupon (Wertpapier)
Entlohnungsproblem, vor allem bei Frauen.
sehen: man wird rasch Geld verdienen.

Courage
Minderwertigkeitsbewußtsein wird im Traum zu besonderem Mutbeweis.
haben: man wird zu Ansehen und Einfluß kommen.

D

Dach
unerlaubte Phantasien: Dachbrand gefährlich, oft Gehirnentzündungen.
besteigen: man wird sich in Gefahr begeben.
auf einem stehen: hohe Ehre.
decken: bringt fröhliches Leben.
von einem herunterfallen, ohne sich zu verletzen: man wird einer Gefahr entrinnen.
von einem herunterfallen und sich dabei verletzen: kündet eine Erkrankung an.

ein schadhaftes sehen: schlimme Nachrichten.
aus einem Dachfenster schauen: ferne Hoffnungen.

Dachrinne
hinaufklettern: man wird auf einem verbotenen oder nicht gebräuchlichen Weg zu einem bestimmten Ziel gelangen.
beim Hinaufklettern abrutschen oder herunterfallen: ein verbotenes oder ungebräuchliches Unternehmen wird schiefgehen.
an einer herunterrutschen: aus einer unangenehmen Affäre wird man sich auf ungewöhnliche Weise herauswinden können.

Dame
die Verbindung mit einer Frau läßt Wünsche und Erwartungen in Erfüllung gehen.
mit einer sprechen: es wird etwas gutgehen.
mehrere Damen sehen oder sprechen: man wird das Opfer von Klatsch.

Dämmerung
die Morgendämmerung bedeutet Gutes; eine neue Welt wird vorbereitet.

Dampf
sehen: eine mit ehrlichem Streben durchgeführte Arbeit erweist sich als unnütz.
von einer Lokomotive sehen: man macht zu große Pläne.
dampfendes Wasser auf einem Herd oder Ofen sehen: bringt Differenzen in der Familie.

Dampfbad
in einem sitzen: man wird sein Ziel
nach vieler Mühe erreichen, aber
es wird sich nicht lohnen.

Dampfmaschine
sehen: bedeutet Behaglichkeit.
bedienen: man wird zufriedenstellende Arbeit leisten.

Dampfschiff
sehen: man wird eine Reise machen.
mit einem fahren: Verbesserung der
augenblicklichen Lage.

Datteln
ein weibliches Symbol, das erotisch
auszulegen ist.
abpflücken: Sehnsucht nach Liebe.
verschenken: man wird Küsse erhalten.
essen: man wird von einer Frau geliebt.

Dauerwellen
sehen, haben oder gemacht bekommen: man findet einen beständi-
gen Liebhaber oder eine Freundin, die einen nicht verlassen
wird.
einem anderen machen: man ist ei-
fersüchtig.

Decke
die Decke soll Wahres verhüllen,
vor dem man sich schämt.

Defizit
haben: man wird einen Prozeß verlieren, den man schon gewonnen
glaubt.

Degen
der Mann kann ihn als Zeichen seiner Sexualkraft sehen, die Frau
fühlt sich gefährdet.

in der Hand: Ehre.
mit einem gestochen werden: Lebensgefahr.
ein rostiger: Schändung der Ehre.

Deichsel
sehen: man wird eine Reise machen.
eine zerbrochene sehen: ein Plan
wird sich nicht realisieren.

Denkmal
Abschluß einer Arbeit, eines Planes;
oft übersteigerte Hoffnungen auf
Verwirklichung eigener Pläne.
sehen oder setzen: man freut sich
über Fortschritte.
sein eigenes sehen: man wird sich
durch Größenwahn lächerlich
machen und zugrunde richten.
das eines Bekannten sehen: man
wird an dem Erfolg eines anderen
teilnehmen.
das einer großen Persönlichkeit sehen: man wird in der Arbeit dank
eigenen Verdienstes vorwärtskommen.

Depesche
telegrafische: man erlebt Aufregungen.

Deserteur
einen sehen oder selbst desertieren:
man wird von Entfernten Nachricht erhalten.
viele Deserteure sehen: Unzufriedenheit im Lande, Streiks oder
Manifestationen.
einem zur Flucht verhelfen: es wird
einem aus einer Schwierigkeit
herausgeholfen werden.

Detektiv
sehen: man wird unruhigen Zeiten
entgegengehen.

sein: man wird eine verantwortungsvolle Aufgabe anvertraut
bekommen.
von einem verfolgt werden: man hat
kein reines Gewissen.

Detektivroman
lesen: man wird ein aufregendes
Abenteuer erleben.

Deuten
Schuldbewußtsein, oft Verfol-
gungsmanie.
mit dem Finger: man bekommt Ärger.

Deutsch
fühlen und handeln: Ehrgefühl besitzen.

Devisen
sehen: man will etwas verheimli-
chen, es wird einem aber nicht
gelingen.
mit ihnen handeln oder welche erhalten: Glück bei der Arbeit.

Diadem
aufsetzen: man wird ausgezeichnet
werden.
einem anderen aufsetzen: man wird
viel Freude haben und zufrieden
sein.
verlieren: man wird gekränkt werden.
finden: man sehnt sich nach Ehre
und Größe.

Diamant
sehr oft Minderwertigkeitsgefühl,
Bluff; eigene Überbewertung.
sehen: freundliche Zukunft.
sich im Besitz mehrerer Diamanten
sehen: Wohlstand.

Dick
Dickheit ist immer mit Glück und
Erfolg gekoppelt.
werden: Erfüllung von Hoffnungen
und Wünschen.
sein: unverhoffter Reichtum.
dicke Person sehen: Glück und Gewinn.
ein dickes Kind sehen: es beginnt
eine sehr günstige Epoche.

Dieb
Annäherung erwünscht (bei
Frauen) oder geplant (bei Männern); oft betrifft der Traum verbotene Genüsse bei diesen Annä-
herungen.
sehen: Liebesabenteuer.
einbrechen sehen: verheißt Glück
und Ruhe.
fangen oder fassen: man wird ein
Liebesabenteuer erleben.
entwischen lassen: bringt eine Enttäuschung.
von einem bestohlen werden: günstige Transaktionen.
Diebin: man wird leichtsinnig.
Diebstahl: Trauer.

Diener
selbst dienen wäre Demut, aber
viele Diener (Liebediener) sind
falsch; im allgemeinen fürchtet
man, ausgenutzt zu werden.
sehen: man wird in starke finanzielle Abhängigkeit kommen.
sein: man wird ausgenutzt werden.
haben: man muß sich vorsehen.
von einem bedient werden: man ist
ermüdet.

Dietrich (Nachschlüssel)
sehen: man wird bestohlen werden.
finden: man wird einen Diebstahl
verhindern.

Diplom
bekommen: bringt eine rasche Beförderung.
ein erwartetes nicht bekommen: bringt eine Enttäuschung; man wird etwas nicht so schnell erreichen, wie man hofft.

Diplomat
sehen: man wird einen gefährlichen Gegner aus dem Felde schlagen.
sein: man hat eine schwere Aufgabe vor sich.
eine diplomatische Reise machen: bringt wichtige günstige Ereignisse.

Direktor
werden: ein Wunsch wird sich erfüllen.
sich mit einem unterhalten: man macht eine Bekanntschaft, die geschäftliche Unannehmlichkeiten mit sich bringt.

Dirne
Traumüberwindung der Monogamie, mitunter auch sexueller Wunschtraum.

Disteln
Zeichen des Unheils; hierbei ist betont, daß eigene Schuld vorliegen muß.
sehen: bringt Widerwärtigkeiten.
pflanzen: man wird sich durch eigene Schuld Unannehmlichkeiten zuziehen.
begießen: man wird Undank ernten.
von solchen gestochen werden: man wird Ärger haben.

Dogge
sehen: man hat gute Freunde, die einen lieben und schützen.

von einer gebissen werden: man wird von einem der besten Freunde betrogen werden.

Dokumente
öffnen: Erbschaft.

Dolch
man fühlt sich schwach und hofft auf stärkende Hilfe; dieses Instrument bringt vorwiegend Unheil.
sehen: man wird Feinde besiegen.
mit einem verwundet werden: bringt eine Trauerbotschaft.
besitzen: man wird eine erwartete Nachricht erhalten.
einen anderen damit verwunden: man wird über einen Widersacher triumphieren.
einen im Boden stecken sehen: Warnung vor einer Gefahr.
einen sehen, der mit Blut befleckt ist: man hat erbitterte Feinde.

Dollar
sehen: bedeutet eine Erbschaft.
kaufen oder erwerben: man macht sich an eine Sache heran, die über die eigenen Kräfte geht und deshalb mißlingt.
verlieren: bringt Ärger durch ein Mißverständnis, aber es wird gut ausgehen.
finden: man wird ein Geschenk erhalten.

Dolmetscher
sein: man wird Besuch empfangen.

Don Juan
im Traum eines Mannes: eine Frau, der man blindlings vertraut, wird einen hintergehen.

im Traum einer Frau: ein gefährliches Liebesabenteuer, das schlecht ausgehen wird, steht bevor.
sich mit einem unterhalten: man wird belogen.

Donner
die grollende Natur zeigt dem Träumenden, daß positive wie negative Planausgänge von ihr beeinflußt werden.
hören: man wird Streit und Sorgen bekommen.
im Theater hören: bedeutet viel Lärm um nichts.
und Blitz: ein freudiges Wiedersehen.
wenn der Blitz einschlägt: kündet einen Verlust an.
Gewitter an einem sehr finsteren Himmel: bringt Unruhen im Lande.

Dorf
Wunsch nach Rückkehr zur Natur.
ein schönes, sauberes sehen: bringt gutes Einkommen.
ein erbärmliches und schmutziges sehen: rückgängige Vermögensverhältnisse.
in einem wohnen: bedeutet allerlei Gutes.
von einem in die Stadt fahren: bringt eine Abwechslung im Leben.
eines ansehen: schlichte Zukunft.
mehrere sehen: Ungunst.
Dorfschenke besuchen: man wird Glück finden.
eines durchwandern: man wird Freude erleben.

Dorn
weiblich sexuell zu verstehen; Angst vor Gefahren infolge Geschlechtsverkehrs.
sehen: man wird liebeskrank werden.
sich mit einem stechen: Liebesfreude.
von einem gestochen werden: Auflösung einer Bekanntschaft.
Dornenkranz auf dem Kopf: kündet ein seelisches Leiden an.
in ein Dornengestrüpp fallen: man wird in eine sehr verworrene Lage kommen.

Dose
als Behälter Sinnbild des behüteten Lebens, ohne das alles Verlust ist.
eine silberne: bringt Vorteile.
eine schön bemalte: baldige angenehme Bekanntschaft.
eine geschenkt bekommen: man hat gute Freunde.
eine finden: man genießt Freude und Gunst.
eine benutzen: man wird Gutes hören.
eine verlieren: bedeutet Uneinigkeit mit sich selbst.

Drache
kaltblütige Vitalität: man setzt sich über alles hinweg, um zum Erfolg zu gelangen.
einen als Fabeltier sehen: man wird die Gunst hochgestellter Personen erlangen.
einen bösen sehen: bringt Verlust.
von einem verletzt werden: Bedrohung durch einen mächtigen Feind.
einen töten: man wird sich aus einer schwierigen Situation befreien.

Drachen
aus Papier fliegen sehen: bedeutet
ein falsches Glück.

Dragoner
man kommt in die Fremde.

Draht
der Traum von Draht ist der Ausdruck von unüberwindlichen
Hindernissen, die sich einem ent-
gegenstellen.
sehen: man bekommt eine Falle gestellt.
ein goldener: guter Fortgang der
Geschäfte.
ein silberner: Vereitelung böser
Pläne anderer.

Drechsler
bei der Arbeit sehen: bedeutet Gesundheit.
selbst als einer arbeiten: gutes Ende
einer Arbeit.

Dreck
sehen oder in solchen hineinfallen:
bringt Reichtum.

Drehbühne
unerwartete Wendung im Leben.

Drei (Zahl)
bedeutet viel Glück.

Dreieck
Ursymbol, das teils sexuell (weiblich), teils magisch gedeutet wird.

Dreifuß
bringt Arbeitsbefriedigung.

Dreirad
fahren: man wird an sein Ziel kommen.

Dreispitz
als Hut: Ehre und Ansehen.

Dreschen
sehen: man wird es mit einem unangenehmen Menschen zu tun bekommen.
selbst dreschen: kündet eine anstrengende Arbeit an.
leeres Stroh dreschen: bedeutet
fruchtlose Bemühungen.

Dreschflegel
bedeutet Kummer.

Drogerie
sehen: man möchte jemandem gefallen, was auch gelingt.
in einer arbeiten: Aussicht auf eine
gute Beschäftigung.
in einer etwas kaufen: man wird eine
gute Idee bekommen.

Drohung
Ausdruck des Unvermögens, weil
man sich nicht durchsetzen kann.
eine an jemanden richten: kündet
eine Aufregung an.
eine bekommen: Angst um die Zukunft.

Druck
fühlen: bedeutet Krankheit.
am Hals: Furcht.
jemandem die Hand drücken: man
wird die Bekanntschaft eines guten Menschen machen.

Duell
zu einem herausgefordert werden:
kündet Todesgefahr an.
an einem teilnehmen und als Sieger
daraus hervorgehen: man wird
ein Ziel nach großen Schwierig-

keiten erreichen, ohne Freude
daran zu haben.
einem von weitem zusehen: bringt
Unannehmlichkeiten durch Eifersucht.

Dukaten
man wird zu Amt und Ehren gelangen.

Dummheit
bringt Ehre.

Dünger
sehen: bringt Gewinn.
auf solchem stehen: bedeutet
Krankheit.
etwas düngen: man wird bei einem
Unternehmen sehr gute Resultate
erzielen.
Düngergrube: bringt Wohlhabenheit.

Dunkelkammer
sehen: man wird, ohne daß man es
weiß, beobachtet.
in einer arbeiten: trotz aller Vorsicht eines Gegners wird man dessen schlechte Absichten bemerken und vereiteln.

Durchfall
haben: bringt Kummer, Leid und
Schaden.

Durchfallen
wenn man vor einem Examen steht:
man wird es bestehen.
bei sonstigen Gelegenheiten: bedeutet einen Erfolg.

Durst
meist liegt eine rein körperliche Reaktion vor; man sehnt sich nach
dem Getränk als Lebenselixier.

haben: man lernt falsche Freunde
kennen.
stillen: bedeutet Glück.
nicht stillen: kündet ein vergebliches Bemühen an.
empfinden, ohne ihn stillen zu können: bringt Trauer und Unruhe.
im Übermaß stillen: Reichtum und
Ansehen.
haben und eine leere Flasche finden:
man wird eine Liebesenttäuschung erleben.
einem Durstigen zu trinken geben:
bringt Dankbarkeit.
einem Durstigen den Trunk versagen: man wird von schlechten
Gedanken verfolgt werden.

Dusche
Reaktion der eigenen Handlungen.
eine kalte bekommen: man wird in
seinen ehrlichen Absichten verkannt.
in einem kalten Raum eine warme
nehmen: bedeutet Gesundheit.
in lustiger Gesellschaft eine nehmen: bringt viel Vergnügen.

Dutzend (Zwölf)
sehen: Verwirklichung der Pläne.

Duzen
einen Höhergestellten mit Du anre-
den: große Zukunft.

Dynamit
neue Pläne, Lebensprojekte und
plötzliche Hoffnungen sollen alle
Hindernisse sprengen.
explodieren sehen: man wird sehr
geachtet werden.

E

Ebbe
die Gezeiten zeigen das Auf und Ab
   des Lebens, meist im Fließen.
am Meer sehen: Gewinn oder Erbschaft.
und Flut sehen: wechselndes Glück.

Ebenbild
wie Spiegel und Fotografie = auf
   der Suche nach einem klaren Bild
   von sich oder von anderen.

Ebene
Verleugnung von Hindernissen.
sehen: großes Glück und Freude.
sich auf einer befinden: gutes Fortkommen.
eine mitten im Wald sehen: beruhigendes Dasein.
von einem hohen Standpunkt aus
   weit über eine schauen: man wird
   im Leben aufsteigen.

Eber
bedeutet (wie Stier) Sexualpläne und
   Sexualhoffnungen.
sehen, fangen, schießen: bedeutet
   Glück.

Echo
meist einfacher Geräuschtraum,
   sonst Warnung.
hören: kündet Besuch an.
im Walde: bedeutet Einsamkeit.

Ecke/Eckhaus/Eckstein
man erlangt Vorteile.

Edelfrau/Edelleute
bedeutet Ehre.

Edelstein
sehen: man wird in eine Versuchung
   kommen.
kaufen: Verlust.
geschenkt bekommen: bedeutet
   Vermögenszunahme.
besitzen: man wird zu großen Ehren gelangen.
tragen: man wird hochmütig werden.
finden: man wird in Armut geraten.
verlieren: bedeutet Schmach.
verkaufen: Verbesserung der materiellen Lage.

Efeu
Brutstätte der Insekten, die einen
   aussaugen; andererseits ist die ro-
   mantische Ranke ein Liebesnest.
sehen: Glück in Liebe und Freundschaft.
an Bäumen emporranken sehen:
   deutet auf falsche Freunde hin.
an Mauern sehen: Befestigung eines
   bestehenden Verhältnisses.
zu einem Kranz flechten: man hat
   einen sehr treuen Freund.

Egge
sehen: eine Schuld wird in Verges-
   senheit geraten.
mit einer arbeiten: Hindernisse auf
   dem Lebensweg.

Ehe
sexuell zu verstehen; Wunschtraum; Auseinandersetzung mit
   zu schließender oder bestehender
   Ehe.
eingehen: bedeutet Glück und Gewinn.
mit einer Witwe oder einem Wit-
   wer: bringt Sorgen.
Ehebruch: Feuergefahr.

Ehefrau: Wohlstand.
Ehemann: bedeutet versorgt sein.
Ehescheidung: böse Nachrede.

Ehre
entgegennehmen: freudiges Leben.
einem anderen zuteil werden lassen:
Traurigkeit.
abschneiden: böse Zeit.
Ehrenerklärung abgeben müssen:
gutes Gewissen.
Ehrenkleid: freudige Zukunft.

Ehrgeiz
man wird als Streber Enttäuschungen erleben.

Ei
positive Erfolgsplanung.
sehen oder haben: häusliche Verträglichkeit.
finden: kündet feste Bindung an einen anderen Menschen an; bei Ledigen = Verlobung oder Heirat.
ein sehr großes sehen oder in der Hand halten: kündet ein sehr vorteilhaftes Ereignis an.
sehen, wie ein Huhn eins legt: verspricht gute Nachrichten.
essen: bedeutet Beseitigung von Nahrungssorgen.
schönes aus Schokolade: man wird die Bekanntschaft eines Don Juan oder einer sehr eleganten Dame machen.
bunte Eier sehen: bedeutet schweren Kummer.
rote sehen: Tod oder Zorn eines Freundes oder Feuergefahr.
gelbe sehen: verkündet eine Erkrankung.
fallen lassen: bringt Uneinigkeit und Klatschereien.

ein faules: man wird in schlechten Ruf kommen.
eins aufmachen und darin Küken finden: kündet einen großen Gewinn an, besonders in der Lotterie.
Küken ausschlüpfen sehen: deutet auf ein glückliches Ereignis in der Familie hin, das eine Verbesserung der Situation bringt.
faule Eier auf jemanden werfen: ein Unrecht, das man beging, wird sich rächen.
mit Eiern beworfen werden: bedeutet eine Anfechtung oder Verfolgung.
Eierspeise machen: Einladung von einem interessanten Menschen.
verdorbene Eierspeisen: kündet Streit in der Familie an.
kaufen: man erlangt Vorteile.
gesotten: bedeutet Freude.

Eiche
Symbol der starken und gesunden Natur, die man ersehnt.
sehen: verheißt gute Gesundheit.
eine dürre sehen: Trennung von einem Verwandten oder Bekannten oder Tod eines solchen.
eine besonders große und dichtbelaubte: bringt Glück und langes Leben.
an einem heißen Tag im Schatten einer solchen sitzen: ein Mensch, der einem treu ergeben ist, wird einen vor Schlechtem schützen.
während eines Gewitters unter einer stehen: kündet eine Gefahr an, der man ausweichen soll.

Eicheln
sehen: bedeutet Armut und Elend.

suchen: man wird sich sehr anstrengen müssen, um aus einer schwierigen Situation herauszukommen.
auflesen: bringt Gewinn.
vom Baum fallen sehen: man
wird ein gutes Geschäft versäumen oder in anderer Hinsicht
eine Ungeschicklichkeit begehen.
den Schweinen als Futter geben:
deutet auf ein glückliches Erlebnis hin.

Eichhörnchen
sehen: bedeutet für Ledige Verhei-
ratung, für Verheiratete Kindersegen.
beim Fressen beobachten: kündet
ein ruhiges und glückliches Familienleben an.
von einem gebissen werden: bedeutet einen üblen Ehegatten oder
mißratene Kinder.
töten: Erkrankung eines Angehörigen.

Eid
Zeichen dafür, daß man sich schon
in einer Klemme befindet; meist
ein unangenehmes Zeichen.
leisten: man wird in einen Prozeß
verwickelt werden.
zur Rettung der Unschuld ablegen:
unerwartete Erbschaft.
einen falschen leisten: man möchte
eine unangenehme Sache auf ille-
galem Wege aus der Welt schaffen.
eines anderen, um einen selbst vor
einem ungünstigen Urteil zu retten: man hat gute Freunde, die
einem in einer schwierigen Lage
behilflich sein werden.

einer Eidgenossenschaft angehören
oder eine solche sehen oder kennenlernen: politische Verwick-
lung, durch die man viel Schaden
haben wird.

Eidechse
sehen: Unheil durch heimliche
Feinde.
eine grüne: Mißverständnisse,
welche sich am Ende klären
werden.
eine graue: Streit und Ärger durch
Personen, welche das ihnen ent-
gegengebrachte Vertrauen mißbrauchen.

Eifersucht
bedeutet Streit.

Eile
haben: bringt Unruhe.
zum Zug eilen: deutet auf viele
Neuigkeiten hin.
trotz der Eile den Zug versäumen:
man will etwas Unmögliches erreichen.
sehr eilig essen: bringt Gesundheit.
sich eilen, um ins Theater oder zu
einer Festlichkeit zu kommen:
man wird ein Abenteuer erleben.

Eimer
Gefäß des Lebens, nach dessen Inhalt sich die Deutung richtet.
sehen: man wird getröstet werden.
einen vollen tragen: verheißt Gewinn.
klares Wasser hineinlaufen lassen:
Glück bei einem Unternehmen.
einen mit trübem Wasser: man wird
viele Sorgen und Unannehmlichkeiten haben.

Einäugiger
selbst sein oder einen sehen: man
   wird betrogen werden.

Einbrecher
sexuelles Triebbegehren bricht
   durch.
einen der Polizei übergeben: man
   wird einen Prozeß gewinnen oder
   für eine Tüchtigkeit belohnt werden.

Einbruch
sehen: man wird ein Liebesabenteuer erleben.
selbst einen ausführen: man sehnt
   sich nach Reichtum.
durch einen bestohlen werden: auf
   die Gesundheit achten.
einen bei sich entdecken, aber feststellen, daß nichts gestohlen
   wurde: Warnung vor einer drohenden Gefahr.

Eingeschlossen sein
die Einsamkeit ist die kokette Spiel-
   möglichkeit, um schnell in eine
   Gesellschaft zu kommen.

Eingeweide
Freude und Liebe.

Einkaufen
sehen: bringt Nutzen und Vorteil.
für sich selbst: Erfüllung eines
   Wunsches.
von Lebensmitteln: Verbesserung
   der materiellen Verhältnisse.
von Toilettensachen: man wird eine
   Einladung zu einem Ball oder einem großen Essen bekommen.
für einen anderen: man wird durch
   eine Demütigung viel Ärger haben.

Einladung
man will aus seiner Einsamkeit herauskommen.

Einöde
Sorge und Gram.

Einquartierung
man wird es mit falschen Leuten zu
   tun bekommen.

Eins (Zahl)
sehen: bedeutet Glück.
groß und mit roter Farbe gemalte
   Zahl oder selbst so gemalte: Lotteriegewinn, wenn man ein Los
   mit vielen Einern kauft.

Einseifen
man hat Betrüger um sich.

Einsiedelei
sehen oder darin sein: man wird
   seine Menschenliebe verlieren.
mit seinem Ehepartner in einer leben: der Ehegatte oder Liebste
   wird einen langweilen und zur
   Last fallen.

Einsiedler
sehen: man wird es mit Heuchlern
   zu tun bekommen.
sein: man wird in einen Verein eintreten.
einem mit zerrissener oder abgeris-
   sener Kleidung begegnen: kündet
   eine schlechte Nachricht an.
einer mit zerrissener oder abgerisse-
   ner Kleidung sein: man wird eine
   fruchtlose Arbeit unternehmen.
als solcher in seine eigene Wohnung
   kommen und nicht erkannt werden: bedeutet eine längere Trennung von der Familie.

Einsturz
bedeutet Unglück.

Eis
ausgesprochener Gefahrentraum.
im Sommer sehen: bedeutet ein
nutzloses Beginnen.
darauf schlittern: getäuschte Liebe
und vereitelte Hoffnungen.
darauf ausgleiten und hinfallen:
kündet einen Unfall an.
in Eis einbrechen: man hat feindlich
gesinnte Menschen in seiner Umgebung.
an heißen Tagen essen: kündet ein
ermüdendes Abenteuer an.

Eisbär
sehen: man wird eine Liebesenttäuschung erleben.

Eisen
Stärke; Widerstandswillen; unter
Umständen auch Widerstand gegen eigene Pläne.
schmieden: bedeutet Zank und
Streit.
glühendes sehen: heiße Liebe.
altes, verrostetes sehen: man wird
sich von einem Freund oder einer
Freundin trennen.
mit einem Stück geschlagen werden:
bringt schweren Kummer.
schmelzen: bedeutet Liebe.
Eisenblech: fester Charakter.
Eisengitter: es wird Hindernisse geben.
Eisenkette: trübe Zukunft.
Eisenring: man wird eine goldene
Hochzeit erleben oder daran teilnehmen.

Eisenbahn
neue, klare Planung ist im Gange.

sehen: kündet einen Abschied an.
damit fahren: gutes und schnelles
Vorwärtskommen.
aus einer aussteigen: man wird sein
Ziel erreichen.
eine aus einem Tunnel kommen sehen: man wird ein Geheimnis
über sich selbst erfahren.
einer Eisenbahnkatastrophe beiwohnen: man bekommt von einem Freund, der in der Ferne
weilt, schlechte Nachrichten.
Eisenbahner sein: man wird Streit
mit seinem Chef bekommen,
oder es gibt Unannehmlichkeiten
ähnlicher Art.
trotz der Eile sie versäumen: man
wird eine Chance verpassen.

Eishockey
spielen: man ist ein Freund von
Dingen, die rasch vorübergehen.
sehen, wie andere spielen: man
sucht Zerstreuung.

Eiszapfen
an den Dächern sehen: eine Liebe
wird sich vertiefen.

Ekel
eine rein körperliche Reaktion auf
unbewußte Gedanken.
empfinden: bringt eine Magenver-
stimmung.
beim Essen empfinden: ein Mensch
wünscht einem Schlechtes.
ein ekelhaftes Tier in der Hand halten: man wird viel Erfolg in der
Liebe haben.

Elefant
meist Frauentraum in bezug auf die
männliche Stärke.

sehen: es finden sich Verehrer, die
man nicht so leicht wieder loswerden wird.

auf einem reiten: verheißt Glück in
der Ehe oder, wenn man nicht
verheiratet ist, Anschluß an einen
vertrauenswürdigen Menschen.

im Zirkus sehen: im übertriebenen
Bestreben zu gefallen, wird man
sich lächerlich machen.

Elefantenmutter mit Jungen: be-
scheidenes und ruhiges Familienleben.

Elektrizität

elektrisiert werden: kündet unerwartete Ereignisse erotischer Art
an.

elektrische Funken sehen: Ernüchterung nach einer leidenschaftlichen Liebe.

elektrisches Licht: Warnung aus
dem unbewußten Raum, da tödliche Gefahr besteht, wenn man
unvorsichtig ist.

ein Elektrizitätswerk besuchen oder
sehen: man wird eine ernste Zusammenkunft haben.

in einem Elektrizitätswerk arbeiten:
man wird eine sehr verantwor-
tungsreiche Arbeit übertragen
bekommen.

Elend

von anderen sehen: man wird benei-
det werden.

Elfen

sehen: verheißt ein schönes Liebeserlebnis.

von ihnen umringt sein: Zweifel,
welchen von zwei Menschen man
mehr liebt oder wem man seine
Liebe schenken soll.

fliehen oder verschwinden sehen,
wenn man nach ihnen greift: ein
trauriges Liebeserlebnis.

Elfenbein

wertvolles Produkt eines Tieres, das
auf das Innere hindeutet.

sehen: man wendet sich dem Jour-
nalismus zu und wird eine scharfe
Feder führen.

einen daraus geschnitzten Gegenstand sehen: man wird in einer
besseren Gesellschaft gut aufgenommen werden.

einen solchen geschenkt erhalten:
jemand denkt mit lieben und
freundlichen Empfindungen an
einen.

Elster

sehen: deutet auf einen Diebstahl
hin.

fangen: man wird sich seiner Feinde
geschickt erwehren.

viele Elstern sehen: man wird durch
eine Frau verleumdet werden.

töten: ein Mißverständnis wird auf-
geklärt werden.

Eltern

von ihnen träumt man, wenn man
ihren Halt ersehnt.

sehen oder mit ihnen sprechen:
bringt Heiterkeit und Glück.

mit ihnen streiten: üble Vorbedeutung.

verstorben sehen: kündet gute Fa-
miliennachrichten an.

Endivie

bedeutet Schwierigkeiten.

Engel

aus momentanen Schwierigkeiten
wird ein Ausweg gesucht.

sehen: in jedem Zusammenhang ein
  gutes Zeichen.
sich selbst als einen sehen: man wird
  Liebe und Freundschaft gewinnen.
von solchen umgeben sein: man
  wird die große innere Ruhe finden.

England
auf der Landkarte sehen: man macht
  in einer Sache seine Ansprüche
  geltend, stößt aber auf Gleichgül-
  tigkeit.
dorthin reisen: man wird viel Geld
  ausgeben.

Englisch
sprechen: Glück in Geschäften,
  aber Pech in der Liebe.
ein Buch in dieser Sprache lesen:
  man wird sich langweilen.

Enkel
Heimat der Kinder.

Entbindung
gilt als eine Entlastung des Körpers
  und der Organe und ist daher als
  eine Art Säuberung aufzufassen.
einer glücklichen beiwohnen: bedeutet Glück und Freude.
eines Knaben: Glück in Geschäften.
eines Mädchens: schmerzliche Erfahrungen.
einer unglücklichen beiwohnen:
  Schmerz und Trübsal.
eigene: wenn man das geborene
  Kind sieht, so bedeutet das Gewinn und Entlastung von vielen
  Kümmernissen und Sorgen.
eigene schmerzvolle oder unglückliche: bedeutet Erkrankung.
mit Totgeburt: Trübsal.

Entblößt
umhergehen: man wird in Not geraten.
durch den plötzlichen Anblick eines
  Nackten erschrecken: bedeutet
  auch im Leben einen bösen
  Schreck.
einen schönen Menschen anderen
  Geschlechts nackt sehen: Befriedigung einer heimlichen heißen
  Sehnsucht.
einen häßlichen Menschen anderen
  Geschlechts nackt sehen: man
  wird durch eine Liebesaffäre
  Schande und Spott zu erwarten
  haben.
kleine Kinder nackt sehen: verheißt
  schönstes und reinstes Glück.

Entdeckung
machen: man wird viel Neues erfahren.

Ente
mit dem Symbol sind Hoffnungen
  verbunden.
sehen: bedeutet Ehre.
schwimmen sehen: ungünstige
  Nachrichten.
fangen wollen und dies nicht können: bedeutet Verluste.
fangen: Gelingen eines Unternehmens.
füttern: man wird für eine gute Tat
  an einem seiner Freunde Undank
  ernten.
eine gebratene sehen: Verschlechterung des Einkommens.
eine solche essen: fröhliches Fest im
  Familienkreis.

Enterbt
werden: deutet Verlust an.

Entführung

vornehmen: bedeutet ein Eheversprechen oder einen Freundschaftsbund.

eines Kindes: bringt unverhofftes Glück.

einer großen Persönlichkeit des öffentlichen Lebens: Ausdruck der Unzufriedenheit im Volke mit einer politischen Richtung.

Enthauptung

Revision der bisherigen Lebenseinstellung zu bestimmten Vorgängen.

sehen: Überwindung eines Feindes oder Schaffung eines neuen Feindes.

eines Freundes oder einer nahestehenden Person: bringt Trennung von einem lieben Menschen.

selbst durchführen: wenn Blut dabei, wird man einen Prozeß oder eine Auseinandersetzung gewinnen; wenn ohne Blut oder wenn der Enthauptete wieder lebendig wird, kann man einen Feind trotz aller Bemühungen nicht außer Gefecht setzen.

selbst erleiden: wenn Schmerzen dabei, kündet dies eine Erkrankung an; anderenfalls wird man unter Schande und Erniedrigung leiden.

Entkleiden

siehe Ausziehen.

Entlassung

erhalten: bedeutet Sorgen.

Entwaffnen

lassen: Ehrlosigkeit.

Enzian

sehen oder pflücken: deutet auf Unannehmlichkeiten hin.

Epauletten

sehen oder tragen: man wird zu Ehre und Ansehen gelangen.

goldene tragen: bringt Erfüllung einer Hoffnung.

Erbleichen

selbst: man wird bei einer Unwahrheit ertappt werden.

bei anderen sehen: man wird eine unangenehme Nachricht erhalten.

Erbrechen

bedeutet Glück.

Erbschaft

das Plötzliche der überkommenden Erbschaft zieht Streit und Ärger nach sich.

machen: man wird plötzlich viel Geld verlieren und dadurch in Elend und Kummer geraten.

verweigern: günstige Änderung der Situation.

Erbsen

sehen: guter Fortgang eines begonnenen Unternehmens.

essen: bedeutet Kränklichkeit oder Ende eines Geschäftes.

stecken: gibt Hoffnung für ein Vorhaben.

Erbsensuppe: bringt Streit in der Familie.

Erdbeben

Naturtraum als Ursymbol der Menschheit; oft Warnung.

sehen: ermahnt, standhaft zu bleiben.

erleben: deutet eine bevorstehende Änderung der Lebensverhältnisse an.

bei einem zu Schaden kommen: Verluste durch die allgemeine Entwicklung im Lande.

Erdbeeren
süße Erwartung mit sexueller Färbung.

sehen: wachsende Freundschaft zu einem Menschen.

essen: man wird einen Kuß von einem Menschen bekommen, von dem man dies nicht erwartet.

viele Walderdbeeren sehen oder sammeln: bedeutet Liebesabenteuer.

diese verschütten: bringt eine Liebesenttäuschung.

Erde
schwarze sehen: bringt Kummer und Trauer.

gelbe oder von der Sonne beschienene sehen: kündet treue Freunde und Glück im allgemeinen an.

auf nackter Erde sitzen und Kälte empfinden: man soll auf seine Gesundheit achten.

auf Erde liegen und ein Sonnenbad nehmen: man wird sich auf einem Ausflug gut amüsieren.

Erdkugel
Symbol für weitgehende Planung.

sehen: bringt baldige glückliche Heirat oder, wenn man bereits verheiratet ist, eine schöne Reise.

im strahlend schönen Weltenraum schwebend: Mahnung zur Vorsicht in bezug auf Gehirn oder allgemeine Gesundheit.

etwas auf ihr (als Globus) suchen und nicht finden: man wird einen anonymen Brief erhalten.

auf ihr (als Globus) studieren: man wird einen großen Gelehrten kennenlernen.

Erfindung
meist Zeichen von Unzufriedenheit mit den gegebenen Umständen; man sollte auf jeden Fall realer denken lernen.

machen: man bekommt eine wichtige Mitteilung, die einen veranlassen wird, etwas in seinem bisherigen Leben zu ändern.

keinen Erfolg mit einer haben: man hat zu idealistische Ideen, die sich nicht in die Praxis umsetzen lassen.

in der Kriegstechnik von einer großen träumen: kündet beunruhigende Ereignisse in der Politik an.

Erhängen
man ist in einem Entwicklungsübergang begriffen.

sehen: bringt Unglück.

sich selbst: die Situation ändert sich zum Besseren.

erhängt sein oder werden: Glück und Ehre.

Ermordet
werden: bedeutet langes Leben.

Ernte
Sehnsucht nach dem Lebenserfolg und der Anerkennung des Geleisteten.

halten: Lohn des Fleißes.

einbringen: verheißt eine Erbschaft.

eine gute: baldige Erfüllung von
Wünschen.
eine schlechte: bedeutet einen Mißerfolg.

Erröten
selbst: man ist verliebt, wagt es aber
nicht einzugestehen.
jemanden sehen: man wird eine Liebeserklärung erhalten.

Erschossen
werden: bedeutet Ehre.

Erstechen
einen Menschen: man wird große
Hindernisse überwinden.
ein Tier: bedeutet großen Gewinn.
selbst erstochen werden: man wird
sich verlieben.

Ersticken
selbst: bedeutet Genesung; oder
man wird Erfolg haben, der Eifersucht und den Neid anderer
weckt.
andere sehen: man wird seine
Feinde besiegen.
einen anderen: ein Gegner möchte
einem etwas Böses antun.

Ertrinken
Mutprobe, die immer zu besonderer
Vorsicht mahnt.
selbst: Glück und Freude.
davor gerettet werden: man wird
einen sehr gutmütigen Menschen
kennenlernen, der viel für einen
opfern wird.
von einem anderen ertränkt werden: Vermögensverlust.
einem Ertrinkenden zu Hilfe eilen:
man wird eine gefährliche Situation mit viel Mut und Kaltblütig-
keit überwinden.

einen Ertrunkenen sehen: bedeutet
Vergnügen.
bei einer Katastrophe viele Ertrun-
kene sehen: kündet große Opfer
an.

Erwürgt
werden: es steht einem Schweres bevor.

Erz
bedeutet Gewinn in der Lotterie.

Erzbischof
sehen oder sprechen: bedeutet Segen und Glück.

Esel
Zeichen der Geduld, die man überspannen kann, da man entweder
für dumm gehalten wird oder
dumme Freunde hat.
sehen: bedeutet Zwietracht.
auf einem reiten: man wird nur
langsam zu einem Ziel kommen.
einen füttern: man tut einem Un-
würdigen Gutes.
einen laufen sehen: kündet Ungemach an.
einen schlagen: bedeutet Hartherzigkeit gegen seine Angehörigen.
einen schreien hören: bedeutet vergebliche Mühe und Arbeit.
in einem mit Eseln bespannten Wagen fahren: man läßt sich zu sehr
von leichtsinnigen Menschen beeinflussen.

Esse
einer Fabrik: bedeutet Wohlstand.

Essen
entweder Nottraum oder Ersatz für
Abneigung gegen Essen im Wachen.

sehr eilig essen: bringt Gesundheit.

ein reichliches alleine einnehmen:
man macht sich durch eine Rück-
sichtslosigkeit oder einen Mangel
an Mitgefühl unbeliebt.

ein kärgliches einnehmen: man
empfindet über etwas Reue.

eines einnehmen wollen, aber nichts
zu essen finden: bringt eine Veränderung im Leben.

Essig
etwas realisiert sich nicht so, wie
man es geplant hat.

sehen: man wird durch Neider Ungelegenheiten haben.

in der Küche gebrauchen: bringt
Streitigkeiten in der Ehe.

Umschläge davon machen: bei dem
Versuch, einen unterlaufenen
Fehler wieder gutzumachen,
wird man die Sache noch mehr
verschlechtern.

Estrich
die zukünftigen Pläne sind sorgfältig zu prüfen.

ein brennender: mahnt, die Kopf-
nerven zu beobachten.

Eule
neben der sexuellen Symbolik ein
Bild der Beruhigung; die Leidenschaft kämpft mit dem Geist des
Menschen.

sehen: man wird eine Belehrung
empfangen.

schreien hören: bedeutet einen
Schreck.

fangen oder im Käfig sehen: weist
auf unheimliche Gäste hin.

Euter
man wird seinen Besitz teilen müssen.

Evangelium
hören oder lesen: man wird einen
guten Rat erhalten.

Examen
bei einem durchfallen: man wird
dieses bestehen, wenn man im Leben vor einem solchen steht.

machen: man wird ans Ziel kommen.

Exekution
man erfährt über sich schlechte
Nachrede.

Exerzieren
sehen: bedeutet Zank.

selbst: bringt peinliche Überraschungen.

Explosion
sehen: nervöse Unruhe, die sich
ganz plötzlich legen wird.

mit Todesopfern: man wird aus einer kritischen Lage, ohne Schaden zu nehmen, herauskommen.

einer großen Fabrik mit Feuersbrunst: kündet ein vorteilhaftes
Ereignis an.

Exzellenz
eine sprechen: man wird der Pro-
tektion teilhaftig werden.

F

Fabel
lesen oder erzählen: bedeutet eine
  Kränkung.

Fabrik
Unruhe und neue Pläne.
sehen: bedeutet gute Geschäfte.
besitzen: man wird viel Geld ausgeben, ohne einen Nutzen davon
  zu haben.
in einer arbeiten: bringt Zufriedenheit im Beruf.
Fabrikschlot: starkes sexuelles Bedürfnis.

Fackel
Änderung im Wesen ist wahrscheinlich.
sehen: man wird ein Geheimnis erfahren.
tragen: man wird geliebt.
leuchten sehen: man wird Klarheit
  in eine dunkle Sache bringen.
auslöschen: bringt die Zerstörung
  eines angenehmen Verhältnisses.
erloschene sehen: unerreichbare
  Hoffnungen und unerfüllte
  Wünsche.
Indianertanz mit Fackeln sehen:
  man wird im Ausland viel Glück
  haben.
brennende am hellen Tage sehen:
  man wird etwas erreichen, auf das
  man bereits verzichtet hatte.
vom Himmel fallen sehen: man
  wird schlechte Nachrichten bekommen.

Fackelzug
mit einem gehen: bringt Freude.

Faden
oft Zeichen für Nervenreizungen,
  wenn der Faden sehr lang ist.
sehen: etwas, von dem man hoffte,
  es würde schnell vorübergehen,
  wird sich sehr in die Länge ziehen.
aufwickeln: Mahnung, seine Geheimnisse wohl zu hüten.
abwickeln: man wird ein Geheimnis
  entdecken.
mit einem schwarzen ein weißes
  Kleid nähen: bedeutet Unheil.
mit rotem seidenen nähen: bedeutet
  Verlobung oder allgemein Glück
  in der Liebe.

Fächer
wahre Absichten werden verdeckt
  oder verkleidet; Koketterie mit
  wirklichen Wünschen und Plänen.

Fagott
selbst blasen: fröhliche Zeiten.

Fahne
Symbol für Lebenspläne, Schöp-
  fungen und Polaritäten.
fliegende sehen: bringt Ungemach
  und Leid.
tragen: bedeutet Ansehen.
senken: bedeutet Reue über eine
  Handlung.
schwarze: kündet Feindschaft an.
die Nationalfahne tragen: man wird
  seinem Lande einen Dienst erweisen.
viele Fahnen an den Häusern sehen:
  die Regierung des Landes wird
  mit einer starken Faust regieren.
schwingen: gute Zeiten werden
  kommen.

Fahnenstange
sexuelle Gefühle werden angezeigt.

Fahren
weist auf angenehme Stunde hin.

Fahrkarte
der Lebensweg soll auf neuer Basis
    fortgesetzt werden.
lösen: man wird sich in Geduld fas-
    sen müssen.

Fahrrad
sehen oder fahren: man ist durch
    einen kleinen Straßenunfall ge-
    fährdet.
ein beschädigtes sehen: mahnt zur
    Vorsicht.
kaufen: man wird sich sportlich be-
    tätigen.

Fahrt
antreten: das Fahren ist der weitere
    Weg in das Leben, wobei die
    Weggenossen wichtig für die
    Fahrt sind.

Fahrzeug
gutes Fortkommen ist zu erwarten.

Fakir
sehen: man wird unter den Bann ei-
    nes Menschen geraten.
bei seinen Kunststücken sehen: man
    wird sich in eine ältere Person
    verlieben.
selbst sein: kündet den Wunsch zur
    Teilnahme an einer unerlaubten
    Sache an.

Falbe (Pferd)
zeigt die Ankunft eines Freundes
    an.

Falke
sehen: man wird Jagdglück haben.

Falle
fast immer Warntraum, der zu be-
    achten ist.
sehen: Zeichen dafür, daß man in
    Sicherheit ist.
in eine geraten: man wird sich in ei-
    nen Menschen verlieben, der es
    nicht verdient.
jemanden darin fangen: etwas, das
    man schon lange erwartet hat,
    wird sich bald erfüllen.

Fallen
aus der Höhe: bedeutet Verlust an
    Ehre und Vermögen.
in einen Graben: man wird in
    schlechten Ruf kommen.
über einen Gegenstand: man wird
    über etwas Aufschluß erhalten.
stolpern, ohne hinzufallen: man
    wird vor einem Unglück bewahrt
    werden.
selbst: bedeutet Gefahr.
andere sehen: man wird Feinde ent-
    larven können.

Fallschirm
sehen: man wird sich ohne Grund
    einer Gefahr aussetzen.
benutzen: ein geplantes großes Un-
    ternehmen wird nur gelingen,
    wenn es in der nächsten Glücks-
    epoche ausgeführt wird.
viele Fallschirmspringer sehen:
    kündet große Massenbewegun-
    gen im Lande an.

Falltüre
man muß mit einer Hinterlist rech-
    nen, um einer Gefahr zu entrin-
    nen.

Falsch

sein: bedeutet Schande.

Falschgeld, -gold oder -ware: man
wird enttäuscht werden.

Familie

sehen oder haben: bedeutet Glück.

Farbe

Farbsymbolik ist fast immer mit sexuellen Leidenschaften verbunden, wobei Schwarz und Weiß
(als männlich und weiblich) als
Extreme gelten; dazwischen liegen verschiedene Nuancen. Blau
= Angleichung, Anpassung,
Milde; Gelb = Intuition; Grün =
erwachend, unentschieden; Rot
= Laster, Wut, Teufel, sexuell;
Schwarz = Nacht, beunruhigend; Weiß = kalt, unfertig,
Jungfrau.

sich damit anstreichen: man wird
belogen werden.

einen Gegenstand damit anstreichen: man ist einem Freund gegenüber nicht ganz ehrlich.

das Gesicht damit anstreichen: man
wird lächerlich gefunden.

einem anderen das Gesicht färben:
man soll über einen anderen nicht
spotten.

einen Wagen färben: es steht eine
Überraschung bevor; siehe betreffende Farbe.

reiben: bedeutet guten Geschäftsgang.

kaufen: man sehnt sich nach Abwechslung.

in einem Behälter haben: verheißt
eine gefüllte Kasse.

Wasserfarbe zum Malen vorberei-
ten: man wird sich in eine unsichere Sache einlassen.

Ölfarben verwenden: man wird
seine Lage sicherer gestalten.

Fasan

sehen: bedeutet Freude.

fangen oder schießen: gutes Fortkommen.

essen: Gesundheit.

Fasching (Fastnacht)

sehen: bringt neue Bekanntschaften.

daran verkleidet teilnehmen: kündet ein Abenteuer an.

andere dabei verkleidet sehen: man
wird einen lustigen Abend verbringen.

Fasten

weist auf eine langandauernde
Krankheit hin.

Faß

wenn nicht gesundheitliche Störungen Traumursache sind, ist es sexuell zu verstehen.

sehen: belohnte Mühe.

ohne Boden: vergebliche Mühe.

anzapfen: man wird sich dem Trunk
ergeben.

vor sich herrollen: man wird eine
lohnende Arbeit erhalten.

ein schweres tragen: verspricht Erholung nach einer ermüdenden
Arbeit.

mehrere Fässer sehen: Vermehrung
des Vermögens

mehrere in seinen Keller rollen: verheißt eine reiche und sichere Zukunft.

eines voll Wein kaufen: man wird
Gäste bekommen.

ein leeres: bedeutet Mangel.

ein volles: Wohlhabenheit.

eines leck sehen: Verluste.

Fata morgana
sehen: weist auf unerreichbare
  Dinge hin.

Faulheit
meist Nervenreaktion auf Übermü-
  dung; als gesundheitliche Warnung zu beachten.

Faust
eine geballte vor seinem Gesicht sehen: ein Feind bereitet eine unangenehme Überraschung vor.
selbst gegen jemanden erheben:
  man möchte im Vordergrund stehen.
machen oder sehen: bedeutet Streit.

Fechten
negatives Traumzeichen, welches
  Auseinandersetzungen andeutet.
mit der Waffe: man wird sich mit
  Freunden entzweien.
im Sinne von Betteln: man wird
  Vergeltung üben.

Feder
Eitelkeit und Hochmut schmücken
  sich auch im Traum; nur reine,
  weiße Federn sind Sinnbild von
  Unschuld und reinem Wollen.
weiße sehen: man wird von einem
  falschen Verdacht gereinigt werden.
schwarze: deutet auf langanhalten-
  den Kummer hin.
fliegen sehen: man hofft vergeblich
  auf ein Glück.
damit geschmückt sein: bedeutet
  eine große Reise.
mit einem Federbesen hantieren:
  verheißt ein glückliches Familienleben.

mit einer Schreibfeder schreiben:
  baldige gute Nachricht.
am Hut tragen: Begierden werden
  befriedigt.
Bettfedern: bedeuten Verdrießlichkeiten.
Bettfedern kaufen: gute Wirtschaft.

Fee
Ursymbol der Liebe zum anderen
  Geschlecht.
sehen: glückliche Zukunft.
mit einer reden: baldige Verlobung
  oder Heirat.

Fegefeuer
bringt Unglück.

Fegen
den Keller: Unglück im Geschäft.
das Zimmer oder die Wohnung:
  eine Hoffnung.
den Kamin: glücklicher Erfolg.

Fehler
machen: man wird beleidigt werden.
eigene sehen: man befaßt sich zuviel
  mit sich selbst.

Fehlgeburt
wenn das Symbol keine direkte
  Warnung darstellt, ist es ein Anzeichen für Unsicherheit bei Plänen und Annahme eines Fehlschlages.
eines Kindes: neues Unternehmen,
  neue Tat.

Feiertag
man wird Sorgen haben.

Feigen
als rein sexuelles Symbol zu verstehen, das bei jungen Leuten oft im

Zusammenhang mit neuen Abenteuern gesehen wird.

frische sehen oder essen: man wird in bessere Verhältnisse kommen.

getrocknete sehen: Verminderung des Vermögens.

pflücken: Erfolg in einem Vorhaben.

geschenkt erhalten: bringt freundschaftlichen Verkehr.

Feigenblatt: bedeutet Keuschheit.

ein Feigenblatt mit der Hand machen: man wird verspottet werden.

Feigenbaum: man bezähme seine Gelüste.

Feile
sehen: Warnung, sich besser zu halten.

Feilen
Fingernägel: man langweilt sich.

Holz: bedeutet ein ungewisses Unternehmen.

Feilhalten
etwas: bedeutet Glück im Handel.

Feinde
Warntraum, der bestimmte Instinkte vor Menschen der näheren Umgebung wachrufen soll.

mit Feinden zusammentreffen: Achtung auf Hinterhältigkeiten.

im Feld bzw. Krieg: bedeuten Zank und Ärger.

Feld
Hindeutung auf künftige Tätigkeit.

brachliegendes sehen: kündet den Stillstand eines Unternehmens an.

verwüstetes: deutet auf eine traurige Zukunft hin.

pflügen: bringt viel Arbeit.

bepflanzen: bedeutet Krieg und Elend.

grünes sehen: kündet guten Erwerb an.

Kornfeld sehen: man wird den Gipfel des Glücks erreichen.

Feldherr
sein: man hüte sich, übermütig zu werden.

Feldstecher
sehen oder benutzen: heißt eine reiche und zufriedene Zukunft.

einen beschädigten sehen oder benutzen: bringt materielle Unsicherheit.

Fell
Zeichen für Ärger und Mißerfolg.

sehen: bringt Unheil.

sich in Felle kleiden: bringt Abneigung gegen das Gesellschaftsleben.

von einem Tier abziehen: bringt Wohlstand.

einer Trommel: läßt gute Nachrichten erwarten.

Felsen
Ursymbol der Standfestigkeit und der Basis aller Handlungen.

hohe sehen: bedeutet ein großartiges Vorhaben.

erklettern wollen und nicht können: bringt einen Rückschlag.

beseitigen: eine Angelegenheit wird sich verzögern.

von einem mühsam herabklettern: bedeutet den Verlust von Freunden oder Verwandten.

herunterstürzen: kündet ein plötzlich eintretendes Unglück an.

Fenster
das Traumbild ist im Zusammenhang mit Haus zu prüfen und unter Umständen wie Türe zu werten, d.h. als Sexualorgan.
offenes sehen: bringt Glück und
Zufriedenheit.
in eines hineinsteigen: bringt Streit
und Widerwärtigkeiten.
aus einem heraussteigen: bedeutet
einen Vermögensverlust.
geschlossenes sehen: man wird hart
verfolgt werden.
an einem sitzen oder stehen: bringt
Sorgen im Beruf.
eines mit zerbrochenen Scheiben sehen: man wird beschimpft werden.
aus einem hinausschauen: getäuschte Erwartungen.
aus einem hinausfallen: man wird
vergeblich auf Hilfe warten.

Ferkel
sehen oder füttern: bedeutet Glück
und Erfolg.

Ferne
weit in sie schauen: bedeutet glückliches Werden.

Fernglas
sehen oder benutzen: verheißt eine
reiche und zufriedene Zukunft.
ein beschädigtes sehen: bringt Unsicherheit in materieller Hinsicht.

Fernsprecher
sehen: man wird die Bekanntschaft
eines Menschen machen, der sich
nicht zu erkennen gibt.

benutzen: man wird Vorstehendes
bei einem anderen Menschen tun.
angerufen werden: man wird eine
Absage zu einer Verabredung erhalten.
falsche Verbindung: kündet auch in
der Wirklichkeit eine falsche Verbindung an.
der Teilnehmer meldet sich nicht:
man wird bei einem Rendezvous
versetzt werden.
während eines Gespräches getrennt
werden: bringt ein freudiges Wiedersehen.
sehen: man wird Neuigkeiten erfahren.

Ferse
Symbol einer bekannten Schwäche,
vor deren Entdeckung durch andere man sich fürchtet.
sehen: bringt Unheil.
an ihr eine Wunde haben: man hat
eine Schwäche, die von anderen
ausgenutzt wird.

Fessel
Nervenreaktion auf Spannungen;
oft zusammen mit Alpdruck.
tragen: das Wiedersehen mit einer
früheren Liebe macht erneut einen starken Eindruck auf einen.

Fest
Ausdruck der inneren Ruhe und
Ausgeglichenheit.
feiern: bedeutet Fröhlichkeit.

Festung
Angst vor Angriffen und Hindernissen, je nachdem, ob die Handlung in oder außerhalb der Fe-
stung spielt. Wichtig, wenn junge
Frauen davon träumen.

sehen: bedeutet Feindschaft.
im Bau sehen: kündet eine politische Krise an.
eine zerstörte: bringt eine traurige
Erinnerung.

Festzug
sehen: großes Glück steht bevor.

Fett
zeigt einen gewissen Überfluß an,
der einmal die Sorgen auslöscht,
aber auch Ursache von Krankheiten sein kann. Vorsicht!
essen: kündet Krankheit an.
zubereiten: bedeutet einen Verlust.
Fettflecken an den Kleidern haben:
bedeutet reiche Heirat.
sein deutet auf einen sanften, natürlichen Tod. ·

Feuer
eines der wichtigsten Symbole. Es
ist je nach Situation zerstörend,
anregend, wärmend; insofern gut
oder beunruhigend. Hausbrände
sind immer zu beachten, weil ein
Haus als Person zu betrachten ist:
oft Warntraum oder Liquidie-
rung vergangener Dinge.
sehen: helles Feuer bedeutet Liebe
von und zu den Seinen; mit viel
Rauch kündet es ein Unheil an.
im freien Felde machen oder sehen:
man wird eine schöne Freundschaft schließen.
um eines tanzen oder andere tanzen
sehen: kündet einen fröhlichen
Ausflug an.
in eines geraten: bringt großen
Schaden.
im Ofen oder Herd sehen: Aussicht
auf Kinder oder auf viel Freude
durch solche.

im Ofen oder Herd auslöschen: bedeutet eine ernste Erkrankung.

Feuersbrunst
sehen: bedeutet Ehre und Wohlstand.

Feuerwehr
sehen: man wird in große Not geraten.

Feuerwerk
sehen: bringt eine Täuschung.
selbst eines abbrennen: man wird
großes Aufsehen erregen, was
aber schnell vorübergeht.

Feuerzange
man wird schwere Arbeit zu bewältigen haben.

Feuerzeug
man wird bequem werden.

Fichte
als ein sexueller Traum zu verstehen.
sehen: bedeutet starke physische
Liebe.

Fieber
Warntraum; oft einfache Störung
des Kreislaufs.
haben: bringt Unbeständigkeit in
Liebe und Freundschaft.
einen Fieberkranken sehen: man
wird von einem Freund verlassen
werden.

Fiedelbogen
sehen: bringt Trost und Hilfe.

Film
sehen: bringt Langeweile.

in einem solchen selbst spielen: man wird eine vornehme Bekanntschaft machen, der man in Zukunft viel zu danken haben wird.
einen erzeugen: man wird gut vorwärtskommen.

Filmatelier
sich in einem aufhalten: kündet unruhige Tage an.
in einem arbeiten: berufliche Veränderung.

Filmschauspieler
sehen: hoffnungslose Sehnsucht nach etwas Unerreichbarem läßt einen das Glück in der Nähe nicht bemerken.
selbst sein: Verkehr in einem Kreis, in dem man sich nicht wohlfühlt.

Finden
man richte sich in seinen Erwartungen anders ein.
etwas: bedeutet falsche Hoffnungen.
Sachen: bedeutet viel Geld.

Finger
als einfacher sexueller Traum zu verstehen.
schöne haben: man wird begehrt werden.
schmutzige: man wird in eine üble Angelegenheit verwickelt werden.
sich in einen schneiden: bringt üble Nachrede.

Fingerhut
bedeutet Arbeit.

Fingernägel
stehen oft im Zusammenhang mit Prozessen und heftigen Diskussionen.
feilen: man langweilt sich.
solche, die brechen, so daß der Gegenstand entgleitet, den man halten will: man fürchtet im Inneren kommenden Verlust.

Fink
schlagen hören: gute Botschaft.

Finsternis
seelische Lage, die nur durch Dritte verändert werden kann; man fühlt sich schutzlos und sollte Hilfe herbeiziehen.
sich in solcher befinden: man wird den Rat anderer benötigen.
in einem unterirdischen Gewölbe in solcher sein: man hat einen Angriff auf seine Person zu erwarten.
mit vielen Leuten zusammen darin sein: kündet eine Verschwörung gegen den Staat an.

Firmament
die Zukunft ist gesichert.

Fisch
ein altes Symbol für Hoffnung und Aufschwung.
sehen: man wird von einem Schlauberger hintergangen werden.
große Fische sehen: bedeutet guten Verdienst.
kleine sehen: bringt Unzufriedenheit.
goldene sehen: Erfüllung einer Hoffnung.
essen: bedeutet für Frauen leichte Geburt, für Männer, daß sie bei Frauen Glück haben werden.

einen großen fangen: verheißt gute
    Geschäfte.
kleine fangen: Traurigkeit.
Fischangel: Gewinn und Hoffnung.
Fischbehälter, voll: guter Ge-
    schäftsgang.
Fischhändler: zeigt Gewinn an.
Fischmarkt: bedeutet Erfolg.
Fischteich: bringt Sorgen.

Fischen

man geht zwar Gefahren und einer
    Ungewißheit entgegen, findet
    aber das Gleichgewicht wieder.
sich dabei sehen: man findet sein
    seelisches Gleichgewicht wieder.
andere dabei sehen: Gelegenheit zu
    einer guten Kameradschaft.
große Fische aus klarem Wasser:
    Glück und Erfolg.

Flachs

kaufen: bedeutet Hochzeit.
spinnen: glückliche Ehe.
Flachshändler: gute Zukunft.

Flasche

geschlechtlich und oft wie Gefäng-
    nis zu verstehen.
sehen: kündet frohe Stunden an.
zerbrochene: bedeutet ein trauriges
    Erlebnis.
leere: weist auf Mangel hin.
mit Wein: bedeutet Reichtum.
mit Wasser: gute Zukunft.

Flecken

von Fett an den Kleidern haben: be-
    deutet reiche Heirat.
machen: man wird einen Fehltritt
    tun.
von Blattern: man wird eine gute
    Bekanntschaft schließen.

Fledermaus

sehen: unsicheres Unternehmen.
fangen: baldige Besserung der Lage;
    für Kranke baldige Genesung.
Fledermäuse sehen: guter Ge-
    schäftsgang.

Fleisch

wenn nicht als direkter Nottraum,
    dann rein fleischlich-sexuell zu
    verstehen.
essen: bedeutet Krankheit.
sein eigenes essen: bringt Verbesse-
    rung der Verhältnisse.
von Menschen essen: man wird in
    Verachtung geraten.
schlecht gewordenes: man wird
    Pech in einer Unternehmung ha-
    ben.
den Hunden vorwerfen: man wird
    eine verächtliche Behandlung er-
    fahren.
sehen: kündet eine Freude an.

Flicken

etwas: bedeutet Armut.

Flieder

Symbol der angebotenen Liebe,
    auch der Sehnsucht nach einem
    Angebot.
sehen: man hat Sehnsucht nach
    Liebe.
welken sehen: bringt eine Ernüchte-
    rung nach einem Liebesaben-
    teuer.
pflücken: man wird einen Verehrer
    oder eine Verehrerin mit roman-
    tischer Veranlagung bekommen.
unter einem Fliederbusch stehen:
    bedeutet ein leichtsinniges Lie-
    beserlebnis.
einen Fliederstrauß geschenkt er-
    halten: kündet eine Liebeserklä-
    rung an.

Fliege

meist auf Nervenreizungen zurückzuführen; kann auch Ausdruck unangenehmer Launen sein.

sehen: man wird betrübt und beleidigt werden.

in den Mund bekommen: man wird mit einem frechen Menschen zu tun bekommen.

auf einem Fliegenfänger kleben sehen: verspricht viel Erfolg ohne große Mühe.

töten: man wird einen Widersacher beseitigen.

Fliegen

im Flugzeug: ein hochfahrender Plan wird nicht gelingen und obendrein Schaden bringen.

und selbst Flügel haben: bringt Kummer.

ohne Flügel: bedeutet Freude und Glück.

dabei herabstürzen: man wird in eine böse Angelegenheit hineingezogen werden.

jemanden sehen: bringt Eifersucht.

mit dem Luftballon: Wünsche werden sich erfüllen.

Fliegeralarm

Sorgen, Kummer und Elend.

Flinte

tragen: man hat unlautere Absichten gegen einen anderen.

mit einer schießen: man wird in Zorn geraten.

einen anderen mit einer sehen: jemand wird versuchen, einen zu beeinflussen, um einen nachher auszunutzen.

Floh

oft im Sinne von unangenehmen Gedanken, die reizen, aber dennoch abgelehnt werden; häufig direkte Nervenreizungen.

sehen: bringt großen Ärger.

fangen oder töten: man wird unverhofft zu Geld kommen.

Flöhe haben: bedeutet Streit.

Flöte

sehen, blasen oder hören: bringt Enttäuschung.

Flucht

Ausweg, um Gefahren auch in Gedanken aus dem Weg zu gehen. Vorsicht!

jemandem dazu verhelfen: man wird infolge seiner Gutmütigkeit Unannehmlichkeiten bekommen.

selbst auf ihr sein: man wird einer Gefahr entrinnen.

Flüchtlinge

viele sehen: große politische Umwälzungen und Kriegsgefahr.

Flügel

haben und damit fliegen: bringt Kummer.

Flugzeug

Loslösung von störenden Belastungen; mitunter Entspannungen im Organismus.

mit ihm fliegen: ein hochfahrender Plan wird nicht gelingen und obendrein Schaden bringen.

es brennend mit schwarzer Rauchwolke abstürzen sehen: bedeutet Unheil.

es nur in Flammen abstürzen sehen:
ein gutes Zeichen.

Fluß
wird unter Umständen als Hindernis empfunden; Zaudern an einem wichtigen Punkt auf dem Lebensweg.
mit klarem und ruhigem Wasser dahinfließen sehen: deutet auf reine
Absichten hin.
mit trübem und unruhigem Wasser:
man hat schlechte Absichten gegen jemanden.
stark rauschen hören: man wird ge-
schmäht werden.
einen über seine Ufer treten sehen:
bringt Hemmungen in einem
Vorhaben.
in einen fallen: bedeutet Unglück.
durch einen schwimmen: man wird
einen gefährlichen Gegner überwinden.
einen Wasserfall sehen: Ruin eines
Familienmitgliedes.
Überschwemmung in das Zimmer
fließen sehen: bedeutet bei klarem Wasser einen vornehmen Besuch oder besonderen Gewinn,
bei trübem Wasser Unglück und
Streit.

Flut
das Negative im Leben, gegen das
man sich anstemmen muß.
und Ebbe sehen: wechselndes
Glück.

Folter
das Symbol steht für das Gewissen,
das einen treibt, Stellung zum Geschehen zu nehmen.
einer beiwohnen: man hat Mitleid
mit Freunden, die in einer mißli-
chen Lage sind, kann aber nicht
helfen.
eine erleiden: bringt eine große Bedrängnis.
eine an jemandem vollziehen: man
wird jemandem unrecht tun.
Folterkammer sehen: man hat
Angst vor den Folgen einer
Handlung.

Forellen
das Glück ist unterwegs.

Forst
einen durchwandern: man wird eine
Erbschaft machen.

Fotografie
seine eigene sehen: Mahnung, sich
selbst zu erkennen und seine Fehler abzulegen.
die eines Bekannten sehen: bedeutet
eine dauerhafte und glückliche
Verbindung mit ihm.
die eines Fremden sehen: kündet
eine wichtige neue Bekanntschaft
an.
eine von jemandem machen: Gefahr
der Trennung von der fotogra-
fierten Person; kennt man diese
nicht, so handelt es sich um eine
neue Bekanntschaft von kurzer
Dauer.
eine von sich selbst machen lassen:
verheißt ein langes Leben.

Fotografieren
bedeutet Liebe und Heirat. Siehe
auch Fotografie.

Frachtwagen
sehen: man wird Güter erwerben.

Frack
sehen oder tragen: man wird
  einer feierlichen und sehr langweiligen Angelegenheit beiwohnen.

Frau
ist als Traumsymbol meist Ausdruck von Wünschen und Erwartungen.
sehen: bringt kleine Mißhelligkeiten.
eine schöne sehen: man ist verliebt.
eine schwanger sehen: bringt erfreuliche Neuigkeiten.
eine junge nackt sehen: vergebliches
  Verlangen.
mit langen Haaren: verheißt Glück
  und Ehre.
mit roten Haaren: man wird verfolgt.
mit schwarzen oder braunen Haaren: bedeutet Krankheit.
mit Bubikopf: verspricht ein schönes Vergnügen.
eine in seine Arme nehmen: bedeutet Zank.
eine küssen: bringt Gewinn.
einer den Hof machen: man wird
  von Schmeichlern betrogen werden.
bei einer in Gunst stehen: man wird
  in Streit geraten.
Verwandlung einer solchen in einen
  Mann oder umgekehrt: bedeutet
  Verehelichung oder feste Bindung.
eine niederkommen sehen: verheißt
  Wohlfahrt und Glück.
alte sehen: oft Rückerinnerungen
  und idealisierte Muttererinne-
  rungen.
eine alte küssen: bedeutet Streit in
  der Ehe.

eine beten sehen: deutet auf gute
  Zeiten.
eine geschminkte sehen: bedeutet
  Heuchelei.
eine mit einem Kind: Sorgen.
in der Gesellschaft sehen: bedeutet
  Unfrieden und Klatschsucht.
mit eleganten Schuhen: Vergnü-
  gungssucht.
mit Schlafhaube: bedeutet Faulheit.
viele Frauen sehen: man wird eine
  Gesellschaft geben.
die Scham von ihr sehen: bedeutet
  ungestilltes Verlangen.

Freude
Ausdruck innerer Ausgeglichenheit; man sollte aber prüfen, ob
  sie echt oder künstlich ist.

Freudenmädchen
man wird in schlechte Gesellschaft
  geraten.

Freund
Freunde bedeuten die eigene Person; oft im Sinne von Bruder,
  Doppelgänger usw.
mit einem lachen: bedeutet baldige
  Trennung von ihm.
mit einem streiten: bedeutet Treulosigkeit eines Freundes.
mit mehreren Freunden zusammensein: kündet den Besuch von
  Menschen an, die man gerne
  sieht.
einen verstorbenen sehen: bringt
  unerwartete Neuigkeiten.
einem helfen: man wird selbst Hilfe
  erhalten.
einen haben: man wird Geheimnisse
  preisgeben.
einen besuchen oder ihm begegnen:
  bedeutet Heiterkeit.

Freundschaft

schließen: bedeutet treue Freundschaft.

Frieden

mit Feinden schließen: bedeutet
Vorteil und Nutzen.

Friedhof

Unruhe wegen neuer Probleme, besonders wenn man plötzlich vor
eine Entscheidung gestellt wird.
sehen: Verlust eines lieben Menschen.
einen Soldatenfriedhof sehen: kündet politische Wirren und Kriegsgefahr an.
Blumen auf einen bringen: kündet
einen Todesfall in der Verwandtschaft an.

Frieren

Nervenreizung zeigt sich mit Unbe-
haglichkeit an. Vorsicht vor dem
Wetter!
selbst: kündet eine Erkältung an.
jemanden sehen, während man es
selbst warm hat: man wird einen
Kranken pflegen.
einen erfrorenen Menschen retten:
man wird einen Freund, der einen
verlassen hat, wiedergewinnen.

Frisieren

Sehnsucht nach gutem Aussehen,
um zu Erfolg und Glück zu kommen; oft auf sexueller Basis.
jemanden: man wird in Ungnade
fallen.
selbst frisiert werden: bringt jungen
Leuten Verlobung oder Hochzeit, älteren materielles Glück.

Frisur

eine kleine innere Reform ist im
Gange, besonders bei Frauenträumen.
eine phantastische tragen: man wird
sich lächerlich machen.

Fröhlichkeit

bedeutet Unruhe, auch Krankheit.

Frosch

sehr viele neue Möglichkeiten, Verbesserung der eigenen Stellung
durch Zufall oder Zähigkeit.
sehen: verheißt viel Geld.
quaken hören: man wird gelobt
werden.
in der Hand halten: bedeutet Gewinn.
töten: man wird sich selbst einen
Schaden zufügen.
essen: kündet Krankheit an.

Frost

man wird sich mit Freunden aussöhnen.

Frucht

Symbol für das Bangen um den eigenen Erfolg, meist im erotischen
Sinn zu verstehen.
essen: bedeutet Klugheit.
pflücken: bringt Vorteile.
faule: bringt Widerwärtigkeiten
und Verluste.
verschiedene Früchte sehen: guter
Ausgang einer Auseinandersetzung.

Frühling

meist reiner Potenztraum, der oft
bei jungen und bei Menschen in
der »zweiten Jugend« vorkommt.

sich von ihm träumen sehen: man
hat einen Wunsch, der niemals in
Erfüllung gehen wird.

Fuchs
Symbol für den sexuellen Willen,
auf etwas Jagd zu machen, das zur
Vorsicht mahnen sollte.
sehen: man wird einen Heuchler
entlarven.
einen zahmen sehen: deutet auf einen falschen Freund oder treulose
Dienstboten hin.
fangen: man wird ein geheimes
Komplott entdecken.
töten: man wird sich selbständig
machen.
Fuchsjagd: man wird eine Frau
überlisten oder von einer solchen
überlistet werden.
Fuchspelz tragen: man wird von jemandem an der Nase herumgeführt werden.
Fuchsschwanz sehen: Ränke werden geschmiedet.

Fuchsschwanz (Säge)
man wird gute Arbeit verrichten.

Fuhrmann
sehen: bringt Zwietracht.
selbst einer sein: man wird sich ohne
Ursache über etwas aufregen.

Füllfederhalter
sehen oder damit schreiben: man
wird einen schriftstellernden
Menschen kennenlernen, der im
eigenen Leben eine bedeutende
Rolle spielen wird.

Fund
machen: man verläßt sich zu sehr
auf den Zufall und hält nicht viel
von zielvoller Arbeit.

Funken
sehen: kündigt gute Einnahmen an.
in einer Schmiede sehen: für jüngere
Leute Heirat, für ältere harmonisches häusliches Leben.

Funkturm
sehen: kündet ein Stelldichein an.

Furcht
Alpdruck infolge Kreislauf- und
Herzstörungen.
empfinden: bringt Kummer und
Mangel sowie eine entscheidende
Wendung im Leben.
vor einem Phantom empfinden:
bringt größere Aufregungen.
jemanden in solche versetzen: man
wird in eine kritische Lage kommen.

Fürst/Fürstin
bedeuten unbeständiges Glück.

Fürstenhof
sehen: man wird betrogen.

Fuß
sofern nicht sexuell zu verstehen,
Planung für weiteren Lebensweg,
wenn der Fuß fortschreitende Bewegungen ausführt.
einen großen haben: man wird
Hausbesitzer.
ein dünner: man hat einen ermüdenden Weg vor sich.
ein kranker: man wird in einer Sache
aufgehalten werden.
ein schmutziger: kündet Krankheit
an.
ein verkrüppelter: deutet auf Verachtung hin.
in ihn gebissen werden: bedeutet
Eifersucht.

ein abgehauener: Schande und
Spott.
ein dicker: kündet Krankheit an.
waschen: deutet auf ein reinliches
Hauswesen hin.
küssen: bringt eine mit einer Demütigung verknüpfte Reue.
brechen: kündet einen Unfall an.

Fußball
Symbol für Leichtsinn, Sorge darüber, daß man mit der Arbeit
nicht fertig wird.
spielen: man wird seine Arbeit vernachlässigen.
einem Spiel zusehen: bringt Teilnahme an sportlichen Veranstal-
tungen.

Fußfall
machen: bedeutet Erniedrigung.

Futtertrog
schlechte Zeiten kommen.

Fütterung
von Tieren: Wohltun trägt Zinsen.
eines Kleides: bedeutet Wohlleben.

G

Gabe
aus Mitleid empfangen: gute Kapi-
talanlage.
planlos austeilen: man wird in Miß-
kredit kommen.

Gabel
Zersplitterung in persönlicher, oft
auch in sexueller Hinsicht.
handhaben: man wird hintergangen
werden.

fallen lassen: bringt Zwist und
Streit.
mit einer nach jemandem stechen:
man wird ausgenutzt.
Mistgabel: bedeutet Nutzen.
Heugabel: bedeutet Vermehrung
der Güter.

Galant
sein: traurige Nachricht.

Galeere
man wird in eine triste Lage kommen.

Galerie
mit Bildern sehen: man wird einen
ermüdenden Besuch machen
müssen.
auf einer im Theater sitzen: man bekommt eine Einladung von einem
Menschen, mit dem man nicht
gerne ausgeht.
eine große mit Waren sehen: man
wird gute Einkäufe machen.

Galgen
Wunschtraum, alle Hindernisse
und Gegner auf diese Art zu beseitigen. Vorsicht vor eigener
Überschätzung!
sehen: man ist von falschen Freunden umgeben.
einen bauen: es steht eine unerwartete Veränderung bevor.
jemanden daran hängen sehen: ein
Gegner wird kapitulieren.
selbst daran hängen: verheißt
Glück.

Galläpfel
bedeutet eine reiche Heirat.

Galoschen

tragen: es werden Regentage kommen.

Gans

Symbol der sexuellen Einfalt; man wird ausgenutzt und wehrt sich nicht richtig.

sehen: bedeutet einen Gewinn.

hören: Klatschereien in der Nachbarschaft.

hüten: man wird sich einer unangenehmen Beschäftigung unterziehen müssen.

fliegen sehen: bringt Verluste.

mästen: man bestärkt jemanden in einer törichten Ansicht oder Absicht.

schlachten: man wird sich von einem schwachköpfigen Menschen befreien.

rupfen: man wird einem törichten Menschen den Kopf zurechtsetzen.

braten: verspricht ein erfolgreiches Unternehmen.

essen: bedeutet glückliches Gelingen.

andere essen sehen: man wird von anderen ausgenutzt werden.

Garbe

was man zusammengetragen hat, soll man zu halten versuchen; Symbol der Bindung an einen Menschen.

sehen: Demütigung eines Feindes.

binden: bringt die Anknüpfung einer neuen Bekanntschaft.

aufladen und einbringen: man wird für seine Mühe belohnt werden.

aufbinden: bedeutet fruchtlose Arbeit.

auseinanderfallen sehen: man wird einen Freund verlieren.

dreschen sehen: man wird aus einer Sache das Beste herausholen.

Gardine

sehen: man hat etwas zu verbergen.

weiße, saubere aufhängen: es kommen unbekannte Gäste.

dunkle oder schmutzige am Fenster haben: bringt Sorgen im Haushalt.

Garn

man ist nervös und kann sich nicht sammeln; man sollte versuchen, ruhiger zu werden!

Garnison

man wird den Wohnort wechseln.

Garnitur

man wird große Ereignisse erleben.

Garstig

sich benehmen: bedeutet eine Reise.

Garten

entspricht dem Innenleben, je nachdem, ob der Traum ihn geordnet oder verwildert zeigt.

sehen: man wird eine neue Liebe finden.

in einem spazierengehen: bringt Vergnügen.

in einem arbeiten: bringt Zufriedenheit durch Pflichterfüllung.

einen mit hoher Umzäunung sehen: eine Bitte wird abgeschlagen werden.

einen vernachlässigten sehen: man ist von falschen Ratgebern umgeben.

Gärtner/Gärtnerin
bedeutet Verdruß.

Gas
man ist unruhig und sucht eine Erklärung für einen Sachverhalt;
man muß versuchen, sich nicht
täuschen zu lassen.
riechen: man versucht, jemanden
mit einer frommen Lüge etwas
vorzutäuschen.
damit kochen: eine Neigung wird
erkalten.
einen damit gefüllten Ballon platzen
sehen: jemand wird wütend auf
einen sein.

Gasse
sehen: bedeutet Heiterkeit.
eine kehren: bedeutet Trauer.

Gassenhauer
singen hören: bringt eine Bekanntschaft mit einem wenig angesehenen Journalisten oder Schriftstel-
ler.
selbst singen: man wird die Möglichkeit haben, seine Talente zu
entfalten.

Gassenjunge
man hüte sich vor zuviel Übermut.

Gast
man fühlt sich einsam und getrennt
von seinen Freunden; man sollte
einmal verreisen.
selbst einer sein: große Auslagen
stehen einem bevor.
einen haben: bedeutet Besuch von
auswärts.

Gaststätte
ein Freudenfest oder eine große
Reise ist zu erwarten.

Gastwirt
bedeutet viel Geld.

Gaukler
man hat Angst, sich wegzuwerfen,
gehe aber ruhig weiter und über-
lege jeden Schritt.
sehen: man wird mit Menschen zu
tun haben, die einen ausnutzen
wollen.

Gebackenes
essen oder zubereiten: deutet auf
großen Gewinn.

Gebäude
das Haus des Lebens muß sich jeder
selbst bauen; je höher es ist, um
so erfolgreicher ist das Leben.
bauen sehen: man wird zu hohem
Ansehen kommen.
einen Neubau fertig sehen: Aussicht
auf eine neue Verdienstquelle.
ein sehr hohes (Wolkenkratzer) sehen: man wird viel Geld besitzen.
ein amtliches sehen: bringt Unannehmlichkeiten und Geldverlust.
eines einstürzen sehen: ein Plan
wird vereitelt werden.

Gebet
Zeichen der Demut und der notwendigen Hilfe.
verrichten: Erhörung der Wünsche.

Gebetbuch
sehen oder darin lesen: bringt Trost
im Leid.
geschenkt erhalten: man wird mit
guten Menschen zu tun haben.

verlieren: man wird einen treuen
  Menschen verlieren.
wegwerfen: man wird durch eigene
  Schuld in Not geraten.

Gebirge
bedeutet Unfrieden.

Gebrechlich
sein: kündet Kummer für die Zukunft an.

Gebüsch
Warntraum, der mahnt, sich vor unbekannten Gefahren zu verstek-
  ken.
sich in einem verstecken: man wird
  in Gefahr kommen.
jemanden darin versteckt sehen:
  man wird ein Geheimnis entdek-
  ken.
ein brennendes sehen: kündet ein
  wichtiges Ereignis an.

Geburt
bei der Frau: Symbol einer neuen
  Einstellung zum Leben; beim
  Mann: große Pläne nähern sich
  der Vollendung.
sehen: bringt dem Mann die Trennung von seiner Frau; für Arme
  gute, für Geschäftsleute und Reiche schlimme Bedeutung; Reisenden verheißt dies die Rückkehr in die Heimat.
selbst gebären: neue Existenzmöglichkeiten.
eines Tieres sehen: bringt eine sehr
  günstige Zeit.

Geburtstag
bedeutet Heiterkeit.

Geburtswehen
bedeuten Sorgen und Schmerz.

Gedärme
meist Reaktion auf direkte Einge-
  weidestörungen; sonst starke
  Beunruhigung aufgrund innerer
  Probleme.

Gedicht
man wird einen abschlägigen Be-
  scheid erhalten.

Gedränge
von Menschen: bedeutet Gewinn.

Gefahr
in einer sein: man wird Ruhe bekommen.

Gefangen
werden: man wird eine gute Stellung bekommen.
sein: man wird keine Nahrungssorgen haben.

Gefängnis
man ist an Umstände, Dinge und
  Menschen gebunden, von denen
  man frei sein sollte.
sehen: verspricht Sicherheit.
unschuldig in eines kommen: man
  wird auf Mißtrauen stoßen.
aus einem entlassen werden: es beginnt eine neue Lebensepoche.

Gefäß
Erfolg oder Nichterfolg des Lebens;
  man macht sich Sorgen, sollte
  aber zuversichtlicher sein.

Geflügel
man ist unruhig und voller Spannungen; man sollte ausspannen,
  sonst wird die Überreizung
  krankhaft.

Gefrorenes (Eis)
essen: bringt den Gesunden Glück,
  Kranken den Tod.

Geheimnis
erfahren: bedeutet Freundschaft.
verraten: läßt Schaden erwarten.

Gehen
rasch: man wird Irrtümer begehen.

Geheul
hören: ein Unglück sagt sich an.

Gehilfe
sehen: man wird in starke finanzielle Abhängigkeit kommen.
sein: man wird ausgenutzt werden.
einen haben: man muß sich vorsehen.
von einem bedient werden: man ist
  ermüdet.

Gehirn
sehen oder essen: bedeutet Erbschaft.

Gehör
ein gutes haben: man wird Erfahrungen sammeln.
verlieren: bedeutet Trübsinn.

Geier
sehen: bedeutet eine bösartige
  Krankheit.
fliegen sehen: es wird einem ein Unrecht zugefügt werden.
einen erlegen: Sieg über einen
  Feind.

Geige
Sexualtraum, der ein Potenzsymbol
  sein kann.
spielen hören: man wird sich durch
  sein Benehmen beliebt machen.

selbst spielen: man geht fröhlichen
  Tagen entgegen.
eine beschädigen oder beschädigt
  sehen: man wird sich selbst ein
  Glück zerstören.
kaufen: man kann etwas Gutes erwarten.

Geist
Symbol für ein Phantom, dem man
  nachjagt.
sehen: man wird Unangenehmes erfahren.
mit einem sprechen: man wird gute
  Eindrücke gewinnen.

Gelb
Farbe der Weiblichkeit, durch die
  man schicksalhaft zu Gutem wie
  zu Ärger kommt.

Gelbsucht
meist Vorwarnung in gesundheitlicher Hinsicht.
haben oder bei jemandem sehen:
  man hat Glück in seinen Unternehmungen.

Geld
beim Mann Symbol für Leistungsfä-
  higkeit in der Liebe und im Leben, bei der Frau fast immer Symbol für erotische Spekulation.
sehen: plötzliche Ausgaben.
ausländisches sehen: man wird ein
  sehr riskantes Unternehmen beginnen.
verdienen: bringt Glück in der
  Liebe.
finden: man wird vor einem empfindlichen Schaden bewahrt werden.
besitzen: läßt auf Hochmut schließen.

verlieren: kündet Mißgeschick an, das aber schnell vorübergehen wird.

einem Bettler geben: verspricht großen Gewinn.

gewinnen: bedeutet nichts Gutes.

wechseln lassen: Unbeständigkeit im Handel.

zahlen: man wird einen Lohn einheimsen.

zählen: man wird guten Verdienst haben.

Geldbeutel

einen vollen sehen: bedeutet Elend und Ungemach.

einen leeren sehen: bringt Frohsinn und Zufriedenheit.

verlieren: man wird durch eine Unvorsichtigkeit einen großen Verlust haben.

einen leeren finden: man erhält ein Versprechen, das aber nicht gehalten wird.

Geldbrief

einen erhalten: man wird eine Mahnung bekommen.

einen versenden: man wird Geld erhalten.

Geldbriefträger sehen: bedeutet eine unerwartete Geldausgabe.

Geldschrank

einen leeren sehen: Verluste und geschäftliche Mißerfolge.

einen gefüllten sehen: verspricht viel Erfolg.

Gelübde

bedeutet im Leben meist das Gegenteil; man muß versuchen, in seinem Tun ausgeglichener zu sein.

Gemälde

man ist auf der Suche nach einem klaren Bild von sich oder von anderen.

sehen: bringt unverhoffte Freude.

kaufen: bedeutet Verdruß.

verkaufen: guter Handel.

Gemeindediener/Gemeinderat

man wird Ordnung machen.

Gemüse

Gurken, Mais, Möhren, Spargel sind erotisch-sexuelle Symbole in Frauenträumen (männliche Traumsymbole).

frisches im Garten sehen: Entdeckung eines traurigen Geheimnisses.

damit handeln: kündet Streit mit der Nachbarschaft an.

essen: bedeutet Krankheit.

pflanzen: Herzensfreuden erwarten einen.

General

betrifft meist innere »Befehlsfragen«, unter Umständen auch Konflikte in der Ehe.

sehen: große Ehrung.

selbst sein: man wird eine sehr verantwortungsvolle Aufgabe erhalten.

mit einem verkehren: man wird die Unterstützung einer hochstehenden Persönlichkeit finden.

Generaldirektor

sehen: verspricht eine sehr rasche Beförderung.

selbst sein: bedeutet guten Verdienst.

mit einem geschäftlich zu tun haben: man wird an einer wichtigen Konferenz teilnehmen.

Genick

brechen: man lasse sich in keine
Waghalsigkeiten ein.

Gepolter

zeigt ein Unglück an.

Gericht

Abrechnung mit sich oder der Umwelt.
sehen: man wird sein Recht suchen
müssen.
eine Vorladung bekommen: man
wird unter Nachstellungen leiden.
von einem verurteilt werden: man
wird Undank für eine Tat ernten,
für die man Dank erwarten
durfte.
Zeuge vor einem sein: man wird jemandem in einer schwierigen
Lage helfen müssen.

Gerichtsdiener

sehen: Warnung vor schlechten
Menschen.
mit einem streiten: mahnt zu größerer Distanz gegenüber Menschen,
von denen man nichts Gutes zu
erwarten hat.
selbst sein: man wird eine undank-
bare Beschäftigung bekommen.

Gerichtssaal

sehen: bedeutet Unglück.
verlassen: bringt eine gute Entscheidung in einer Angelegenheit, die
schon viel Ärger verursacht hat.

Gerichtsvollzieher

sehen: Glück in Unternehmungen.
von einem gepfändet werden: bringt
gute Nachrichten.
selbst sein: man wird einen Plan
durchführen können.

Gerippe

sehen: zeigt Unglück an.

Gerste

zeigt Wohlstand an.

Geruch

angenehmer: bedeutet Erfreuliches.
unangenehmer: es wird Ärger geben.
verlieren: Feinde stellen einem
nach.

Gerüst

sehen: deutet auf ein gefährliches
Unternehmen hin.
auf einem arbeiten: man wird einer
Gefahr mutig begegnen.
von einem stürzen: der Verwirklichung eines Planes werden sich
unerwartete Hindernisse entge-
genstellen.
umfallen sehen: Tapferkeit ist nötig,
aber Tollkühnheit schadet.

Gesang

Versuch, sich etwas von der Seele zu
wälzen; man muß versuchen, sich
etwas zu erleichtern.
hören: bedeutet Frohsinn.
selbst pflegen: bedeutet Traurigkeit.

Gesäß

das eigene sehen: bedeutet
Schmach.
das eines Mannes sehen: bedeutet
Ungemach.
das einer Frau sehen: man wird
Neuigkeiten erfahren.
das eines Kindes sehen: bringt Befreiung von Übeln aller Art.

Geschäft
Symbol für seelische Exhibition,
allzu freiwillige Anbietung.
haben: es gibt Mühe und Plage.

Geschenk
Abtastung und Abschätzung der
Beziehungen zu anderen.
machen: bringt Gewinn.
annehmen: bedeutet Verlust.

Geschirr
man geht mit anderen Menschen
vorsichtig oder leichtsinnig um
und zerbricht dabei manches
leicht.
neues kaufen: Vergrößerung der Familie.
schmutziges sehen: man wird Sorgen im Haushalt haben.
abwaschen: Harmonie in der Liebe
und Freundschaft.
zerbrechen: bedeutet Glück.

Geschlechtsteile
Entlastungstraum, der Entspannung bringt; Auslösung von Ver-
drängungen, unterdrückten
Wünschen usw.

Geschmeide
bedeutet Hochzeit und Ehre.

Geschrei
zeigt ein Unglück an.

Geschoß
man wird von Gefahr befreit werden.

Geschütz
sehen: bringt Angst und Unglück.
mit einem schießen: zeigt Ehre und
die Geburt eines hervorragenden
Menschen an.

Geschützdonner hören: man wird
eine frohe Nachricht erhalten.

Geschwister
sehen: bringt eine Überraschung.
verstorbene sehen: bedeutet langes
Leben.

Geschworener
sein: bedeutet Zeitverlust.

Geschwür
haben: Trauer über trübe Zeiten.
bei anderen sehen: man wird viele
Hindernisse zu überwinden haben.

Geselle
bedeutet Freude und Heiterkeit.

Gesellschaft
geben: man wird Bekanntschaften
schließen.
einer beiwohnen: verwirrte Verhältnisse.

Gesicht
man muß versuchen, die Person zu
finden, auf die das Gesicht im
Traum Bezug nimmt.
ein schönes haben: eine Hoffnung
wird sich erfüllen.
ein schönes sehen: bedeutet Freude.
ein häßliches haben: bedeutet Sorgen.
das eigene sehen: verheißt nichts
Gutes.
ein geschminktes: deutet auf falsche
Freunde.

Gesindel
bedeutet Verdruß.

Gespann
mit Pferden: bedeutet Glück.

mit Rindern: Freude.
mit Eseln: weist auf dumme Ge-
schichten hin.

Gespenst
Störung der natürlichen inneren
Ordnung, wobei die innere
Stimme zu intervenieren versucht.
sehen: man wird Unangenehmes erfahren.
mit einem sprechen: man wird gute
Eindrücke gewinnen.

Gestirne
helle sehen: eine gute Botschaft.
dunkle: rätselhafte Dinge künden
sich an.

Gestohlenes
sehen: gute Zeiten.
selbst besitzen: man wird Rückschläge erleiden.

Getöse
hören: bringt Unruhe ins Haus.

Getreide
sehen: bedeutet Überfluß, wenn
große Menge, Armut und Mangel
bei kleiner Menge.
mähen oder einbringen: die Sorgen
nehmen ein Ende.
kaufen: Sorgen ziehen auf.

Gevatter (Taufzeuge)
sein: bedeutet Ehre.

Gewand
kaufen: bringt Glück.
tragen: Zufriedenheit.

Gewehr
sehen: man wird sich verlieben.

tragen: man ist hinter jemandem
her.
mit einem schießen: man wird in
große Verlegenheit kommen.

Geweih
Angst des sich selbst unterbewer-
tenden Ehemannes oder Liebha-
bers.
sehen: unglückliche Ehe oder Liebe.

Gewichte
sehen: die Geschäfte gehen gut.

Gewinn
im Handel: man wird sein gutes
Auskommen haben.
im Spiel: verspricht gute Freundschaften, aber finanzielle Verluste.

Gewitter
auf freiem Feld erleben: kündet größere Ereignisse allgemeinpoliti-
scher, sozialer oder ähnlicher Art
an, und zwar Verschlimmerung.
an einem sehr finsteren Himmel:
bringt Unruhen im Lande.
dabei unter einer Eiche stehen: kündet eine Gefahr an, der man ausweichen soll.
dabei an einem geschützten Ort
sein: man wird eine Gefahr vermeiden.
von einem überrascht werden: drohendes Unheil.
ein schweres erleben: guter Fortgang der Geschäfte.

Gewölbe
als Laden: guter Geschäftsgang.
als Keller: man wird Ersparnisse
machen.
einstürzen sehen: bringt Unglück.

in einem unterirdischen finsteren
sein: man hat einen Angriff auf
seine Person zu erwarten.
mit vielen Leuten zusammen darin
sein: kündet eine Verschwörung
gegen den Staat an.

Gewürz
sehen: bedeutet Gewinn und
Freude.

Gicht
haben: Verbitterung des Daseins.

Gießkanne
man wird Besitzer eines Gartens
werden.

Gift
die Gedanken sind getrübt; man
muß mit Plänen und Vorhaben
vorsichtig sein.
nehmen: Gefahr in Aussicht.
jemandem geben: man wird in Not
kommen.

Giftpflanzen
man wird mit Bosheiten verfolgt.

Gipsfigur
man wird schöne Geschenke erhalten.

Gitarre
sehen oder hören: man wird sich
vergnügen.
selbst auf einer spielen: man wird
sich verlieben.

Gitter
sich selbst hinter einem sehen: kündet eine längere Reise oder Abwe-
senheit an.

aus einem Gitterfenster schauen:
bringt Sehnsucht nach einem fernen Menschen.
ein Gittertor sehen: man wünscht
sich etwas Unerreichbares.

Gläubiger
bringen die Überwindung von
Hemmnissen.

Glas
schleifen: bedeutet eine Spekulation.
kaufen: deutet auf Verschwendung
hin.
verschenken: man wird bei einem
Menschen in gutem Ansehen stehen.
wertvolles besitzen: man wird ein
Geschenk erhalten.
zerbrechen: kündet eine Entzwei-
ung an.
zerbrochenes sehen: bedeutet
Glück.
ein leeres sehen: man wird ein ungern gesehener Gast sein.
eines mit Wasser füllen: gute Gesundheit.
ein volles sehen: man wird in einer
Gesellschaft gerne gesehen sein.
ein überlaufendes sehen: bringt
Streit.
eines mit Wein füllen: bringt Freude
und Vergnügen.
aus einem trinken: bedeutet Wohlergehen.

Glatze
haben: man wird im Kreise gelehr-
ter Menschen viel Erfolg haben.
bei einem anderen sehen: man wird
einen ernsten Menschen kennenlernen.

Gletscher

sehen: Rückgang der Geschäfte.

eine Frau dabei sehen: kündet das
Ende einer Liebschaft an.

mit der eigenen Frau auf einem stehen: deutet auf baldige Scheidung
hin.

am Fuße eines solchen stehen: man
befindet sich in einer sehr unsicheren Lage.

allein auf einem stehen: Überwindung von vielen Schwierigkeiten.

Globus

weitgehende Planung.

etwas auf ihm suchen und nicht finden: man wird einen anonymen
Brief erhalten.

auf ihm studieren: man wird einen
großen Gelehrten kennenlernen.

Glocke

läuten hören: kündet Gutes an.

sehen: man wird etwas wagen, das
nicht gelingen wird.

selbst eine läuten: man wird jemandem unbewußt eine Freude machen.

Glück

haben: bedeutet Verfolgung.

in der Liebe haben: der oder die
Liebe ist untreu.

ein glückliches Paar sehen: man
wird sich selbst unglücklich fühlen.

Glücksrad

sehen: bedeutet Unglück.

daran drehen: bringt einen Mißerfolg.

Götzenbild

anbeten: man wird sich demütigen
lassen müssen.

eines in Besitz haben: man wird von
schlechten Menschen beeinflußt
werden.

Gold

fast immer im gleichen Sinne wie
Geld, wobei es noch mehr mit
dem Synonym der Flüchtigkeit
behaftet ist.

sehen oder besitzen: die Geschäfte
werden sich gut entwickeln.

finden: man wird einen Menschen
finden, der einen aufrichtig liebt.

verlieren oder ausgeben: bedeutet
einen Verlust.

sich mit Gold behängt sehen: bedeutet eine oberflächliche Le-
bensführung.

ein goldenes Kleid tragen: man wird
ein schönes, aber nicht ernst ge-
meintes Versprechen erhalten.

putzen oder waschen: man wird
sich emporarbeiten.

Goldfisch

sehen: kündet einen reichen Bräutigam oder eine reiche Braut an.

fangen: man wird viel Glück haben.

einen entschlüpfen sehen: man wird
ein großes Glück versäumen.

Golf

spielen: man wird an einer vornehmen, aber langweiligen Gesellschaft teilnehmen.

andere spielen sehen: man wird eine
Abwechslung suchen.

Gondel

sehen: man unternimmt eine Reise
mit dem oder der Liebsten.

allein in einer sitzen: verheißt ein
Abenteuer, an das man sich später
noch gerne erinnern wird.

mit einer umkippen und ins Wasser fallen: bringt eine Ernüchterung nach einer leidenschaftlichen Liebe.

Gondelführer sein: man wird Erfolg in der Liebe haben.

Gott

immer sehr wichtig: Ausgleich von inneren Spannungen und Depressionen.

anbeten: bedeutet Festigkeit im Glauben.

sehen oder reden hören: bringt Freude und Segen.

ihn loben und preisen: Glück und Segen allezeit.

Gottesdienst

einem in der Kirche beiwohnen: man wird eine gute Stellung erhalten.

Gotteslästerung

bringt Unheil und Verhängnis.

Grab

Symbol für Lebenskonflikte, die noch nicht gelöst sind; Tasten nach Auswegen; Unsicherheit, Ratlosigkeit.

schaufeln sehen: kündet eine Todesnachricht von einem nahestehenden Menschen an.

selbst in eines steigen: man wird verleumdet werden.

eines zusammenstürzen sehen: Mißgeschick und Krankheit in der Familie.

an das der Mutter Blumen legen: man möchte Trost finden.

auf einem seinen Namen geschrieben sehen: man sollte auf seine Gesundheit achten.

sehen: bedeutet Verschwiegenheit.

selbst in einem liegen: Todesfall eines Bekannten.

Grabhügel sehen: man wird an etwas erinnert werden, das man schon lange vergessen hat, oder man wird etwas wiederbekommen, das man verloren hatte oder einem genommen worden war.

Grabmal sehen: ein alter Freund, der großes Ansehen genießt und lange abwesend war, wird zurückkehren.

Grabschrift sehen: man wird einen Freund verlieren.

Grabstein sehen: bringt Ehesegen und Wohlstand.

Graben

einen sehen: man wird einen Verkehrsunfall erleiden.

selbst einen anlegen: man wird durch eigene Schuld Schaden erleiden.

einen mit einer kleinen Brücke sehen: bedeutet Betrug.

über einen springen: man wird sein Ziel erreichen.

in einen hineinfallen: man wird viele Hemmnisse haben.

Graf/Gräfin

sehen: man läuft Gefahr, über seine Verhältnisse zu leben.

selbst sein: man stellt zu hohe Ansprüche.

einen oder eine heiraten: man wird mit einem Menschen aus dem Volk in Verbindung kommen.

Grammatik

verheißt Familienglück.

Grammophon

geschenkt bekommen: man ist auf
der Suche nach einer neuen Liebe.
hören: gemütliches Zusammensein
zu zweit.
seine eigene Stimme aus einem hören: starker Wunsch, sich in der
Öffentlichkeit zu betätigen.
die Stimme eines Lebenden daraus
hören: man befolge einen Rat,
den man erhalten hat oder erhalten wird.
die Stimme eines Verstorbenen daraus hören: kündet einen Witte-
rungswechsel an.

Granat

man wird frohe Zeiten erleben.

Granatapfel

sehen oder essen: man wird von einem Verdacht befreit werden.

Granate

explodieren sehen: man läßt sich
ohne Überlegung auf ein gefährliches Unternehmen ein.

Gras

darin liegen: man gibt sich schmei-
chelhaften Hoffnungen hin.
schneiden: man wird fröhlichen
Leuten begegnen.
essen: man wird lächerlich gemacht
werden.

Gräte

verschlucken: man wird mit Widerwärtigkeiten zu tun haben.

Greis/Greisin

sehen: man wird alt werden.
selbst sein: bedeutet eine gesunde
Nachkommenschaft.

Grieß

essen: man wird einen Überfluß an
Sachwerten haben.

Grille

hören: bedeutet Glück.
fangen: man wird durch Glauben
an sich selbst Erfolg haben.

Grind

auf dem Kopf haben: bedeutet
Reichtum.
bei Kindern sehen: Gesundheit.

Grob

sein, oder grobe Ware: man fürchtet
sich vor Neidern.

Groll

bedeutet unangenehme Geschäfte.

Großeltern

sehen: kündet einen baldigen Todesfall an.
mit ihnen zusammen am Tische sitzen: langes Leben.
von ihnen ein Geschenk erhalten:
kündet eine Erbschaft an.

Großmut

beweisen: bedeutet Gefängnis.

Großmutter/Großvater

sehen oder sprechen: ein gutes Vorhaben wird gelingen.

Grube

eine sehen: man wird einen Verkehrsunfall erleiden.
selbst eine anlegen: man wird durch
eigene Schuld Schaden erleiden.
über eine springen: man wird sein
Ziel erreichen.
in eine hineinfallen: man wird viele
Hemmnisse haben.

Gruft

Symbol für Lebenskonflikte, die noch nicht gelöst sind; Tasten nach Auswegen; Unsicherheit, Ratlosigkeit.

sehen: bedeutet Verschwiegenheit.

schaufeln sehen: kündet eine Todesnachricht von einem nahestehenden Menschen an.

selbst in eine steigen: man wird verleumdet werden.

eine zusammenstürzen sehen: Mißgeschick und Krankheit in der Familie.

auf die der Mutter Blumen legen: man möchte Trost finden.

auf einer seinen Namen geschrieben sehen: man sollte auf seine Gesundheit achten.

selbst in einer liegen: Todesfall eines Bekannten.

Grabschrift sehen: man wird einen Freund verlieren.

Grabstein sehen: bringt Ehesegen und Wohlstand.

Grabmal sehen: ein alter Freund, der großes Ansehen genießt und lange abwesend war, wird zurückkehren.

Grabhügel sehen: man wird an etwas erinnert werden, das man schon lange vergessen hat, oder man wird etwas wiederbekommen, das man verloren hatte oder einem genommen worden war.

Grün

Sinnbild des Wachstums der Pflanzen, der unberührten Natur, aber auch des Giftig-Grünen, also Wertlosen.

als Farbe: bedeutet im allgemeinen Gutes.

grüne Augen sehen: deutet auf treue Freunde hin.

grünes Gesicht sehen: Man wird einen Kranken pflegen müssen.

grünes Wasser: gutes Fortkommen.

grünes Kleid tragen: bringt Glück.

Guckkasten

sehen oder in einen hineinschauen: bedeutet eine Täuschung.

Gürtel

ein Machtattribut, das in erster Linie als erotisches Symbol in Männer- und Frauenträumen gilt.

einen alten sehen: eine vergebliche Mühe.

einen goldenen: verspricht Erfolg.

einen beschädigten: kündet Unheil an.

einen finden: man wird das Vertrauen eines Menschen gewinnen.

einen tragen: kündet eine baldige Verbindung an.

einen verlieren: Nachlässigkeit in einem Vorhaben.

Gürtler

bei der Arbeit sehen: bedeutet einen reichen Ehepartner.

Gugelhupf

bedeutet eine Kindstaufe.

Guillotine

sehen: man wird ein vernichtendes Urteil zu hören bekommen, aber es wird sich doch noch alles zum Besten wenden.

sich unter einer liegen sehen: man erwartet eine Entscheidung, ist aber nicht sicher, ob sie günstig oder ungünstig sein wird.

einer Exekution beiwohnen: man
  wird Zeuge eines Unfalles werden.

Gurke
typisches Symbol in Frauenträumen, fast ausschließlich sexuell
  zu verstehen.
essen: bringt eine Täuschung, für
  Kranke baldige Genesung.
saure essen: man wird eine schlechte
  Erfahrung machen.
pflanzen: schwere und nutzlose Arbeit.

Gurt
man kann seine Kenntnisse nicht
  verwerten.

Gut
eines erwerben oder besitzen: verheißt eine schöne Zukunft.
sein oder Gutes tun: zeigt Wohlstand an.

Gutshof
sehen: bedeutet schnelles Emporkommen.

H

Haar
Symbol der Verbundenheit mit dem
  animalischen Leben; starkes erotisches Symbol, aber im übertragenen Sinne.
färben: man strengt sich für eine Sache an, die bereits verloren ist.
waschen: bringt eine Beunruhigung.

bei anderen abschneiden: man wird
  auf Kosten eines anderen einen
  Gewinn erzielen.
flechten: man wird eine zerrissene
  Verbindung wiederherstellen.
geschnitten bekommen: bedeutet
  Kummer.
kämmen: kündet eine nächtliche
  Reise an.
ausfallendes: bedeutet ein Begräbnis.
gut frisiertes: verheißt eine schöne
  Freundschaft.
unfrisiertes: kündet einen Familienstreit an.
erbleichen sehen: bedeutet den völ-
  ligen Verlust des Vermögens.
schwarzes haben: bedeutet Gesundheit.
rotes: man wird sich beliebt machen.
graues: bringt Sorgen.
schwarzes, kurzes und gekräuseltes
  haben: man geht schlechten Zeiten entgegen.
auf den Händen wachsen sehen: ein
  schlechtes Zeichen.
im Munde haben: kündet ein
  schreckliches Erlebnis an.
einen Mann ohne sehen: bringt Ansehen und Reichtum.
eine Frau ohne sehen: bringt Verachtung.
Haarlocken sehen: Erfolg in der
  Liebe.
Mann mit Frauenhaaren: Betrug in
  der Liebe.
in der Suppe finden: bedeutet
  Zank.
langes weißes: bedeutet Glück.
auf der Brust: Glück.
am Bauch: Gesundheit.
verbrennen: in allen Dingen ist Vorsicht zu üben.

von einem Toten: bedeutet Ehrer-
bietung.

verlieren: man wird sich im Alter
noch jung fühlen.

blondes oder gelbliches: Freude und
Lebensglück.

Haarband oder -kamm: Freude zur
Arbeit bringt Glück.

Haarpomade: man wird großes Ansehen erreichen.

Habicht
bedeutet Untreue oder kein Glück
in der Lotterie.

Hacke
sehen: bedeutet Unglück.

mit einer arbeiten: gutes Fortkommen.

Hackholz/Hackstock
man wird vieles erdulden müssen.

Hafen
sehen: kündet ein sorgloses Alter
an.

in einen einlaufen: Erfüllung einer
Hoffnung.

in einem einkaufen: bedeutet Glück
nach vielen Mühen.

Hafer
auf dem Felde sehen: bringt Segen
und Gewinn.

dreschen: gutes Geschäft.

Hagebutten
sehen oder essen: man wird Junggeselle oder Jungfer bleiben.

Hagel
man steht vor einem materiellen
oder geistigen Verlust.

sehen: bringt großen Schaden.

von einem geschützten Ort aus sehen: bringt Unzufriedenheit und
üble Laune.

in ein Hagelwetter geraten: kündet
ein zerrüttetes Familienleben an.

Hahn
Symbol für Mann und männliche
Absichten.

sehen: kündet einen Brand an.

krähen hören: man wird etwas
Unangenehmes zu hören bekommen.

Eier legen sehen: bringt plötzlichen
und unerwarteten Geldzufluß.

unter Hühnern sehen: aus einer
Freundschaft wird sich eine
starke Liebe entwickeln.

kämpfen sehen: bedeutet Zwietracht.

Halfter
man wird eine Reise machen.

Halm
in die Hand nehmen: man wird gegen jemanden aggressiv werden.

Hals
falls in Warnträumen sichtbar oder
im Mittelpunkt, ist der Hals von
besonderer Empfindlichkeit in
gesundheitlicher Hinsicht.

sehen: ist ein gutes Zeichen.

einen geschwollenen haben: bedeutet Glück.

einen großen, dicken haben: bedeutet Erfolg.

einen kleinen, dünnen haben: bringt
einen Mißerfolg.

ihn von einem Menschen, den man
kennt, zugeschnürt oder zusam-
mengedrückt bekommen: dieser
Mensch wird einen guten Einfluß
auf einen bekommen.

Halsschmerzen haben: bringt einen
   Witterungsumschlag.
Halstuch: man soll sich vor Erkäl-
   tung schützen.

Halsband/Halskette
verkleidete innere Bindung persönlicher, bei Frauen meist erotischer
   Art; das Zerreißen hat eine entsprechende Bedeutung.
sehen oder tragen: Glück in der
   Liebe.
mit Edelsteinen: kündet eine Erbschaft von entfernten Verwandten an.

Hammer
man versucht, mit Gewalt etwas zu
   erreichen, was man mit Klugheit
   längst haben könnte.
sehen: man wird eine Lebensversi-
   cherung abschließen.
benutzen: man wird trotz vieler
   Hindernisse ein Ziel erreichen.

Hampelmann
man wird wenig ernsthaft sein.

Hamster/Hamstern
man wird leicht zu Wohlstand kommen.

Hand
Kraft- und Geschicklichkeitssym-
   bol; linke Hand weiblich, rechte
   Hand männlich.
besehen: bringt Kummer und Leid.
verbrennen: man hat Neider.
eines anderen drücken: man wird
   eine treue Freundschaft schließen.
ohne Finger sehen: großer Verlust
   und starke feindliche Einflüsse.
kleine: Untreue von Freunden oder
   Dienstboten.

behaarte: bringt Unglück.
viele Hände sehen: verspricht Ehre
   und Vermögen.
Händewaschen: bringt Ansehen.
eine verwundete sehen: man wird
   einen Nachteil haben.
eine geschwollene haben: bringt
   Unverträglichkeiten.
die Hände vor die Augen halten:
   man wird jemandem etwas nachsehen müssen.
beschmutzte haben: Vertraulichkeiten mit einem schlechten Menschen.
eine abgeschnittene oder verdorrte
   sehen oder haben: Treulosigkeit
   der besten Freunde.
eine schöne und kräftige haben:
   man wird ein gutes Geschäft abschließen.
die rechte verlieren: Tod des Vaters.
die linke verlieren: Tod der Mutter.
küssen: man wird schöntun.

Handeln
bedeutet einen zufälligen Erwerb.

Handelsbücher
sehen oder daran arbeiten: viele Sorgen kommen auf einen zu.

Handschellen
Nervenreaktion auf Spannungen;
   tritt oft zusammen mit Alpdruck
   auf.
tragen: das Wiedersehen mit einer
   früheren Liebe macht erneut einen starken Eindruck auf einen.

Handschuhe
geschenkt erhalten: jemand wird
   unberechtigte Ansprüche an einen stellen.
anziehen: bringt Freude.

anhaben: bedeutet Glück und Ansehen.

zerrissene: man wird vernachlässigt werden.

verlieren: deutet auf Zank und Streit hin.

Handtuch

sauberes sehen: bringt die Eröffnung von etwas Unangenehmem.

schmutziges sehen: Sorgen im Haushalt.

Harfe

meist Warntraum aus dem vegetativen Nervensystem; man muß etwas tun, um ruhiger zu werden.

sehen oder spielen: man wird enttäuscht werden.

jemanden spielen sehen: man wird sich Hals über Kopf verlieben.

Harn

lassen: die Lage wird sich verbessern.

trinken: man wird Gesundheit erlangen.

ins Bett harnen: bedeutet Enthaltsamkeit üben.

Hase

Fruchtbarkeitssymbol; man geht wildern, und zwar auf verbotenen Wegen und auf verbotene Beute.

sehen: man wird sich vor etwas fürchten.

einem nachlaufen: man wird ein Abenteuer suchen.

schießen: man wird Glück haben.

essen: bedeutet Zufriedenheit.

laufen sehen: plötzlicher Schreck.

sitzen sehen: ein guter Ratschluß.

Haselnuß

öffnen: bringt Erfolg nach mühevoller Arbeit.

essen: man wird Zähne verlieren.

Haus

Symbol für den Körper des Menschen und seinen inneren oder äußeren Zustand; Dach = Kopf, Gehirn; Türen = Geschlechtsteile; Fenster = Nebenorgane geschlechtlicher Art; Keller = Füße oder untere Organe; Balkon = Brust und Brüste.

bauen: kündet günstige Verhältnisse an.

besitzen: bringt sorglose Tage.

sein eigenes verlassen: eröffnet neue Wege für die Zukunft.

brennen sehen: unerwartetes Glück.

abbrechen sehen: ein Hindernis wird beiseite geräumt werden.

zusammenstürzen sehen: kündet einen Todesfall an.

mit vielen Stockwerken: bedeutet einen sehr großen Gewinn.

Hausgeräte

reinigen: Verbesserung der Wirtschaft.

Hausschuhe

man wird ein behagliches Dasein führen.

Hauswurz

man wird die Apotheke in Anspruch nehmen.

Haut

braune oder schwarze sehen oder haben: bringt die Enthüllung schlechter Absichten; bei Frauen Hinweis auf Ehebruch.

gelbe: man ist in einer Sache zu
   ängstlich.
eine zarte berühren: jemand wird
   einem energisch widerstehen.
weiße: bedeutet Freude.

Häute
siehe unter Fell.

Hebamme
sehen: bringt die Enthüllung eines
   Geheimnisses.
mit einer sprechen: kündet eine Geburt oder Taufe an.
von einer untersucht werden: man
   hat kein reines Gewissen.
selbst sein: man wird es mit einer
   Sache eilig haben.

Hebel
man wird Schwierigkeiten überwinden.

Hecht
man wird Besuch empfangen.

Heide
eine blühende sehen: letzter Hoff-
   nungsstrahl in einer Angelegenheit.

Heidekraut
sehen: die Lage wird sich verändern.
sammeln: man sucht Mittel, um
   lange jung zu bleiben.

Heidelbeeren
sehen: man kann Hoffnung schöpfen.
essen: schnell vorübergehende
   Freude.

Heiland
immer sehr wichtig: Ausgleich von
   inneren Spannungen und Depressionen.
anbeten: bedeutet Festigkeit im
   Glauben.
sehen und reden hören: bringt
   Freude und Segen.
ihn loben und preisen: Glück und
   Segen allezeit.

Heilige
sehen und anbeten: bedeutet Gutes.

Heimat
man sehnt sich nach einer Erfüllung,
   schaut aber zuviel in die Vergangenheit.
sie verlassen: man wird große Sorgen um die Zukunft seiner Familie haben.
dieselbe wiedersehen: bedeutet
   glückliche Stunden.

Heimweh
haben: man hat eine neue Liebschaft
   und fühlt erst jetzt, was man an
   der alten verloren hat.

Heiserkeit
bedeutet Gewinn und Vorteil.

Hemd
erotisch unruhiger und offensiver
   Traum; auch Angst oder
   Wunsch, bloßgestellt zu werden.
ein seidenes tragen: man wird in
   mißliche finanzielle Verhältnisse
   geraten.
ein schmutziges tragen: deutet auf
   Liederlichkeit hin.
ein zerrissenes tragen: Schutz gegen
   Anfeindungen.
ausziehen: bringt eine bittere Enttäuschung.

waschen: man gerät in eine
schlechte Gesellschaft.
bügeln: man wird sich beliebt machen.
viele Hemden sehen: kündet baldige
Heirat oder neue Freundschaften
an.
wechseln: man wird seinen Liebhaber oder die Liebhaberin wechseln.
in einem herumlaufen: man wird
Glück in der Liebe haben.

Hengst
für Frauen ein reines Sexualsymbol;
Suche nach kraftvollem Leben.
Männer auf Hengsten hoffen auf
Erfüllung ihrer Wünsche.

Henker
siehe Scharfrichter.

Henne
sehen: Glück in der Liebe.
Eier legen sehen: Zuwachs in der
Familie oder materieller Gewinn.
mit Küken sehen: bedeutet viele
Kinder, Enkel oder einen großen
Familienkreis.
schlachten: man wird sich durch
Unvorsichtigkeit schaden.
essen: kündet Wohlstand an.
vom Hahn bestiegen sehen: glückliches Familienleben.
brüten sehen: bedeutet frohe Hoffnung.

Herberge
finden: bringt Ruhe und Zufriedenheit.
in einer sein: kündet das Zusammentreffen mit einem treuen
Freund an.

eine verlassene sehen: man wird von
Freunden verlassen werden und
einsam bleiben.
Herbergsmutter oder -vater sein:
man steht in gutem Ruf.

Herbst
reiner, meist negativer Potenztraum
des Mannes.
sehen oder empfinden: Nachlassen
der Liebe.

Herd
mit dem Feuer: bedeutet große
Wohlfahrt.
ohne Feuer: man wird verlassen
werden.

Herde
von Tieren: bedeutet Vermehrung
des Vermögens.

Herr
ein vornehmer sein: man wird Belei-
digungen ertragen müssen.
als Arbeitgeber: deutet auf gutes
Einkommen hin.

Herz
sein Zustand zeigt das Befinden und
den Zustand im Innersten.
sehen: man wird herzlich geliebt.
zerschneiden: Trennung von einem
nahestehenden Menschen.
bluten sehen: bedeutet eine Beleidigung.
essen: man kann der gegenseitigen
Liebe versichert sein.
ein krankes oder verwundetes haben: bringt Sorgen in der Verwandtschaft.
keines haben oder es verlieren: Vorteil für die Feinde.

Herzklopfen haben: man empfindet
Zuneigung.
Herzleiden: bedeutet innere Qua-
len und Unruhen.
Herzlos sein: Kummer und Not.

Herzog
sehen oder sein: man wird ein Ehrenamt erhalten.

Heu
animalisches Prinzip, das anzeigt,
daß alle Arbeit auf diese Art nur
wenig Verdienst bringt.
sehen: kündet einen ernsten Vorfall
an.
auf einen Wagen laden: bringt viel
Arbeit bei schlechtem Verdienst.
im frischen liegen: man wird bei be-
scheidenen Ansprüchen zufrieden sein.
verfaultes sehen: schlechter Fortgang aller Unternehmen.
abmähen: Vermehrung des Wohlstandes.
schönes haben: warnt vor Dieben.
riechen: bedeutet Gesundheit.
Heuschober oder -wagen: bringt
Nutzen.

Heugabel
bedeutet Vermehrung der Güter.

Heuschrecke
sehen: kündet ein glückliches Ereignis von kurzer Dauer an.
lebendig fangen: Rache an einem
machtlosen und wehrlosen Menschen.
töten: man wird einem anderen
Nachteile bringen.

Hexe
weibliches Ursymbol der Liebe
zum anderen Geschlecht.

sehen: glückliche Zukunft.
mit einer reden: baldige Verlobung
oder Heirat.

Himbeeren
bringen Freude und Genuß.

Himmel
Trostausgleich für Unsicherheit im
Leben.
einen blauen sehen: kündet Freude
an.
roten sehen: bringt allerlei Zwistig-
keiten.
bewölkten sehen: bringt Unbeständigkeit.
trüben sehen: bedeutet Verdrießlichkeiten.
mit Sternen: bringt die Erfüllung
eines Wunsches.

Hinken
sehen oder selbst hinken: Rückgang
der Geschäfte.

Hinrichtung
Revision der bisherigen Lebenseinstellung zu bestimmten Vorgängen.
sehen: Überwindung eines Feindes
oder Schaffung eines neuen Feindes.
eines Freundes oder einer nahestehenden Person: bringt Trennung
von einem lieben Menschen.
selbst durchführen: wenn Blut dabei ist, wird man einen Prozeß
oder eine Auseinandersetzung
gewinnen; wenn ohne Blut oder
wenn der Hingerichtete wieder
lebendig wird, kann man einen
Feind trotz aller Bemühungen
nicht außer Gefecht setzen.

selbst erleiden: wenn Schmerzen
dabei sind, kündet dies eine Erkrankung an; anderenfalls wird
man unter Schande und Erniedrigung leiden.

Hintern
Analerotik mit rein sexuell-erotischen Ausschlägen und infantilen
Rückerinnerungen.
den eigenen sehen: bedeutet
Schmach.
eines Mannes sehen: bringt Ungemach.
einer Frau sehen: man wird Neuigkeiten erfahren.
eines Kindes sehen: man wird von
Übeln aller Art befreit werden.

Hirn
vom Kalb: bedeutet Zufriedenheit.
vom Schwein: bringt Glück.

Hirsch
mit Geweih ein etwas zweifelhaftes
Sexualsymbol für den Mann; bei
Frauen oft Wunschtraum, vor allem bei Geweih mit vielen Spros-
sen.
einen sehen: man hat einen hoch-
mütigen Feind.
Hirsche in Rudeln sehen: bringt
viele neue Freunde.
einen schreien hören: man wird gute
Nachrichten erhalten.
einem nachlaufen, ohne ihn zu fangen: bedeutet einen unerfüllbaren
Wunsch.
einen jagen: man wird sich an einem
vorteilhaften Geschäft beteiligen.
töten: bringt eine Erbschaft.
laufen sehen: Pläne werden gelingen.

kämpfen sehen: man wird zu Macht
kommen.
Hirschkuh sehen: Ehren werden einem zukommen.

Hirse
anbauen oder essen: bedeutet
Friede.

Hirte
bei der Sorge um die Familie bürdet
man sich zuviel auf.
mit einer Herde sehen: kündet Vermögenszuwachs an.
ohne Herde: Vermögensverlust.
selbst einer von einer großen Herde schöner kräftiger Tiere sein:
deutet auf gute Geschäfte
hin.
von einer kleinen Herde mit mageren Tieren: bringt materielle Sorgen.
mit Herde von Rindern: bringt
Glück.
mit Schweinen: bedeutet Gewinn.
mit Lämmern: verheißt unschuldige
Vergnügungen.
mit Pferden: man wird eine wilde
Freude erleben.
mit Gänsen und Enten: man wird
viel unter Geklatsch leiden.

Hobel/Hobeln
sehen: man wird eine Angelegenheit
in Ordnung bringen.
selbst hobeln: ein Trauerfall wird
eintreten.
andere hobeln sehen: jemand strebt
danach, Herr über einen zu werden.
Hobelspäne sehen oder machen:
man wird seine Arbeiten mit Genauigkeit ausführen.

Hochamt

einem beiwohnen: verheißt baldige große Freude.

Hochschule

sehen: bedeutet geistige Fortschritte.

besuchen: Glück für die Zukunft.

in eine gewählt werden: große Ehre, aber zugleich auch eintöniges, abgeschlossenes Leben.

Hochstapler

mit einem verkehren: man wird viel Geld verschleudern.

selbst sein: man wird Gut und Geld vermehren.

Hochzeit

Wunschtraum bei sexuellen Komplexen (bei Frauen und besonders bei jungen Menschen).

sehen: bringt Eifersucht.

haben: man ist zu Lustbarkeiten geneigt.

Hochzeitskleider anziehen: Mißverständnisse in der Ehe.

Hochzeitsreise machen: bringt eine große Überraschung.

Hochzeitsgäste haben: man wird viel Geld verlieren.

Hof

eines Fürsten sehen: man wird betrogen.

eines Gutsherrn: bedeutet schnelles Emporkommen.

Hofdame: man erleidet Verfolgungen aller Art.

Hofdiener: verheißt Sorgen.

Hofmeister: bedeutet Kummer.

Hofnarr: läßt Vergnügen erwarten.

Hofstaat: man wird eine glänzende Existenz bekommen.

Hoffnung

haben: man wird Geld einbüßen.

Höhensonne

sich davon bescheinen lassen: man möchte anders scheinen, als man ist.

Höhle

eine graben: Todesfall im Familien- oder Freundeskreis.

sich in einer aufhalten: kündet eine große Veränderung an.

in einer wohnen: bringt Reisenden einen Glückswechsel.

in einer umkommen: bringt Niedergeschlagenheit.

aus einer dunklen ins Licht kommen: man wird nach langer Armut wieder in bessere Verhältnisse kommen.

eine sehen oder in sie hineingehen: von falschen Freunden werden einem Fallen gestellt.

Hölle

sehen: bringt eine Veränderung der Verhältnisse.

in ihr sein: man wird von Feinden gequält werden.

daraus erlöst werden: bedeutet Rettung aus einer Gefahr.

Holunderstrauch

sehen: der Kranke wird gesund werden.

blühen sehen: verspricht ein schönes Liebesleben.

Holz

feilen: bedeutet ein ungewisses Unternehmen.

faules leuchten sehen: man läßt sich von einem Bekannten durch den Schein blenden.

hacken: bringt einen Vermögensverlust.
andere hacken sehen: bedeutet einen Sterbefall.
zimmern: man wird zu Ehren kommen.
tragen: bringt Armut.
sägen: man wird die Bekanntschaft
eines elenden Wichtes machen.
schnitzen: man wird auf künstleri-
schem Gebiet Erfolg haben.
auf dem Wasser schwimmen sehen:
ein erhofftes Glück zerrinnt.
ins Feuer werfen: bedeutet Verschwendung.
aufgeschichtetes sehen: man wird
durch schwere Arbeit zu einer ruhigen Zukunft gelangen.
kaufen: hat Geldausgaben zur
Folge.
handeln: bringt Zufluß von Geld.
verarbeiten: man wird erfolgreich
sein.
Holzschuhe tragen: man wird zu
Wohlstand kommen.
Holzschuhe sehen: bedeutet häusliches Glück.

Honig
mit Waben sehen: Glück in geschäftlichen Angelegenheiten.
essen: kündet ein Unwohlsein an.

Hopfen
zeigt Verluste an.

Horchen
Bekannte werden sich über die eigenen Fehler unterhalten.

Hörner
Angst des sich selbst unterbewer-
tenden Ehemannes oder Liebha-
bers.
sehen: unglückliche Ehe oder Liebe.

Hornist
sehen oder blasen hören: es stellen
sich Feinde ein.

Hosen
man findet darin den Schutz, den
man nackt entbehren muß; man
hängt sehr an Äußerlichkeiten.
sehen oder anziehen: bedeutet Ruhe
und Sicherheit.
verlieren: man wird verspottet werden.
ausziehen: Mahnung zur Vorsicht.
zerrissene: deutet Schande an.

Hostie
bedeutet Seelenfrieden.

Hotel
man ist mit sich selbst irgendwie
nicht einig und läuft vor sich
selbst fort.
sehen: man ist gezwungen, seine
Liebe vor anderen zu verbergen.
Hotelhalle, in der man sich sitzen
sieht: man sucht eine reiche Bekanntschaft.

Hufeisen
sehen: man wird unerwartet eine
Reise machen müssen.
finden: man wird Widerwärtigkeiten entgehen.
einem Pferd solche anschlagen: man
wird ein gesichertes Alter haben.
einem Pferd welche abnehmen: das
Glück kann man nicht erzwingen.

Hüfte
vorwiegend Frauentraum, womit
der Wunsch nach Kindersegen
verbunden wird.
stärker werdende: zeigt Gesundheit
an.

gebrochene: Betrübnis und Verlust
von Kindern.
sehen: man wird schöne Kinder bekommen.

Huhn
Angelegenheiten des Alltags werden zu wichtig genommen und
im Traum auf richtige Ausmaße
zurückgeführt. Siehe auch
Henne.

Hühnerauge
haben: man wird von einem Geheimnis gequält.
jemandem darauf treten: man wird
unschuldigerweise beschimpft
werden.

Hund
Instinktmahnung, normale
Wunsch- oder Triebreaktion, die
sich über den Hund auslebt.
einen schwarzen sehen: man wird
von einem Freund verraten werden.
einen weißen sehen: man wird eine
angenehme Bekanntschaft machen.
einen tollen sehen: bedeutet unbe-
gründete Furcht vor etwas.
bissiger: bedeutet eine Verleumdung.
einen zutraulichen und schmei-
chelnden sehen: man soll in eine
Falle gelockt werden.
einen toten sehen: man befindet sich
unter feindlich gesinnten Menschen.
mit einem spielen: bringt Verdruß
und Nachteil.
einen jagen sehen: deutet auf Liederlichkeit hin.

von einem angefallen werden: Mahnung zur Vorsicht.
einen auf jemanden hetzen: bringt
Feindschaft.
bellen hören: mahnt, wachsam zu
sein.
mehrere miteinander raufen sehen:
bringt Familienstreit wegen einer
Erbschaft.
von einem gebissen werden: bedeutet Krankheit.
heulender: bedeutet Gefahr.
Hundehütte: man wird selbst auf
den Hund kommen.

Hunger
man lebt in Fülle und hat Angst vor
Entbehrungen.
haben: man wird seinen Besitz ver-
größern.

Hure
Traumüberwindung der Monoga-
mie, mitunter auch sexueller
Wunschtraum.

Husar
man wird viel Glück in der Liebe
haben.

Husten
zeigt eigene Unsicherheit und Sorge
vor dem Ungewissen an.
haben: man wird eine ablehnende
Antwort erhalten.

Hut
meist Tarnung dessen, was man
wirklich im Kopf hat, vor allem,
wenn man meint, die Einzelheiten gingen die Welt nichts an.
anfertigen: es wird etwas Außerge-
wöhnliches von einem verlangt
werden.

einen neuen besitzen: bringt Glück und Vorteile.

einen aufsetzen: man wird gereizt werden.

einen neuen tragen: man will jemandem gefallen.

einen auf dem Kopf eines anderen sehen: man wird anmaßend werden.

einen vom Wind fortgerissen bekommen: ein Gewinn wird einem entgehen.

sehen, wie eine Frau ihren verliert: man wird seine Freiheit verlieren.

einen aufheben: bringt Freude und Vergnügen.

einen schlechten haben: man wird in unangenehme Verhältnisse geraten.

einen auf dem Wasser schwimmen sehen: man wird von dem Selbstmord eines Bekannten hören.

einen Strohhut tragen: man wird in der Liebe betrogen.

einen schönen tragen: man wird gute Entschlüsse fassen.

einen mit Federn tragen: bedeutet Ehre.

einen in der Hand halten: man kommt gut durchs Dasein.

Hütte

Ausdruck dafür, sich mit dem zu bescheiden, was das Schicksal gab; Mahnung zur Zufriedenheit.

sehen: bedeutet Geduld im Leid.

in eine einkehren: man wird Schutz suchen.

sich in einer aufhalten: bedeutet schwere Arbeit.

in einer elenden wohnen: man wird in eine schöne neue Wohnung einziehen.

Hyäne

eine sehen: Warnung vor einem Raubüberfall.

viele Hyänen sehen: bedeutet eine Katastrophe im Lande.

von einer bedroht werden: man wird in eine verzweifelte Lage geraten.

eine töten: man wird sich aus einer Gefahr retten.

Hyazinthe

Ausdruck des fortzeugenden Lebens; Erwartung eines reichen Liebes- und Ehelebens.

sehen: läßt Geschenke erwarten.

geschenkt erhalten: zeigt innige Liebe an.

welke sehen: von einem Menschen erwartete gute Dinge bleiben aus und führen zu Enttäuschungen.

Hypnose

man weiß nicht recht, was man tut oder tun will – oder man will es nicht wissen und flüchtet sich in die entlastende Hypnose.

jemanden hypnotisieren: man wird einen großen Einfluß auf einen Menschen ausüben.

selbst hypnotisiert werden: man wird durch einen fremden Menschen einen großen geschäftlichen Verlust erleiden.

sich in Hypnose befinden: man weiß nicht, was man tut.

Hypothek

aufnehmen: bedeutet unsicheren Verdienst.

Geld auf eine geben: ein Mißverständnis wird sich aufklären.

I

Igel
man ist so einfältig, daß man die Stacheln nicht sieht und zu Schaden
kommen kann, wenn man nicht
vorsichtig ist.

sehen: man hat einen bösen Neider.

töten: Erlösung von einem Feind.

sich an einem stechen: man wird
verleumdet werden.

einen eine Maus fangen sehen: man
wird von habsüchtigen Menschen
mißbraucht werden.

Illumination
sehen: man wird Freude erhalten.

Iltis
sehen: bedeutet Betrug und Raub.

Immergrün
pflücken und zum Kranz winden:
verkündet treue Freundschaft.

Impfung
bei kleinen Kindern sehen: man
wird einen schwachen oder
machtlosen Menschen gegen
Übergriffe beschützen.

Indianer
sehen: man wird von hinterlistigen
Menschen verfolgt.

Indien
nach dort reisen: man wird eine unverhoffte Erbschaft machen.

indische Figuren sehen: man wird
sich mit Okkultismus beschäftigen.

Inflation
erleben: völliger Verlust des Vermögens und Bankrott.

davon während eines Prozesses geträumt: man wird diesen Prozeß
verlieren.

Ingenieur
sein: man wird sich seine Zukunft
selbst aufbauen.

mit einem sprechen: Aussicht auf
Vergrößerung des Geschäftes.

Insekten
absichtlich zurückgedrängte Kleinigkeiten haben ihre Bedeutung;
sie machen sich bemerkbar, indem man von Gewissensbissen
gestochen wird.

sehen: man bekommt es mit einem
lästigen Schwätzer zu tun.

kleine unschädliche sehen: Erfolg
und Gewinn.

von großen gestochen werden: kündet einen Verlust oder Krankheit
an.

töten: man wird seine Schwierigkeit
überwinden.

Insel
Angst vor der Umwelt; seelische
Fluchtideen.

sehen: deutet auf Einsamkeit und
Trauer hin.

auf einer unbewohnten allein sein:
man sucht Ruhe und Einsamkeit.

eine verlassen: man wird einen unsicheren Weg gehen.

Inserat
in der Zeitung lesen: man ist unentschlossen.

Insolvenz
man wird sich emporraffen.

Instrumente
Familienglück.

Invalide
sehen: Warnung vor einem Überfall.
sein: man wird seine Selbständigkeit
 verlieren.

Irre
sehen oder mit ihnen verkehren:
 man ist wahrheitsliebend und
 wird Freude erleben.

Irrlicht
sehen: man lasse sich nicht verleiten.

Irrtum
man hat Angst vor der Lüge und
 täuscht sich dabei selbst.

Irrweg
einen sehen oder auf einem sein:
 man lasse sich nicht verleiten.

Italien
dorthin reisen: man hat Sehnsucht
 nach dem Süden.
italienisch sprechen: man hat Sehnsucht nach einem schwarzhaari-
 gen Menschen.
eine Italienerin sehen: man wird
 eine leidenschaftliche Liebelei erleben.
mit einem Italiener sprechen: man
 soll sich vor Dieben hüten.

J

Jacht
wie Schiff, aber viel leichter und un-
 abhängiger; maßgebend ist der
 Zustand des befahrenen Wassers.
sehen oder damit fahren: kündet
 eine vorteilhafte Verbindung an.
eine besitzen: eine als vorteilhaft an-
 gesehene Verbindung wird sich
 als wertlos erweisen.

Jäger
sehen und sprechen: man wird
 leichtsinnig sein.

Jagd
man glaubt zu jagen und wird selbst
 gejagt; Vorsicht vor Menschen,
 die sich einem nähern wollen!
sehen: Gegner machen einem das
 Leben schwer.
auf eine gehen: man bekommt Lust
 zum Heiraten.
auf einer vorbeischießen: man wird
 eine Enttäuschung erleben.
mit einer Beute nach Hause kommen: man wird eine Schadenfreude haben.
zu einer eingeladen werden: Glück
 in der Lotterie.
Jagdhunde sehen: man läßt sich von
 schlauen Leuten hintergehen.
Jagdmesser haben: bedeutet viel
 Aufschneiderei.
Jagdhorn blasen hören: bedeutet
 Vergnügen.
Jagdtasche: man soll sein Vermögen
 beisammenhalten.

Jagdflugzeug
sehen: man wird einen unerwarteten Schicksalsschlag bekommen.

eine Jagdstaffel sehen: allgemeine
Unruhe im Lande.

Jahrmarkt
man faßt das Leben falsch auf und
sollte sich ändern.
auf einem sein: bringt seelisches
Leid und Sorgen.
auf einem einkaufen: man wird
Geld ausgeben.

Japan
nach dort reisen: Zeichen von Tapferkeit.
einen Japaner sehen: man ist von
schlauen Menschen umgeben, die
einem nicht wohlgesinnt sind.

Jauche
sehen oder hineinfallen: verschiedene Unannehmlichkeiten sind
zu erwarten.

Jazz
innere Unruhe, nervöses Nach-
schwingen; Zeichen seelischer
Unbeständigkeit.
sehen oder hören: man wird einen
treuen Freund vernachlässigen
und leichtsinnige Gesellschaft suchen.
in einer Jazzband spielen: man
macht sich lächerlich.

Jesus
bei ihm sein: bedeutet Hilfe und
Ende aller Not.
am Kreuz sehen: man wird von einem Leiden erlöst werden.

Jodeln
bringt Fröhlichkeit.

Joghurt
wenn nicht erotisch, dann wie Wasser zu bewerten.

Johannisbeeren
am Busch sehen: man wird mit of-
fenherzigen Menschen zu tun haben.
Zweige davon abbrechen: man wird
sich eine treue Freundschaft erwerben.
in der Erntezeit haben: bedeutet Be-
ständigkeit und Zufriedenheit.
außerhalb der Jahreszeit haben: bedeutet Untreue.
Saft davon trinken: man sucht Abwechslung.

Johannisbrot
sehen oder essen: glückliche Liebeswerbung.

Johanniskäfer
sehen: Ängstlichkeit in der Liebe.
im Dunkeln sehen: ein sorgfältig gehütetes Geheimnis wird verraten
werden.

Johannistrieb
man spürt sein Alter fortschreiten.

Journalist
einen sehen oder mit einem sprechen: man wird einen einflußreichen und wohlwollenden Protek-
tor finden.

Jungfrau
Anzeichen einer inneren Wandlung; die erste Stufe ist erreicht.
bleiben: bringt Entsagung.
eine durch zügellose Bemerkungen
beleidigen: man wird bestraft
werden.

eine zur Frau begehren: man wird
willkommen sein.
eine heiraten: kündet ein gutes
Hauswesen an.

Junggeselle
einen sehen: bedeutet Fröhlichkeit.

Jüngling
sehen: deutet auf Arbeit und Mühe
hin.
Zutraulichkeit eines solchen: man
wird von einem Unbekannten geliebt.
von einem gefreit werden: man wird
eine angenehme Zeit verleben.

Jurist
mit einem verkehren: bedeutet
Zwietracht.

Juwelen
man hofft, innere wie äußere Armut
durch glänzenden Tand über-
brücken zu können.
sehen: bedeutet Armut.
kaufen: man wird zur Sparsamkeit
gezwungen werden.
verlieren: kündet ein unverhofftes
Glück an.
Juwelier sein: Verluste in Geschäften.

K

Kabarett
sehen: man wird einen langweiligen
Abend verleben, obwohl man
sich amüsieren wollte.
selbst in einem auftreten: bringt
Hohn und Spott.

Kabarettkünstlerin sehen: man
wird Geld verlieren.

Kabbala
die Zukunft ist bestimmt.

Kabel
sehen: kündet gute Nachrichten
von fernwohnenden Verwandten
an.

Kabinett
für die Liebe ist gesorgt.

Kachelofen
an einem warmen sitzen: man hat
wenig Lust zur Arbeit.

Käfer
finden: Gewinn und Erfolg.
töten: bringt Mißerfolg.

Kaffee
die Kaffeebohnen sind ein gleiches
Symbol wie Früchte; als Getränk
ist Kaffee Symbol der Anregung,
des Heißen.
mahlen: verheißt ein ruhiges Familienleben.
einen schwarzen trinken: bedeutet
eine Aufregung.
mit Milch: man wird eine Einladung
erhalten.
brennen: man wird ein Vergnügen
haben.
zubereiten: bringt angenehme Gäste.
einen kalten mit Milch trinken:
bringt einen Mißerfolg.
Kaffeekanne waschen: bringt Zufriedenheit nach einer schweren
Arbeit.
Kaffeemühle sehen: häusliche Zufriedenheit.

Kaffeesatz sehen: kündet Krankheit und materielle Sorgen an.

Kaffeehaus
sehen oder darin sein: bedeutet Unangenehmes für die eigenen Freunde.

Wirt eines solchen sein: man wird ohne große Mühen viel Geld verdienen.

in einem servieren: man ist auf schlechte Menschen angewiesen.

Käfig
man will aus den gesellschaftlichen Banden ausbrechen.

sehen: man wird seiner Freiheit beraubt werden.

einen leeren sehen: zeigt eine Heirat an und daß man sein Leben unabhängig gestalten wird.

Kahlköpfigkeit
man befürchtet die Bloßstellung des eigenen Inneren.

Kahn
man ist bereit, ein Risiko einzugehen, um vorwärtszukommen.

in einem fahren: Veränderung zum Guten ist zu erwarten.

Kai
im Hafen sehen: ein Wunsch, dessen Erfüllung man noch in weiter Ferne glaubt, nähert sich seiner baldigen Verwirklichung.

Kaiser
sehen: bedeutet Glück und Ehre.

mit einem reden: man wird sehr geachtet.

selbst einer sein: man soll sich keine zu großen Hoffnungen machen, denn man könnte enttäuscht werden.

am Hofe eines Kaisers Bediener sein: man wird von einer hochstehenden Person unterstützt werden.

Kakao
trinken: kündet ein bitteres Erlebnis an.

Kakaobaum sehen: bringt Bekanntschaft mit Ausländern.

Kaktus
begießen: bedeutet Liebenswürdigkeit gegenüber falschen Freunden.

einen kleinen am Fenster haben: man ist kleinlich.

einen großen im Garten haben: es wird viel Schlechtes über einen geredet.

Kalb
man hat Angst vor einem selbständigen Leben und läßt sich lieber am Gängelband führen.

mit einem spielen: man vertreibt sich mit törichten Dingen die Zeit.

einem solchen Gras geben: man erweist undankbaren Leuten eine Gefälligkeit.

eines neben der Kuh sehen: man hat Angst vor selbständigem Handeln.

viele Kälber sehen: man macht einen unklugen Streich.

sehen, wie eines geschlachtet wird: man wird von einer Krankheit genesen.

Kalender
sehen: man wird eine unangenehme Überraschung erleben.

einen neuen kaufen: verspricht viel
Freude für die Zukunft.
einen alten wegwerfen: Verbesserung der Situation nach vielen
Sorgen.
in einem Hauskalender lesen:
man wird Dinge erfahren, die
man schon lange wissen
wollte.

Kalesche
siehe Wagen.

Kalk
brennen: man soll sich eines besseren Lebenswandels befleißigen.
Kalkofen: man wird ein hohes Alter
erreichen.

Kälte
in allen Dingen sollte man vorsichtig sein.

Kalvarienberg
Verzeihung wird erbeten.

Kamel
Symbol der Geduld und Ruhe,
durch die man mehr erreicht als
durch Wut und unüberlegtes
Handeln.
sehen: man wird viele Schwierigkeiten zu überwinden haben.
auf einem sitzen: man bürdet seine
eigenen Pflichten einem anderen
auf.
mit Lasten beladene Kamele sehen:
nach einer großen Anstrengung
wird man belohnt werden.
kaufen: man will durch Zufall Geld
verdienen.
Kamelhaare: die Geschäfte geraten
ins Stocken.

Kamerad
man ist einsam und unglücklich in
der Ehe und sehnt sich nach einer
guten Freundschaft.
haben: bedeutet in guter Eintracht
leben.
mit einem einen Ausflug machen:
bringt eine angenehme Überraschung.
sich von einem verabschieden: man
wird seinen Wohnsitz ändern.

Kamille
sehen oder kaufen: bedeutet Krankheit.
pflücken oder davon Tee trinken:
deutet auf gute Gesundheit oder
auf Genesung hin.
davon einen Umschlag machen:
bringt Linderung eines Schmer-
zes.

Kamin
es fehlt noch viel vom Glück im
Haus; Vorsicht vor Feuer.
mit Feuer sehen: deutet auf Sorglosigkeit hin.
ohne Feuer sehen: bringt Sorgen.
einen rauchen sehen: deutet auf Sorgen im Haushalt hin.
an einem sitzen und ein Buch lesen:
man hat Sehnsucht nach einem
in der Ferne weilenden Menschen.

Kaminfeger
Symbol für Glück.
einem begegnen: Glück, besonders
in der Liebe.
mit einem zusammenstoßen und
sich mit Ruß beschmutzen: ein
heimliches Liebesabenteuer wird
herauskommen.

Kamm

einen unsauberen sehen: deutet auf
nutzlose Bemühungen hin.
kaufen: man wird seine Angelegenheiten in Ordnung bringen.
verlieren: bedeutet Streit im Freundeskreis.
benutzen: kündet einen Lebens-
kampf an.

Kämmen

einem Kind die Haare kämmen:
man erfreut sich eines guten Ur-
teils bei anderen Menschen.
lange Haare kämmen: kündet eine
neue Freundschaft an.

Kammer

sehen: Freude und Vergnügen.
Kammerdiener sehen: man wird einen Freund wiedersehen.
Kammerjungfer sehen: kündet ein
Hindernis an.
selbst eine Kammerjungfer sein: ein
anderer Mensch wird für die Zukunft sorgen.

Kampf

man wehrt sich zu wenig gegen Anfeindungen.
sehen oder erleben: kündet Feindse-
ligkeiten, Haß und Neid an.
auf einem Schlachtfeld kämpfen:
man wird sich aus einer allgemeinen Katastrophe retten.
einen Kampfplatz sehen: deutet auf
Vorbereitungen für eine anstrengende Arbeit hin.
einem Kampfspiel zuschauen: deutet auf Schadenfreude hin.

Kämpfen

Warntraum, der eine beginnende
Erkrankung anzeigt; man sollte
seine Widerstandskraft stärken.

auf einem Schlachtfeld: man wird
sich aus einer allgemeinen Katastrophe retten.
mit einem Neger: bringt unnötigen
Ärger.
mit wilden Tieren: man wird aus
einer großen Gefahr befreit werden.

Kanal

ein Hindernis wartet darauf, überwunden zu werden.
sehen: deutet auf nicht ganz ein-
wandfreie Geschäfte.
am Bau eines solchen teilnehmen:
man wird sich an einem Unternehmen beteiligen, das eine große
Zukunft hat.
Schiffe auf einem sehen: man wird
eine Auslandsverbindung anknüpfen.

Kanarienvogel

sehen: man wird eine Freundin finden.
singen hören: bedeutet für Ledige
Verlobung, für ältere Menschen
ruhiges Alter.
aus dem Käfig lassen: kündet einen
Landausflug an.

Kaninchen

fangen: bringt eine Bekanntschaft
mit einer viel jüngeren Person.
züchten: man wird ein hohes Alter
erreichen.
weiße sehen: bedeutet Freude.
schwarze sehen: Trauer.

Kanne

sehen: bedeutet gute Freundschaft.
aus einer Milch trinken: verheißt
gute Gesundheit.

Kanone

sehen: bringt Angst und Unglück.

mit einer schießen: zeigt Ehre und
die Geburt eines hervorragenden
Menschen an.

Kanonendonner hören: man wird
eine frohe Nachricht erhalten.

Kanonenkugel sehen: man wird von
allen Gefahren befreit werden.

Kanzel

sehen: man wird andere beeinflussen.

von einer eine Rede halten: man will
immer recht haben.

Kanzler

Macht und Ehre erwarten einen.

Kapaun

bedeutet Verdruß und Langeweile.

Kapelle

Zufriedenheit.

Kapitän

sehen oder sein: bedeutet Ehre.

Kaplan

hat eine gute Vorbedeutung.

Kappe

sehen oder aufhaben: man wird guten Schutz finden.

Kapuze

tragen: eine Liebeswerbung steht
bevor.

Kardinal

bedeutet im allgemeinen Glück,
vielleicht auch baldige Heirat.

Karneval

sehen: bringt neue Bekanntschaften.

daran in Verkleidung teilnehmen:
kündet ein Abenteuer an.

andere verkleidet sehen: man wird
einen lustigen Abend verbringen.

Karren

die Sorge um den Beruf, den Lebensweg wird als Bürde wie ein
Karren voller Steine empfunden.

sehen oder ziehen: kündet eine Erkrankung an.

schieben: man bürdet sich eine
große Last auf, die man auf die
Dauer nicht tragen können wird.

einen mit Steinen beladenen ziehen:
bedeutet nutzlose Bemühung.

Karte

lösen: man wird sich in Geduld fassen müssen.

erhalten: man wird eine interessante
Bekanntschaft machen.

für Theater, Kino usw.: man sucht
ein Erlebnis oder hat nach jemandem Sehnsucht.

mit einer Karte eine Einladung erhalten: eine neue Bekanntschaft
steht bevor.

Kartoffeln

männliches sexuelles Zeichen; Ausdruck des Reifens, des Sterbens,
der Vergänglichkeit.

auf einem Feld sehen an einem sonnigen Tag: harmonisches Ehele-
ben; an einem Regentag kündet
dies Ärgernisse im Hause an.

ernten: man wird sehr für seine Familie sorgen.

schälen: man wird einen bescheide-
nen Haushalt führen.

Karussell
Reiztraum durch äußere Erschütterung des Schlaflagers; oft Anzeichen für Ohrenstörungen.
sehen oder fahren: man wird einen
dummen Streich machen.

Käse
wenn nicht erotisch, dann wie Wasser bewerten.
schneiden sehen: man wird operiert
werden.
essen: Gesundheit und Gewinn.
weichen essen: bringt Unruhe.
in einer Alphütte herstellen: gesicherte Zukunft und hohes Alter.
in einer Käserei arbeiten: bringt eine
Verbesserung der Lage.
verdorbenen, alten essen: bedeutet
Krankheit.

Kaserne
sehen: für eine Frau bedeutet das
Kummer um den Geliebten, für
einen Mann Differenzen mit Vorgesetzten.
in einer wohnen: man wird seine
Freiheit verlieren.
verlassen: eine neue und bessere
Zeit wird beginnen.
eine leere oder zerstörte sehen: unruhige Zeiten im Lande können
zu einer Katastrophe führen.
Kasernenhof: Zweifel tauchen in
der Liebe auf.

Kasse
sehen: man wird in Schulden geraten.
zählen: man wird seine Ausgaben
beschränken müssen.
eine leere haben: eine Schuld, von
der man nichts mehr zu erwarten
hatte, wird bezahlt.

in der Zeitung von einem Kassen-
diebstahl lesen: mahnt zur Vorsicht.
in ein unterirdisches Kassenge-
wölbe eintreten: man wird ein
wichtiges Geheimnis erfahren.

Kassierer
man ist von keiner guten Meinung
umgeben.

Kastanien
Symbol dafür, sich dem Geliebten
unentbehrlich zu machen; reiner
Sexual-Sehnsuchtstraum.
sehen: bedeutet einen größeren Gewinn.
wilde sehen: man setzt sich für eine
nutzlose Sache ein.
geröstete kaufen oder verkaufen:
bringt Glück.
essen: man wird Gelegenheit zu einem großen Erfolg haben.
Kastanienbaum sehen: bedeutet
Eile.
im Schatten eines Kastanienbaumes
liegen: bringt Freude und Zufriedenheit nach mancherlei Enttäuschungen.

Kasten
sehen oder kaufen: man wird ein
Geheimnis erfahren.
einen offen sehen: warnt vor Dieben.
einen kleinen von jemandem geschenkt erhalten: bringt eine angenehme Überraschung.

Katze
altes weibliches Ersatzsymbol in
Männerträumen.
sehen: in jedem Zusammenhang ein
schlechtes Zeichen; in erster Linie

Falschheit von Freunden und Bekannten oder Enttäuschungen in der Liebe.

von einer gekratzt oder gebissen werden: man hat gefährliche Feinde.

streicheln: man ist gut zu einem Menschen, der es nicht verdient.

wenn eine sich an einen schmiegt: man wird durch Schmeicheleien betört, um ausgenutzt zu werden.

mit Jungen sehen: man wird viel Ärger durch schlecht erzogene Kinder haben.

schwarze sehen: bedeutet Ungemach.

miauen oder schreien hören: man wird in Klatschereien hineingezogen.

Kauf

machen: man neigt zur Verschwendung.

im eigenen Geschäft stellen sich Leute zum Kauf ein: bedeutet Vermehrung des Besitzes.

Kaufmann

sehen: bringt Gewinn beim Handel.

sein: man wird sich selbständig machen.

von einem einen Brief bekommen: man wird gezwungen werden, seine Schulden zu bezahlen.

mit vielen Kaufleuten zusammenkommen: kündigt eine wichtige Konferenz an.

Kauz

sehen oder schreien hören: bedeutet Krankheit oder Todesfall.

Kavallerist

sehen: bedeutet eine Verführung, Lärm und Unruhe; bei Frauen ein Abenteuer.

sein (in Männerträumen): man fühlt sich sicher.

Kegel

schieben: keine großen Wagnisse unternehmen, da sie nicht gut auslaufen.

alle neun fallen sehen: gewagtes Unternehmen, das aber gelingen wird.

dem Spiel anderer zusehen: man wird ein Ärgernis vermeiden.

Kehren

den Keller: Unglück im Geschäft

das Zimmer oder die Wohnung: eine Hoffnung.

den Kamin: glücklicher Erfolg.

Kehricht

im Leben ist noch vieles zu säubern, wenn alles glattgehen soll.

sehen: bedeutet einen Gewinn.

etwas darin suchen, ohne es zu finden: man wird seine Situation durch ein unvorsichtiges Unternehmen gefährden.

Geld darin finden: mahnt zur guten Verwahrung der Brieftasche vor Dieben.

in solchen hineintreten: kündet Widerwärtigkeiten an.

einen anderen hineintreten sehen: man wird ungewollt einem anderen Ärger bereiten.

Kelch

sehen: man wird bitteres Leid erfahren.

aus einem trinken: bedeutet Frieden und Freude.

fallen lassen und zerbrechen: man wird eine schlechte Nachricht erhalten.

Kellergewölbe

Fundament des Hauses; Symbol für Beine und untere Körperregionen.

sehen: man wird Ersparnisse machen.

in einem dunklen sitzen: bedeutet Trauer, große Unannehmlichkeiten und Mißerfolge.

Kohlen aus einem holen: Friede im Haus.

Kellermeister

Vermehrung des Besitzes.

Kellner/Kellnerin

sehen: man macht in einem Restaurant eine neue Bekanntschaft.

sein: jemand beeinflußt einen so stark, daß man seine Selbständigkeit zu verlieren droht.

Kerkermeister

man hat einen guten Freund oder wird einen bekommen.

Kerze

männliches Sexualsymbol.

kaufen: bedeutet ein glückliches Ereignis.

anzünden: verheißt ein langes Leben.

heruntergebrannte oder verlöschende sehen: Todesfall in der Familie.

brennende in einer Kirche sehen: man bereut eine Tat, die einem anderen Schaden gebracht hat.

ziehen, gießen oder brennen sehen: man wird einer Festlichkeit beiwohnen.

Kessel

einen überkochenden auf dem Ofen sehen: bringt eine große Aufregung.

flicken: man wird bei anderen gut aufgenommen werden.

Kochkessel sehen: man wird Gäste bekommen.

Waschkessel sehen: Reinlichkeit tut not.

Kesselflicker: bedeutet Streit.

Kesselschmied: man wird Braut bzw. Bräutigam werden.

Kette

man wird von einer Last bedrückt, die man nicht mitteilen will.

von Eisen sehen: bedeutet langes Leben.

mit einer gefesselt sein: deutet auf eine trübe Zukunft hin.

klirren hören: schlechte Nachricht, die sich für die Zukunft ungünstig auswirken wird, ist zu erwarten.

eine goldene sehen: verheißt Wohlstand.

eine goldene zum Geschenk erhalten: man erfährt von einem Menschen treue Zuneigung; für junge Menschen bedeutet das Verlobung.

Keule

in der Hand halten: man wird zu einem festen Entschluß kommen.

jemanden damit schlagen: Feinde wird man zu bekämpfen versuchen.

mit einer geschlagen werden: ein Feind sinnt auf nichts Gutes.

Kies

damit einen Weg bestreuen: durch Vorsicht wird man einen Unfall vermeiden.

Kilometerstein

sehen: man wird eine Einladung zu einem Autoausflug erhalten.

Kind

in einer Konfliktsituation sucht man irgendwie einen Ausweg zu finden: man will auf einem neuen Weg mit neuen Gedanken von vorne anfangen.

sehen: im allgemeinen ein gutes Zeichen.

gebären: neue Existenzmöglichkeiten ergeben sich.

in der Geburt sehen: bringt dem Mann Trennung von seiner Frau; ist für Arme ein gutes, für Geschäftsleute und Reiche ein böses Zeichen; bringt Reisenden Rückkehr in die Heimat.

als Säugling sehen: bedeutet Glück für die Mutter.

zur Taufe tragen: deutet auf einen christlichen Lebenswandel hin.

schlafen sehen: verheißt eine gute Zukunft.

spielen sehen: bringt Freude.

ein krankes oder fallendes sehen oder eines zanken oder schreien hören: Rückgang der Geschäfte.

ein mageres sehen: deutet auf eine schlechte Zeit hin.

ein dickes sehen: läßt eine gute Zeit erwarten.

ein sterbendes sehen: weist auf einen unverhofften Erfolg hin.

ermorden: man wird sich selbst einen großen Schaden zufügen.

mit vielen Kindern spielen: Glück in der Liebe und Erfolg in allen Unternehmungen.

von solchen beschimpft werden: es wird gut über einen gesprochen.

Kino

vor einem stehen: ein Geheimnis läßt einem keine Ruhe.

in einem sitzen: man ist in einer sehr wichtigen Sache unentschlossen, weil man im dunkeln tappt.

vor Beendigung der Vorstellung verlassen: man wird irregeführt werden.

sehen: man wird eine Erfindung machen.

Kirche

Symbol des Opfers, wobei eine Erfüllung oder auch die Opferung des eigenen Glücks bevorstehen kann.

sehen: man wird von einem ungerechten Vorhaben abgehalten.

in eine hineingehen: man hat Gottesfurcht.

in einer beten: man wird das Gewünschte erreichen.

brennen sehen: man hat schlechte Grundsätze.

einstürzen sehen: ein Unglück steht bevor.

Kirchhof

sehen: kündet Glück an.

Blumen auf einen bringen: ein Freund wird zurückkehren.

auf einem verweilen: bedeutet baldigen Tod eines Familienmitgliedes oder Freundes.

in einem eingeschlossen sein: Genesung eines kranken Freundes.

Kirchweih

besuchen: man wird fröhliche Tage
   verleben.

Kirschbaum

sehen: kündet schöne Witterung an.
auf einen klettern: zeigt eine nicht
   lange dauernde Liebelei an.
von einem herunterfallen: bringt
   eine Ernüchterung nach einem
   fröhlichen Abenteuer.

Kirschen

die Überwindung einer Schwierigkeit wird auf dem Umweg über
   eine Auseinandersetzung versucht; Kirschen sind außerdem
   ein erotisches Symbol.
vom Baum pflücken: man wird sich
   gute Freunde erwerben.
essen: bringt Freude und Gewinn.
saure essen: bringt eine Liebesenttäuschung.
faule: bedeuten eine Verleumdung.

Kissen

kaufen: man fühlt sich ermüdet und
   möchte faulenzen.
auf solchen liegen: verheißt Hilfe in
   einer schwierigen Lage.

Kiste

eine gefüllte sehen oder haben: verheißt Reichtum.
leere sehen oder haben: kündet Armut und Sorgen an.
alte zerbrochene sehen: man wird
   Schwierigkeiten in allen Angelegenheiten haben.

Klavier

kaufen: man wird mehr Geld ausgeben, als man dürfte.
spielen: man wird mit unnützen Sachen seine Zeit verlieren.

Klecks

machen: man wird einen Fehltritt
   tun.

Klee

anbauen oder ein Kleefeld sehen:
   bringt Glück im Haushalt.
sich in einem abgeblühten Kleefeld
   befinden: deutet auf eine ungünstige Zukunft hin.
ein dunkles Kleeblatt sehen: bedeutet spätes Glück.
ein helles Kleeblatt: Glück in der
   Liebe.

Kleid

je nach der Güte des Kleides ist die
   Sehnsucht nach besseren Verhältnissen zu erkennen; man versteckt auch manches.
ein goldenes tragen: man wird ein
   schönes, aber nicht ernstgemein-
   tes Versprechen erhalten.
ein mit Gold besticktes sehen: verheißt Glück und Ehre.
ein solches besitzen: bringt Gewinn
   und gute Geschäfte.
ein solches tragen: deutet auf trübe
   Tage und schwere Arbeit hin.
ein schönes haben: man wird in gute
   Verhältnisse kommen.
ein kostbares anziehen: man wird
   Glück haben.
ein weißes anziehen: man wird angenehm empfangen werden.
ein blaues: bringt Freude.
ein rotes: man wird hochmütig.
ein gelbes: deutet auf Falschheit hin.
ein grünes: es wird sich eine Hoffnung erfüllen.
ein schwarzes: man wird in Trauer
   versetzt werden.
eines waschen: läßt Sparsamkeit erwarten.

zerreißen: man neigt zum Jähzorn.
ein unsauberes tragen: bedeutet
    schlechten Fortgang der Ge-
    schäfte.
verbrennen: man wird beleidigt
    oder verleumdet werden.

Kleiderschrank
sehen oder kaufen: man wird ein
    Geheimnis erfahren.
einen offenen sehen: warnt vor Die-
    ben.

Kleinodien
besitzen: man wird Glück haben.

Kleister
sehen: man wird sich selbst sein
    Glück schmieden.
an den Händen haben: man wird
    etwas Verbotenes unternehmen.

Klempner
sein: man wird sich selbst aus einer
    schwierigen Lage befreien müs-
    sen.

Klette
sehen: man wird von zudringlichen
    Leuten überlaufen werden.
auf jemanden werfen: man möchte
    etwas Ungewöhnliches erleben.

Klingel
läuten hören: kündet Gutes an.
sehen, ohne sie zu hören: man wird
    etwas wagen, das nicht gelingt.
selbst eine läuten: man wird jeman-
    dem unbewußt eine Freude ma-
    chen.

Klinik
Trostreaktion vom Niederen zum
    Höchsten.

sehen: man wird einen Krankenbe-
    such machen.
als Kranker in einer liegen: es wird
    sich jemand um einen kümmern.
in einer als Krankenschwester arbei-
    ten: man wird ein seelisches Leid
    geduldig ertragen.
verlassen: man wird sich selbständig
    machen.

Klinke
sehen: man wird eine Bekanntschaft
    machen.

Klippe
sehen: man wird erst nach vieler Ar-
    beit zu Erfolg kommen.

Klistier
sehen: bedeutet Befreiung von allen
    Leiden.

Klopfen
hören: man wird Neuheiten erfah-
    ren.

Klosett
sehen: man wird mit Unannehm-
    lichkeiten zu rechnen haben.
mit menschlichen Exkrementen se-
    hen: hat eine gute Bedeutung.
als einfache Latrine: man muß sich
    vor bösen Freunden hüten.

Kloster
sehen: bedeutet Ruhe.
in eins eintreten: bringt Segen.

Klosterfrau
sehen: Warnung vor Scheinheilig-
    keit anderer.
selbst eine sein oder werden: ver-
    spricht glückliche Ehe oder
    Häuslichkeit.

mit einer verkehren: bedeutet eine
Veränderung der derzeitigen
Verhältnisse oder einen Berufs-
wechsel.

Klotz
einen schweren auf dem Rücken tragen: man wird sich eine Last aufladen, die keinen Gewinn bringt.
auf einem Holz spalten: man wird
einen Grobian zur Vernunft bringen.
sich an einem stoßen: man wird von
einem Flegel beleidigt werden.

Knall
hören: bedeutet ein unangenehmes
Ereignis.

Knecht
sehen: deutet auf Betrug hin.
sein: man wird von herzlosen Menschen abhängig werden.
mit einem streiten: man soll durch
eine Hinterlist zu Schaden kommen.
viele Knechte haben: man hat untreue Personen in seiner Umgebung.

Knie
Symbolverkleidung für einfache
Leidenschaften in Spiel oder
Liebe.
ein gesundes haben: bedeutet Glück
in allen Geschäften.
Müdigkeit oder Schwäche darin
fühlen: bedeutet Krankheit.
ein geschwollenes haben: man wird
einem Ereignis ratlos gegenüber-
stehen.
ein krankes haben: kündet Krankheit oder schlechte Geschäfte an.

blutende Wunde daran haben: Verschlechterung der materiellen
Lage.

Knien
vor jemandem: bedeutet eine Eh-
renbezeugung.
vor einer Frau: man wird sich lächerlich machen.
sehen: man fühlt sich einem Menschen gegenüber, dem man unrecht getan hat, schuldig.

Knoblauch
sehen oder riechen: man wird von
Krankheit befreit werden.

Knochen
sehen: bringt viel Arbeit.
daran nagen: deutet auf Nahrungssorgen hin.
den Hunden vorwerfen: man wird
einem Menschen Gutes tun, aber
Undank ernten.
von Leichen sehen: kündet große
Not an.

Knödel
machen: bedeutet Klatsch und
Tratsch um einen herum.
essen: weist auf Behaglichkeit hin.

Knopf
sehen: bringt Geld.
verlieren: bedeutet Untreue in der
Liebe.
annähen: man wird seine Position
festigen.

Knospe
sehen: man wird Freude und Glück
in der Liebe erleben.

Knoten
machen: man wird jemanden in Verlegenheit bringen.
lösen: bringt die Erfüllung eines Wunsches.

Koch/Köchin
sehen: bringt Freude.
entlassen: man wird seine Ausgaben beschränken müssen.
selbst sein: bringt eine angenehme Überraschung.

Koffer
sehen oder kaufen: man wird ein Geheimnis erfahren.
offenen sehen: warnt vor Dieben.
einen kleinen geschenkt erhalten: bringt eine angenehme Überraschung.

Kohl
pflanzen: verspricht ein gutes Leben.
essen: man wird Beschwerden bekommen.

Kohle
sehen: bringt Glück.
damit heizen: kündet ein Unglück an.
glühende sehen: bedeutet ein unerwartetes glückliches Ereignis.

Kokain
schnupfen: bedeutet Verderben.
damit handeln: man wird ein Verbrechen begehen.

Komet
von der Entdeckung eines solchen in der Zeitung lesen: bringt eine Umwälzung im Lande.
sehen: kündet große unangenehme Ereignisse, auch Krieg an.

Komödiant/Komödie
man wird lächerlich gemacht.

Kommunion
ihr beiwohnen: bringt die Erfüllung von Wünschen.

Kommunist
sehen oder sein: weist auf einen Raubzug hin.

Kompaß
sehen: man sucht den richtigen Weg in einer Angelegenheit von besonderer Bedeutung und wird ihn finden.
verlieren: man wird in Verlegenheit geraten.
lesen: eine Reise steht bevor.

Komponieren
deutet auf falsche Freunde hin.

Komponist
einen kennenlernen: deutet auf treue und dauerhafte Liebe hin.

Konditorei
sehen: man wird Langeweile haben.
in einer sein: bringt eine Magenerkrankung.
in einer servieren: man wird seine Selbständigkeit verlieren.

König/Königin
Ausrichtung der eigenen Person auf eine Führungsrolle, oder auch Korrektur eines Minderwertigkeitsgefühls.
sehen: man wird gute Geschäfte machen und reich werden.
selbst sein: man hält zuviel von seinen Fähigkeiten.

in seinem Schloß wohnen: bringt
eine allgemeine Verbesserung der
Lage.
Könige miteinander streiten sehen:
es werden große politische Veränderungen kommen.
Ermordung eines solchen sehen:
läßt plötzliche ungünstige Veränderung der materiellen Verhältnisse erwarten.
dem Begräbnis eines solchen beiwohnen: deutet auf eine Erbschaft hin.
Krönung sehen: bringt Glück.
selbst gekrönt werden: man wird
ein großes Ziel in kurzer Zeit erreichen.

Konserve
essen: man begnügt sich mit einer
langweiligen Gesellschaft oder einem alten Liebesverhältnis, weil
man nichts Besseres findet.

Kontrakt
machen: man läßt sich in ein gewagtes Unternehmen ein.

Konzert
eine Einladung dazu erhalten: man
wird in einer Gesellschaft mit besonderer Ehre empfangen werden.
im Konzertsaal hören: man wird die
Bekanntschaft eines berühmten
Künstlers machen.

Kopf
meist mit Kopfschmerzen oder Fieber verbunden; Vorsicht vor weiteren Krankheiten.
ohne Rumpf sehen: bringt Glück
und Befreiung von aller Not.

verkehrt sitzen haben: kündet eine
Unbesonnenheit an.
einen unnatürlich großen haben:
bedeutet Glück.
eines Hundes oder Esels haben: bedeutet Dienstbarkeit.
eines Vogels haben: bringt Sehnsucht, in die weite Welt hinauszu-
wandern.
eines wilden Tieres haben: man
wird seine Feinde überwinden.
einen sich aufsetzen: man ist von
einer Einbildung beschwert.
einen verwunden, einschlagen, ab-
schlagen oder selbst geköpft werden: bringt Unglück.

Korallen
bedeutet Leid.

Korb
Gefahr oder Befürchtung, eine
»Abfuhr« zu erleben.
einen leeren sehen: bringt Mühe
und Plage.
mit Blumen sehen: bedeutet
Glück.
Wäschekorb sehen: man wird von
hinterhältigen Menschen ausgenutzt werden.

Korn
sehen: bedeutet Überfluß, wenn
man es in großer Menge sieht, Armut und Mangel bei kleinen Mengen.
mähen oder einbringen: die Sorgen
nehmen ein Ende.
mit einem Kornhändler zu tun haben: bedeutet günstige Erledigung von geschäftlichen Angelegenheiten.
Kornfeld sehen: bedeutet Nutzen
und Erfolg.

Korsett

tragen: deutet auf eine vergebliche
Anstrengung hin.
ablegen: bedeutet Befreiung von einem Leiden.

Korridor

einen solchen entlanggehen: man
wird Streit bekommen.
sich in einem langen und dunklen
befinden: man hat unangenehme
Überraschungen zu gewärtigen.

Kot

sehen: bedeutet Glück.
in solchen hineintreten: kündet
Reichtum oder überwundenes
Elend an.

Kraftwagen

lenken: bedeutet Erfolg.
in einem sitzen: man wird seinem
Glück entgegeneilen.

Kragen

eines Mannes sehen: man wird eine
Herrenbekanntschaft machen.
bügeln: deutet auf Ärger und Verdruß mit einer männlichen Person.
umbinden: man wird an einer offiziellen Feier oder Zusammenkunft teilnehmen oder zu einer
solchen eingeladen werden.
umbinden wollen und nicht damit
zurechtkommen: eine dringende
Angelegenheit sollte schnellstens
erledigt werden.

Krähe

sehen: kündet einen Todesfall an.
mehrere Krähen sehen: bedeutet
Gewinn.

auf Bäumen mehrere sehen: kündet
eine familiäre Zusammenkunft
an.
eine fangen: bedeutet Trauer und
Unfrieden.
schreien hören: man wird schlechte
Nachrichten erhalten.
eine tote sehen: man wird einer Verleumdung auf die Spur kommen.

Kralle

sehen: man wird in einem Unternehmen sehr gehemmt werden.

Kran

sehen: man wird bei einer schweren
Arbeit eine tatkräftige Hilfe finden.

Krank

sein: guter Trost wird einem zuteil
werden.
Kranke besuchen: bedeutet Freude
und Glück.

Krankenhaus

Trostreaktion vom Niederen zum
Höchsten.
sehen: man wird einen Krankenbe-
such machen.
als Kranker in einem liegen: es wird
sich jemand um einen kümmern.
in einem als Krankenschwester arbeiten: man wird ein seelisches
Leiden geduldig ertragen.
verlassen: man wird sich selbständig
machen.

Kranz

Sehnsucht der Frau nach der Ehe;
sexuelles Zweitsymbol.
einen goldenen sehen: bedeutet
Kranken den Tod, Reichen Erfolg, Armen Mißgeschick.

einen winden: verheißt eine schöne
  Zukunft.

tragen: man wird zu Ehren kommen.

einen verwelkten auf dem Kopf tragen: man wird eine Enttäuschung
  erleben.

Myrtenkranz sehen: kündet eine
  Hochzeit an.

auf ein Grab legen: bedeutet eine
  Versöhnung.

Krapfen

sehen oder essen: man wird sich gut
  unterhalten.

Krätze

selbst haben: man kann Geschäfte
  machen, die reichen Gewinn
  bringen.

bei anderen sehen: die allgemeinen
  Verhältnisse bessern sich.

Kraut

saures essen: man kann Gutes hoffen.

süßes essen: die Liebe zum Beruf ist
  ausgeprägt.

Kräuter

suchen: man wird seine oder anderer Menschen Gesundheit pflegen.

verschiedene sortieren: man wird
  etwas entdecken, was für die All-
  gemeinheit nützlich ist.

pressen: man wird Arzneien benötigen.

essen: bringt Vorteil und Gewinn.

in einer Drogerie kaufen: man wird
  zu einem Kranken gerufen werden, um ihn zu pflegen.

Krawatte

geschenkt bekommen: man wird einen treuen Freund finden.

eine neue tragen: man möchte durch
  sein Äußeres Eindruck auf jemanden machen, der aber nur In-
  teresse für das Innere hat.

eine alte zerrissene tragen: man wird
  sich mit höheren Problemen befassen, die das äußere Leben vergessen lassen.

Krebs

sehen: Rückgang der Geschäfte.

fangen: eine anstrengende Arbeit
  wird guten Lohn finden.

essen: man wird in gute Vermögensverhältnisse kommen.

krebskrank sein: ein gefährlicher
  Feind sucht einem die Existenz
  zu vernichten.

Kreide

sehen: man wird unnötige Schulden
  machen.

Kreis

Symbol für das Leben, dessen Ablauf eine Geschlossenheit vor-
  weist: man irrt herum und findet
  keinen Ausweg.

sehen: bedeutet eine Verleumdung.

zeichnen: man wird eine Sache so
  verwickeln, daß man keinen Ausweg mehr findet.

sich in einem befinden: man soll irregeführt werden.

Kreuz

am Wege sehen: bringt eine gute
  Botschaft.

auf einem Turm sehen: man wird
  erhabene Gedanken haben.

tragen sehen: bringt Trauer und
Ungemach.
mit Blumen geschmückt sehen: verheißt häusliches Glück.
aus Gold oder Metall: bedeutet einen frommen Wunsch.
tragen: bringt Kummer.
auf seinem Kopf haben: kündet üble
Nachrede an.
sich selbst daran sehen: man wird
ein schweres Leid mit viel Geduld
ertragen.
ein umgestürztes sehen: bedeutet
die Vereitelung hochfahrender
Pläne.
zerstören: man hat schlechte Gedanken einem Freund gegenüber.
mit dem Heiland sehen: bedeutet
Glück.

Kreuzspinne
bedeutet Glück.

Kreuzworträtsel
dabei raten: deutet auf ein billiges
Vergnügen hin.
lösen: man wird sich aus einer
schwierigen Situation selbst befreien.
dabei keine Lösung finden: bedeutet ein Geheimnis, welches das
Gewissen belastet.

Kricket
spielen: man kommt mit hochmüti-
gen Personen zusammen.

Krieg
sehen: man wird eine große Aufregung erleben.
darin in Gefangenschaft geraten:
man wird einem starken Gegner
begegnen, der einem schaden
wird.

Kriegsrüstungen sehen: hat Unheil
im Gefolge.
über solche Rüstungen in der Zeitung lesen: man wird schlechte
Nachrichten bekommen.
zerstörte Rüstungen sehen: bringt
eine Beruhigung nach einer Katastrophe.

Krippe
eine volle sehen: bedeutet Gewinn.
mit Jesuskind: reiches Glück ist zu
erwarten.

Kristall
sehen: man wird einen ehrlichen,
charaktervollen Menschen kennenlernen.
zerschlagen: eine gute Freundschaft
wird durch Leichtsinn zerstört.

Krokodil
sehen: ein anderer hat das dringende
Bedürfnis, einen kennenzuler-
nen.
viele Krokodile sehen: es wird eine
Überraschung geben.
von einem gebissen werden: man
wird von einer Gefahr bedroht.
töten: man wird einen starken Feind
bekämpfen.

Krone
goldene: bedeutet Eitelkeit.
silberne oder solche von minder-
wertigem Metall: man wird ein
Geschenk erhalten.
von Myrten: man wird an einer
Hochzeit teilnehmen oder selbst
Hochzeit machen.
von Blumen haben: bringt unge-
trübte Freude.
von Totengebein: bedeutet eine
tödliche Krankheit.

Krönung

sehen: bringt Glück.

selbst gekrönt werden: man wird
ein großes Ziel in kurzer Zeit erreichen.

Kropf

sehen oder haben: man wird einen
guten Griff machen.

Kröte

sehr viele neue Möglichkeiten, Verbesserung der eigenen Stellung
durch Zufall oder Zähigkeit.

sehen: verheißt viel Geld.

quaken hören: man wird gelobt
werden.

in der Hand halten: bedeutet Gewinn.

töten: man wird sich selbst einen
Schaden zufügen.

essen: kündet Krankheit an.

Krücke

fast immer symbolisch für innere
Unsicherheit oder die Annahme
einer Hilfsbedürftigkeit bei anderen; bei älteren Frauen oft spät-
sexuelle Reaktion.

sehen: bedeutet Krankheit.

damit gehen: kündet schlechte Geschäfte oder Verlust der oder des
Geliebten an.

zerschlagen: bringt Gesundheit.

Krug

sehen: bringt Tränen.

einen leeren tragen: man wird von
einem Freund verlassen werden.

vollen tragen: man wird viel Freude
erleben.

zerbrechen: bedeutet Streit in der
Ehe.

Krüppel

sehen: es wird einem geholfen werden.

sein: man wird abhängig von anderen werden.

pflegen: man wird mit einem unglücklichen Menschen Mitleid
haben.

Kübel

sehen: man wird etwas Neues erfahren.

Küche

sehen: ein lieb und wert gehaltener
Gegenstand wird von einem anderen zerbrochen werden.

Kuchen

backen: deutet auf Verschwendung
hin.

sehen oder essen: bedeutet für Männer einen Damenbesuch, für
Frauen einen Herrenbesuch.

Kuckuck

sehen: man wird es mit egoistischen
Menschen zu tun bekommen.

rufen hören: bringt Geld.

fangen: man wird einem törichten
Gerede ein Ende machen.

töten: man wird durch Einmischung in fremde Angelegenheiten Unannehmlichkeiten haben.

Kugel

Symbol des wandelbaren Glücks.

sehen: bedeutet wandelbares
Glück.

eine eiserne sehen: man wird allen
Gefahren tapfer begegnen.

gläserne sehen: bedeutet Unentschlossenheit.

Kuh

Suche nach ruhiger, beständiger Geborgenheit.

sehen: bringt viel Glück.

melken: man wird ohne große Mühe viel Geld verdienen.

von einer verfolgt werden: warnt vor einem Feind, der einem in seiner Dummheit gefährlich werden könnte.

eine tote sehen: man wird großen Schaden im Geschäft haben.

Kuhstall sehen: verheißt Heilung von einem Leiden.

Kühlschrank
sehen: man wird ein Geheimnis erfahren.

Küken
sehen: bedeutet Freude.

in einem geöffneten Ei eines finden: man wird eine gute Nachricht erhalten; für junge Leute steht Heirat in Aussicht.

füttern: verheißt ein glückliches Familienleben.

töten: man wird einem unschuldigen Menschen eine Schuld zuschieben.

essen: bringt melancholische Gedanken.

Kummer
haben: man wird sehr bald zu finden sein.

Kündigung
erhalten: bedeutet eine gesicherte Zukunft.

erteilen: man hat kein Vertrauen zu seinem Lebenskameraden.

Kunst
man sehnt sich nach einer größeren Erfüllung seines Lebens.

Kunstseide
sehen: bedeutet ein Scheinglück.

Kupfer
unverarbeitet sehen: bringt Erfüllung von Wünschen.

Kupfergegenstände sehen: verheißt ein schnelles Emporkommen.

Kupfergeld sehen: bedeutet plötzliche Ausgaben.

verlieren: kündet Mißgeschick an.

finden: man wird vor einem empfindlichen Schaden bewahrt werden.

besitzen: läßt auf Hochmut schließen.

einem Bettler geben: verspricht großen Gewinn.

Kuppler/Kupplerin
man wird nicht ehrlich behandelt.

Kürbis
sehen: man hat viele Gönner.
essen: bedeutet Krankheit.

Kürschner
eine arbeitsreiche Zeit kommt auf einen zu.

Kuß
geben: eine Bitte wird einem abgeschlagen werden.

einen einer Frau geben: man ist beim anderen Geschlecht sehr beliebt.

einem Mann geben: man wird einen Abschied erhalten.

der Mutter geben: deutet auf Sehnsucht nach Zärtlichkeit hin.

einer alten Person geben: kündet eine Liebesenttäuschung an.

auf die Hände geben: kündet Glück in der Liebe und Freundschaft an.

andere sich küssen sehen: bringt
Traurigkeit.
die Erde küssen: bedeutet Kummer
und Demütigung.
ins Gesicht: bringt Erfolg.
küssen wollen und nicht dürfen:
bringt Schwermut.
erhalten: man wird geachtet.
viele Küsse austauschen: man wird
gute Aussichten haben.

Kutsche
eine sehen oder darin fahren: verheißt Ehre und Reichtum.
aus einer steigen: bedeutet einen
Vermögensverlust.

Kutscher
sein: man führt jemanden an der
Nase herum.
mit einem streiten: man wird es mit
Menschen geringer Einsicht zu
tun bekommen.

Kutte
bedeutet baldige Hochzeit.

L

Laborant
ein guter Fortgang der Geschäfte ist
zu erwarten.

Laboratorium
sehen: man wird vor eine komplizierte Angelegenheit oder Aufgabe gestellt, deren Ausgang un-
gewiß ist.
in einem arbeiten: man manövriert
sich selbst in eine komplizierte
Angelegenheit hinein.

Labung
Kranken und Verwundeten geben:
man wird gute Herzen finden.

Labyrinth
sehen: kündet die Aufdeckung eines
Geheimnisses an.
sich in einem verirren: eigene Geheimnisse oder Verirrungen werden zu bedenklichen Situationen
führen.

Lachen
die Sorgen sind größer, als es
scheint.
selbst: man hat drückende Sorgen.
andere hören: man wird den Spott
oder die Schadenfreude anderer
zu spüren bekommen.

Lack
sehen: man will etwas beschönigen.
etwas glänzend lackieren: man wird
Undank haben.

Laden
seelische Exhibition; allzu freiwillige Anbietung.
an einem mit Ware gefüllten vorbeigehen: man wird eine günstige
Gelegenheit verpassen.
in einen mit Ware gefüllten eintreten: Beginn eines erfolgreichen
Unternehmens.
einen mit Ware gefüllten besitzen:
bringt materielle Vorteile.
aus einem mit Ware gefüllten herauskommen: man wird einen materiellen Verlust erleiden.
einen leeren besitzen: bedeutet
Kummer und Sorgen.
in einen leeren eintreten: bringt eine
Enttäuschung.

aus einem leeren herauskommen:
Mahnung oder Hinweis, eine aussichtslose Sache aufzugeben.
an einem leeren vorbeigehen: man
wird an einem Verlust oder einer
Unannehmlichkeit glücklich vor-
beikommen.

Ladengewölbe
bedeutet guten Geschäftsgang.

Lähmung
oft Warntraum: augenblickliche
Schwierigkeiten können nicht
überwunden werden. Es ist besser, vorsichtig abzuwarten.

Lampe
innere Unklarheiten quälen und
drängen nach Erkenntnis.
anzünden: man bereitet jemandem
bewußt oder unbewußt eine
Freude oder hilft ihm.
sehen: die von anderen angezündet
wird: man wird durch andere etwas Gutes erfahren.
eine hell und klar brennende sehen:
verheißt ein schönes Erlebnis,
Freude und Glück.
trübe brennende oder flackernde sehen: etwas Schönes kann sich
nicht recht entfalten oder wird
gestört.
rußende sehen: ein ernstes Mißgeschick ist zu erwarten.
selbst eine auslöschen: man wird bewußt oder unbewußt jemandem
eine Freude oder ein Glück
stören, trüben oder zer-
stören.
sehen: die von anderen ausgelöscht
wird: man wird einen Verlust erleiden.

zerbrechen: man wird durch eine
Unachtsamkeit schwer zu Schaden kommen oder in Gefahr geraten.
eine zerbrochene sehen oder zusehen, wie jemand eine zerbricht:
Warnung vor einem Unternehmen, das gefahrvoll oder verlust-
reich sein wird.

Landkarte
sehen oder studieren: deutet auf
eine Reise oder auf außerordentliche Pläne hin.
mit deutlichen Einzelheiten: Reise
oder Pläne werden auf Hindernisse und Schwierigkeiten stoßen.

Landschaft
man hat eine Sehnsucht, die nicht
befriedigt wird.
freundliche und sonnige sehen: bedeutet Glück, Freude und Liebe.
düstere sehen: deutet auf Bedrük-
kung, Kummer und Sorgen hin.

Landwirtschaft
betreiben: man ist in einer Sache auf
dem richtigen Weg.
andere betreiben sehen: das Schicksal bietet eine Chance, die man
nutzen sollte.

Lanze
fast in allen Fällen als rein erotisches
Symbol zu werten.
sehen: man wird in einen Streit verwickelt werden.
tragen oder damit hantieren: man
ist selbst Ursache eines Streites
oder gibt die Veranlassung dazu.

Lärm
hören: bringt Unruhe ins Haus.

Last

tragen: erfolgreiche Erledigung einer Angelegenheit.

andere eine tragen sehen: man wird schwierige Aufgaben oder Arbeiten zu erledigen haben.

Laterne

man macht sich unnötige Gedanken; im Gegensatz zur Lampe kann die Laterne beruhigen.

anzünden, auslöschen, zerbrechen sehen: siehe Lampe.

tragen: wenn das Licht hell und klar ist, wird man einem Geheimnis auf die Spur kommen; wenn trübe oder flackernd, so irrt man sich in einer Sache.

Latte

sehen: man wird ein Hindernis überwinden.

abbrechen oder zerbrechen: man wird eine Dummheit machen.

Laub

Symbol für die natürliche Vergänglichkeit; es erinnert, das Glück zu fassen und zu genießen.

schönes grünes sehen: bringt die Erfüllung eines Wunsches.

abfallendes: bedeutet Unheil.

buntes oder welkes: bringt Enttäuschungen und Sorgen.

Laube

sehen: verheißt Glück in der Liebe.

in einer sitzen: man wird Liebesgeheimnisse haben oder bekommen.

Laus

Symbol für innere Unruhe, sehr oft im Zusammenhang mit Nervenreizungen und geistigen Störungen oder seelischer Ungewißheit.

sehen: bedeutet Glück im allgemeinen.

viele Läuse sehen: man wird in der Lotterie gewinnen oder unerwartet oder auf außergewöhnliche Art Geld erhalten.

Läuten

akustische Störung, die Überreizung des Kopfes oder eine mögliche Krankheit anzeigt.

selbst eine Glocke läuten: es droht eine ernste Gefahr.

Festgeläut hören: es ist ein empfindlicher Verlust zu befürchten.

Trauergeläut hören: gute Neuigkeiten oder eine angenehme Überraschung.

Lautsprecher

sehen: kündet wichtige Nachrichten an.

mit Stimme hören: man wird ein Geheimnis erfahren.

mit schöner und wohlklingender Musik hören: bedeutet Genuß einer heimlichen Freude.

mit mißtönender Musik hören: man ist von einer heimlichen Gefahr umlauert.

Lavendel

sehen oder riechen: die Zeit ist günstig, Erfolge zu erringen.

Lawine

sehen: Warnung, sich rechtzeitig aus einer bedenklichen Situation zu retten.

von einer verschüttet werden: man wird von einem unglücklichen Ereignis mehr oder weniger betroffen werden.

Lebendig
werden: bedeutet Güte und Vertrauen.
begraben werden: man ist von großer Angst befallen.
verbrennen: Hindernisse müssen beseitigt werden.

Leber
meist Reiztraum, der bei Wiederholungen zu gesundheitlicher Vorsicht mahnt.
sehen, kaufen, zubereiten oder essen: sehr gut für die Gesundheit.
verdorbene Leber essen oder Leber wegwerfen: bedeutet Gesundheitsschwächung, Unpäßlichkeit oder Erkrankung.

Leckereien
genießen: man wird von Schmeichlern umgarnt.

Leder
oder Gegenstände daraus sehen: man muß in einer Angelegenheit zäh aushalten, um Erfolg zu haben.
damit hantieren: verleiht zähe Lebenskraft und befestigt die äußere Position.

Lehm
man kommt in seinem Bemühen nicht weiter.
sehen: eine schwere, aber erfolgreiche Aufgabe steht einem bevor.
darin steckenbleiben: verkündet ein Hindernis, dessen Überwindung dauerhaften Erfolg verspricht.
damit hantieren: Befestigung der äußeren Position.
damit ein Haus bauen: Gründung oder Vergrößerung des eigenen Haushalts steht in Aussicht.

Lehnstuhl
sehen: verheißt Ruhe, Frieden und Erholung.
in einem sitzen: Ansporn zur Arbeit, um Erfolge zu erringen.

Lehrer
man geht einer Prüfung entgegen und zweifelt, ob man alles richtig machen wird.
sehen oder mit ihm verkehren: man wird Freude und Nutzen am Studium eines Problems haben.
selbst sein: man will alles besser wissen wollen als andere.

Lehrjunge/Lehrmädchen
sehen oder ihm begegnen: man wird gute geschäftliche Nachrichten erhalten.
selbst sein: man wird Erfolg haben.

Leib
rein sexueller Traum; meist Vorspiegelung von Wünschen, die nicht oder noch nicht erfüllt wurden.
einen großen schönen haben: bedeutet materielles und gesundheitliches Wohlergehen.
einen wachsenden oder sich ausdehnenden haben: verheißt bei Männern Verbesserung der Lage, bei jungen Mädchen heimliche Liebesgeschichte; bei jungen Frauen Schwangerschaft; bei alten Frauen: man wird materielle Zuwendungen erhalten.
ein abnehmender oder zusammenschrumpfender: bedeutet sinkenden Wohlstand, Schwächung des Gesundheitszustandes oder Erkrankung.

sich auflösender: deutet auf einen
schweren Verlust oder auf lebens-
gefährliche Erkrankung hin.
an ihm Verletzungen haben oder erhalten: man wird etwas entbehren
müssen.
bleischwer und in der Bewegung behindert: es sind große Hindernisse oder ein ernstes Mißgeschick in einer Sache zu erwarten.
ohne irdische Schwere, schwebend:
verkündet widrige Situationen
oder Verhältnisse, aus denen man
sich nicht befreien kann.
ihn entblößen: man wird in Schande
geraten.
wenn er von anderen entblößt wird:
Warnung, sich nicht umgarnen
zu lassen.
eines anderen entblößt sehen: bei
erotischer Tendenz wird eine Lie-
bessehnsucht erfüllt werden; bei
fehlender Erotik wird man eine
überraschende Entdeckung machen.
eines anderen entblößen: bei erotischer Tendenz Zeichen für heimliche oder verbotene Liebesge-
schichten; mangels solcher Tendenz wird die Schande eines anderen ans Licht kommen oder ein
falscher Freund entlarvt werden.

Leiche
Symbol für erledigte Vorfälle, bei
denen persönliche Fragen noch
nicht restlos geklärt sind.
sehen: kündet Hochzeit oder Geburt im Familien- oder Freundeskreis an.
sich selbst als eine sehen: stellt die
Befreiung von einer großen Sorge
in Aussicht.

Leichenbegängnis
Vergrößerung der Familie oder Zu-
nahme der irdischen Güter oder
sonstige äußere Vorteile künden
sich an.

Leichenhaus/Leichenwagen
Kündet den Verlust eines naheste-
henden Menschen oder einen
Vermögensverlust an.

Leihen
eine durchgemachte Versuchung
findet ihren Ausweg.

Leihhaus
sehen: man wird einer Versuchung
ausgesetzt.
benutzen: man befindet sich auf einem falschen Weg oder sucht
nach einem Ausweg aus einer
Verlegenheit.
besitzen oder darin tätig sein: man
wird in die Schwierigkeiten anderer hineingezogen.

Leim
wenn nicht rein erotisch-sexuell zu
verstehen, dann als Warnung, daß
man von Liebesaffären oder erotischen Bindungen nicht mehr
loskommt.
sehen: man soll an etwas festhalten,
das man aufgeben möchte.
damit hantieren: bringt Lockerung
oder Verlust einer Beziehung
oder Verbindung.
daran festkleben: man wird auf jemanden hereinfallen.

Leinöl
Freunde werden einem den Weg eb-
nen.

Leintuch

großes sehen: bedeutet eigene
  schwere Erkrankung oder die
  eines nahestehenden Menschen.

Leinwand

feine: bedeutet Wohlstand.

grobe: man wird seine Aussteuer
  erhalten.

eine saubere weiße sehen: verheißt
  den Beginn einer günstigen Periode.

schmutzige oder zerrissene sehen:
  Mißerfolg bei einer Arbeit oder
  bei einem Unternehmen.

herstellen: verspricht Erfolg bei der
  Arbeit oder bei einem Unternehmen.

besitzen: verheißt Geld und Gut.

Leiter

Unsicherheit über Erfolg oder Mißerfolg.

liegen oder abgestellt sehen: eine
  sich bietende Chance soll man
  nicht ungenutzt vorübergehen
  lassen.

tragen: man wird sich selbst oder
  einem anderen aus einer mißli-
  chen Lage heraushelfen oder zu
  einem Erfolg verhelfen.

von anderen getragen sehen: es besteht die Gefahr, daß andere einem eine Chance verderben werden.

an ein Fenster lehnen: man hat
  heimliche Absichten.

an ein Fenster gelehnt sehen: es
  droht Diebstahl oder Betrug.

hinaufsteigen: man wird Erfolg haben.

herabsteigen: es wird einen Mißerfolg geben.

von einer herunterstürzen: es droht
  ein schwerer Zusammenbruch.

eine an ein Fenster gelehnte umstür-
  zen sehen: man wird vor einem
  großen Schaden bewahrt bleiben.

eine zerbrochene oder wackelige sehen: eine vorgesehene Sache
  sollte man liegenlassen, da man
  durch Schaden und Nachteile
  nicht zum Ziel kommen wird.

eine zerbrochene oder wackelige zu
  gebrauchen versuchen: deutet auf
  ein unglückliches Unternehmen
  oder Beginnen hin.

Leiterwagen, befrachtet oder hoch-
  beladen: bedeutet Wohlstand.

Lerche

sehen: man wird rasch emporstei-
  gen.

singen hören: gute Aussichten für
  die Zukunft.

Lernen

viele Probleme stehen zur Lösung
  an, wovon man sich aber nicht
  verwirren lassen soll.

Letzte Ölung

empfangen: deutet auf eine schwere
  Krankheit hin.

Leuchtturm

sehen: man wird in eine unliebsame
  Lage kommen.

Leute

auf sich zukommen sehen: bedeutet
  üble Nachrede.

in schwarzer Kleidung sehen: man
  wird einen Unfall erleben.

Licht

Ursymbol; zu beachten in Verbindung mit anderen Zeichen; bei

Schwerkranken negativ zu bewerten.
sehen: bedeutet Freunde.
aus weiter Ferne sehen: kommende Freude.
Lichtspiele: man ist begünstigt.

Liebe
man ist einsam, und Seele und Körper leiden darunter, keinen Partner zu haben; man sehnt sich nach Liebe.

Liebesbrief
erhalten: kündet schlechte Nachrichten an.
schreiben: man ist verliebt.

Liebesgetändel
beobachten: bedeutet Überwindung einer großen Sorge.
selbst dabei mitwirken: weist auf Glück hin.

Lied
alte Geschehnisse werden stimmungsgemäß in Erinnerung gebracht.
hören: bedeutet, wenn es ein fröhliches ist, Angenehmes; wenn es traurig ist, Ermahnung, nicht übermütig zu werden.
selbst ein fröhliches singen: man hat ein ruhiges Gewissen.
selbst ein trauriges singen: man gibt sich unnötigen Grübeleien hin.
selbst ein häßliches singen: man hat in einer Angelegenheit ein schlechtes Gewissen.

Liederlich
sein: man soll Warnungen befolgen.

Liegen
im Freien: bedeutet Gutes.
bei der oder dem Liebsten: beständige Freude deutet sich an.

Lift
heimlich wird eine Vereinfachung des Lebensweges durch fremde Hilfe erhofft.
sehen: man möchte leicht und schnell emporkommen, was aber nicht gelingen wird.
in einem fahren: man wird getröstet werden.
einen führen: man wird armen Menschen Hilfe bringen.

Likör
sehen: verheißt ein Schäferstündchen.
servieren oder anbieten: man hat anderen gegenüber geheime Absichten.
trinken: man wird in eine liebenswürdige oder zärtliche Umgarnung geraten.

Lilie
Symbol der Innerlichkeit, der Eröffnung innerer Regungen.
blühen sehen: man soll beherzt auf sein Ziel losgehen, das man erreichen wird.
selbst pflücken: bei seinem Tun sollte man nicht nur an sich selbst, sondern auch an andere denken.
sehen, wie Lilien gepflückt werden: Vorsicht, jemand versucht einem gegenüber seine Macht zu mißbrauchen.
in Händen halten: man wird geliebt und verehrt.
fortwerfen oder vernichten: bedeutet Mißbrauch der Macht, dem

die Strafe auf dem Fuße folgen
wird.
Lilienblätter oder -stengel ohne
Blüten: bedeuten eine schädliche
Selbsttäuschung.
viele Lilien sehen: Bescheidenheit
in der Liebe.

Limonade
trinken: deutet auf wenig seriösen
Umgang hin; es besteht die Ge-
fahr, durch eigene oder fremde
Oberflächlichkeit in seichtes
Fahrwasser zu geraten.

Linde
sehen: Erholung, Freude und Geselligkeit werden bald zu ihrem
Recht kommen.
rauschen hören: kündet wichtige
Nachrichten an.

Lindenblüten
sehen: man ist von einem Geheimnis umgeben.
den Duft von ihnen riechen: ein Geheimnis wird sich offenbaren.

Links
im geschlechtlichen Prinzip das Passive, Erhaltende, Weibliche, wobei es gegen Rechts das Schlech-
tere ist.

Linsen
sehen: verkündet Verdruß, Ärger,
Streit.
essen: man muß mit einer unangenehmen Sache fertig werden.

Lippen
wenn nicht als Reiztraum, dann als
Symbol für erotische Wünsche
zu verstehen. Farbe und Herz-

form sind ebenfalls als Symbole
zu werten.
blühende, rote oder lachende sehen:
bedeutet herzliche Freundschaft
oder Liebesglück.
blasse, welke sehen: eine Freundschaft oder Liebesneigung wird
erkalten.
zusammengekniffene oder verbis-
sene sehen: man wird unter Neid,
Feindschaft oder Haß anderer leiden.
Lippenstift: bedeutet Streit oder
Zerwürfnis mit einer Frau.

Livree (Dienerkleidung)
sehen: bedeutet, wenn man abhängig
ist, Erfolg und Vorwärtskommen;
wenn man sein eigener Herr ist: ärgerliche oder lästige Angelegenheit oder unnütze Geldausgaben.
selbst eine tragen: bedeutet, wenn
man abhängig ist, besondere Auszeichnung oder Zuwendung seitens des Vorgesetzten; wenn man
sein eigener Herr ist: unziemliche
Vertraulichkeiten zu Untergebenen oder Dienstpersonal.

Lob
ernten: bedeutet eine Verleumdung.
aussprechen: erweist eine gute
Freundschaft.

Loch
reiner Warntraum; Zeichen für eine
Falle, die einem bald gestellt werden wird.
sehen: Warnung vor einer Unachtsamkeit.
in es hineinkriechen: man wird in
eine Falle oder in schlechte Gesellschaft geraten.

in eines hineinfallen: bedeutet
Beunruhigung oder Störung
durch andere Menschen.
eines im Kleid haben: läßt Lug und
Trug erwarten.
flicken: deutet auf Trübsal hin.

Locke
eine von sich abschneiden: vergebliche Liebesmühe.
von einem anderen abschneiden:
man wird sich einen Korb
holen.
sehen, wie andere von sich selbst
oder von anderen eine abschneiden: die heimliche Liebesgeschichte eines anderen wird einem anvertraut.
abgeschnitten bekommen: Auf-
munterung, in einer Liebesgeschichte nicht so zaghaft zu
sein.
verschenken: eine Liebesneigung
wird nicht erwidert.
verlieren: drohender Verlust einer
Freundschaft oder Liebesbeziehung.
erhalten: man wird geliebt.
viele Locken auf einem Kopf sehen:
deutet auf eine krause und verworrene Liebesaffäre.

Löffel
sehen: man wird eine Einladung erhalten.
mit einem essen: man muß eine
Suppe auslöffeln, die man sich
selbst eingebrockt hat.
großen (Koch-)Löffel sehen: man
hat zu Hause nichts zu sagen.

Loge
in einer sitzen: man wird den Neid
anderer erregen.

Lohn
erhalten: man wird Undank ernten.
jemanden belohnen: durch andere
wird man Schwierigkeiten bekommen.

Lokomotive
eine dampfende sehen: man macht
zu große Pläne.
mit weißem Dampf: die vorgesehene Reise bringt Gutes.
mit schwarzem oder dunklem
Dampf: es ist nichts Gutes zu erwarten.
sehen: man wird eine Reise machen,
oder die Reise eines anderen wird
von Bedeutung für einen selbst
sein.

Lorbeer
pflücken: man wird sich lächerlich
machen.
Lorbeerzweig oder -kranz vor sich
oder bei anderen sehen: verheißt
eine Auszeichnung oder eine besondere Ehrung.
Lorbeerzweig oder -kranz selbst
tragen oder damit geschmückt
werden: bedeutet eine Blamage
oder Verlust an Ansehen.
Lorbeerbaum sehen: eine hohe
Auszeichnung oder Ehrung wird
einem zuteil.

Los
eines sehen: bedeutet ganz allgemein Glück, meist auch Gewinn
in der Lotterie oder im Spiel.
kaufen oder in Besitz haben: die
Chancen in der Lotterie oder im
Glücksspiel stehen schlecht.
mit Zahlen sehen: man sollte ein Los
kaufen, das die gesehenen Zahlen
enthält.

Löschen

ein Licht oder eine Lampe: siehe
Licht, Lampe, Laterne.

einen Brand: man kommt um Haaresbreite an einem Unglück vorbei.

Lot

sehen: die Geschäfte entwickeln
sich rückläufig.

Lotterie

Einsatz mit der Wahrscheinlichkeit
eines Fehlschlages oder Verlustes.

einer beiwohnen: bedeutet allgemein eine Enttäuschung.

bestimmte Zahlen dabei sehen: man
sollte ein Los kaufen, das die gesehenen Zahlen enthält.

Löwe

Symbol für große und heiße Kampfkraft; von innen her bricht das
Triebleben zu stark durch.

einen in Freiheit sehen: man wird
sich auf ein gewagtes Unternehmen einlassen.

von einem angefallen werden: Warnung vor einer drohenden Gefahr.

einen besiegen: man wird einen
Feind unschädlich machen oder
überwinden.

einen gefangenen sehen: man wird
Schutz vor einem mächtigen Gegner finden.

einen toten sehen: die Feindschaft
eines Gegners verliert an Einfluß.

einen jungen zum Begleiter haben:
man wird zu großem Einfluß gelangen und von anderen gefürchtet werden.

Löwen mit Jungen sehen: günstige
Zeit, sich mit einem Gegner auszusöhnen.

Luchs

sehen: man wird überlistet werden.

Luftballon/Luftschiff

Spekulationswünsche in bezug auf
den Lebensweg werden akut.

fliegen sehen: man gibt sich in einer
Sache einer Täuschung hin.

mit einem fliegen: man wird eine
Fehlhandlung begehen.

abstürzen sehen: man wird das Opfer einer Täuschung.

mit einem abstürzen: Lebensgefahr!
Man wird durch eine Fehlhandlung oder einen Irrtum schwer zu
Schaden kommen.

Lüge

man sagt oder tut etwas, das unangenehme Folgen hat, zu dem man
sich aber tapfer bekennen soll.

Lump

sehen oder mit einem bekannt sein:
als Mädchen wird man einen braven Mann bekommen.

Lumpen

was andere zusammengetragen haben, will man wieder ausgeben;
Mahnung zur Besinnung.

sehen, sammeln oder damit handeln: man wird unerwartet oder
auf außergewöhnliche Weise zu
Geld kommen.

selbst in solche gehüllt sein: deutet
auf gesellschaftliche Unbeliebtheit oder eine peinliche Affäre im
Verkehr mit anderen.

jemanden in solche gehüllt sehen:
ein Erblasser wird bald von sich
hören lassen.

Lunge
eine gesunde kräftige haben: man
wird sich in nächster Zeit anstrengen müssen.
schwache kränkliche haben: einer
bevorstehenden Aufgabe oder
Anstrengung wird man nicht gewachsen sein.
essen: bedeutet eine Gesundheits-
schädigung.

Lupe
sehen: eine kleine Ursache wird eine
große Wirkung haben.
durch eine solche etwas vergrößert
sehen: man neigt zu unnötiger
oder unberechtigter Aufbau-
schung von Dingen oder dazu,
solche zu sehen, obwohl sie gar
nicht vorhanden sind.

Lusthaus
sehen: Warnung vor Fehltritten.

Lustig
sein oder Lustbarkeiten veranstal-
ten oder dabeisein: man wird bald
Leid erfahren.

Luxus
treiben: mit Verminderung des Er-
worbenen ist zu rechnen.

M

Macht
haben: man muß versuchen, Ab-
stand zu gewinnen und seine An-
lagen zu überprüfen, da man seine
Fehler sieht.

Mädchen
wenn nicht um einen einfachen sexuellen Wunschtraum, handelt es
sich um Rückerinnerung oder
Umstellung im Wunschleben und
in der Planung.
mehrere junge sehen: bringt fröhliche Gesellschaft.
weißgekleidete sehen: bedeutet eine
beglückende Zuneigung.
von lachenden umringt sein: man
ist das Ziel von Neckereien oder
Spötteleien.
junge küssen: man gibt einer Neigung nach, die Lächerlichkeit und
Spott einbringt.
von jungen schönen geküßt werden:
Ernüchterung nach vorüberge-
hendem Rausch.
weinen sehen: man wird ein Kind
bekommen.
häusliche Arbeit verrichten sehen:
bedeutet Hochzeit.

Magazin
in einem lesen: man wird eine nette
Bekanntschaft machen.

Magen
Warntraum, der oft nach reichli-
chem Essen eintritt; allgemeine
Warnung vor Übertreibungen.
sich den Magen verderben: man
sollte in einer Angelegenheit den
Bogen nicht überspannen.

Magenkrankheit: bedeutet Schwächung der eigenen Position oder Vermögensverluste.

Mager

magere Frauen sehen: Glück und Erfolg in der Liebe.

magere Männer sehen: schlechte Aussichten auf die Erfüllung alter Wünsche.

sein oder werden: man wird ein gewünschtes Ziel erreichen.

übermäßig oder unnatürlich mager: man wird über ein Ziel hinausschießen und dadurch Verluste oder Schädigungen haben.

Magnet

einen sehen: verheißt die Herstellung einer wichtigen Verbindung oder Bekanntschaft.

sehen, wie Gegenstände davon angezogen werden: man wird etwas verlieren, was einem teuer ist.

selbst von einem angezogen werden: man wird sein Herz an jemanden verlieren.

mit einem hantieren und andere Menschen oder Gegenstände damit anziehen: bedeutet Trennung oder Entfernung von einem lieben Menschen oder etwas Teurem.

Mahlen

von Getreide: bedeutet Vermögenszunahme.

Mahlzeit

entweder Nottraum oder Ersatz für Abneigung gegen Essen im Wachen.

eine reichliche alleine einnehmen: man macht sich durch eine Rück-

sichtslosigkeit oder einen Mangel an Mitgefühl unbeliebt.

eine reichliche mit anderen zusammen einnehmen oder mit ihnen teilen: man macht sich durch ein Entgegenkommen beliebt.

eine kärgliche einnehmen: man empfindet über etwas Reue.

eine einnehmen wollen, aber nichts zu essen finden: bringt eine Veränderung im Leben.

Maiblumen

sehen: man wird von einem lieben Menschen ein Geschenk erhalten oder einen Wunsch erfüllt bekommen.

abreißen, fortwerfen oder verwelkte sehen: Trennung von einem geliebten Menschen oder Verlust eines teuren Andenkens.

Maikäfer

sehen: verkündet Ärger oder Schwierigkeiten.

fangen: eine verdrießliche oder schwierige Angelegenheit wird glücklich erledigt.

Maimonat

man sollte den Mut nicht sinken lassen.

Major

sehen: man wird Streit bekommen.

Makkaroni

sehen: Mahnung, sich in einer Sache zu beeilen.

essen: eine Angelegenheit, die man bald beendet sehen möchte, zieht sich in die Länge.

Malen

es selbst tun: bedeutet Flirt oder
  Liebelei.
mit Farbverwendung von Weiß,
  Grün, Blau und allen zarten
  Schattierungen: bedeutet unge-
  trübtes Glück.
mit Rot: zeitweise Glücksstörun-
  gen durch Zank und Streit.
mit Gelb: zeitweise Glücksstörun-
  gen durch Neid.
mit Grau: zeitweise Glücksstörun-
  gen durch melancholische Gedanken.
mit Schwarz: zeitweise Glücksstö-
  rungen durch Kummer und
  Trauer.
mit Braun: zeitweise Glücksstörun-
  gen durch äußeres Mißgeschick.

Maler

Symbol für die Sehnsucht oder
  Hoffnung auf ein neues, anderes
  Leben, den Wunsch nach Umstellung, die Planung von Veränderungen in erotischer Hinsicht.
bei der Arbeit sehen: bedeutet im
  allgemeinen Glück und verheißt
  ein hohes Alter.

Mandeln

süße essen: verheißt Anerkennung
  durch andere oder Gewinn dank
  seiner Freunde.
bittere essen: man stößt auf Mißbil-
  ligung anderer oder auf eine Enttäuschung im Freundes- oder Bekanntenkreis.

Maniküre

bei anderen sehen: man soll sich
  nicht düpieren lassen, denn der
  Schein trügt.

bei sich selbst machen oder machen
  lassen: bedeutet im Fall eines
  Frauentraums Erfolg durch glän-
  zendes Aussehen; im Fall eines
  Männertraums: man wird einen
  Scheinerfolg erzielen oder ist geneigt, einen nicht vorhandenen
  Erfolg vorzuspiegeln.
selbst bei jemand anderem vornehmen: man legt jemanden herein
  oder unternimmt einen Versuch
  dazu.

Mann

bei Frauen sexuell-erotisch zu verstehen, bei Männern als Auseinandersetzung mit sich selbst
  durch innere Beobachtung der eigenen Mängel.
sehen oder mit einem verkehren:
  handelt es sich um einen alten
  Mann, wird man einen guten Rat
  erhalten; handelt es sich um einen
  jungen Mann, kommt es zu Unruhe oder Ruhelosigkeit.
junges Mädchen hat einen bekommen: es wird noch lange warten
  müssen, bis es in Wirklichkeit so
  weit kommt.
Frau wird von einem geschlagen:
  sie wird von ihm unaussprechlich
  geliebt.
dicker: sieht einer Frau jeden
  Wunsch von den Augen ab.

Manna

sehen: bedeutet einen unverhofften
  Reichtum.

Mannequin

sehen: als Männertraum – man
  sucht ein galantes Abenteuer, das
  aber Vorsicht bedingt, weil es
  teuer zu stehen kommen kann;

als Frauentraum – sie bekommt ein schönes neues Kleid.

selbst sein: man möchte etwas sein, was man nicht ist, oder etwas haben, was man nicht bekommen kann. -

Männerkragen

sehen: man wird eine Herrenbekanntschaft machen.

bügeln: deutet auf Ärger und Verdruß mit einer männlichen Person hin.

umbinden: man wird an einer offiziellen Feier oder Zusammenkunft teilnehmen oder zu einer solchen eingeladen werden.

umbinden wollen und nicht damit zurechtkommen: eine dringende Angelegenheit sollte schnellstens erledigt werden.

Manschetten

saubere sehen: berufliche oder wirtschaftliche Vorteile oder ein Ehrenamt.

schmutzige sehen: berufliche oder wirtschaftliche Schwierigkeiten oder Verlust an Ansehen.

bügeln: bedeutet Ärger und Verdruß mit einem Mann.

Mantel

Trieb zur Verhüllung, oft Angst, durchschaut oder entlarvt zu werden.

einen neuen sehen: man hat Chancen, die man wahrnehmen sollte.

einen alten sehen: es droht Mißgeschick.

einen neuen anziehen: die Lage wird sich verbessern.

einen neuen ausziehen: bedeutet Verschlechterung der Lage.

zerreißen: eine Verbindung wird getrennt oder aufgelöst werden.

einen alten anziehen: bringt Not und Sorgen.

einen alten ausziehen: bringt eine Erleichterung.

ausbessern: eine verfahrene Sache macht Sorgen.

jemanden fest darin eingehüllt sehen: es besteht die Gefahr, durch Unaufrichtigkeit hintergangen oder geschädigt zu werden; auch Ankündigung eines Geheimnisses.

mehrere Mäntel sehen: man wird in eine aussichtslose oder verworrene Lage geraten.

Marder

Symbol für zu starke sexuelle Triebhaftigkeit; man muß sich mehr zusammennehmen.

sehen: vor einem Diebstahl oder einer Betrügerei sollte man auf der Hut sein.

töten: man wird einen drohenden Verlust abwenden oder Widerwärtigkeiten beseitigen können.

Marionettenpuppen

bedeuten Treue von seiten der Untergebenen.

Markt

oft gleichbedeutend wie Bordell; Preisgabe aller Werte oder Selbsteinschätzung nur vom Geld her.

auf einem sein oder darauf einkaufen: man wird in unbeständige oder unsichere Verhältnisse geraten.

selbst auf einem Waren feilbieten: bedeutet unsichere Geschäfte.

oder Unternehmungen oder berufliche Veränderung.
sich in einer Markthalle befinden:
man wird vor eine Wahl oder
Entscheidung gestellt werden.
Marktschreier: es stehen einem
Schwindeleien bevor.

Marmor
sehen: kündigt die Aussichtslosig-
keit von Bemühungen an.
daran hantieren oder arbeiten: eine
unerfüllbare Aufgabe wird einem
zugemutet, oder man wird es mit
hartherzigen Menschen zu tun
bekommen.
Marmorsäule sehen: man hat einen
schönen, aber unerfüllbaren
Wunsch oder ein schönes, aber
unerreichbares Ziel.
Marmortisch sehen oder an einem
sitzen: ein Wunsch, auf dessen
leichte Erfüllung man hofft, oder
ein Ziel, das man leicht zu erreichen gedenkt, wird erst nach großen Anstrengungen erfüllt oder
erreicht.
mit anderen daran sitzen: der Verkehr mit hartherzigen Menschen
wird einem sehr hinderlich sein.

Märtyrer
sehen: Warnung vor unbedachtem
Handeln.
selbst sein: man hat selbstverschul-
dete Sorgen.

Maschen
sehen: Warnung vor einer Falle, die
einem gestellt wird.
in solche verstrickt sein: man gerät
in eine Falle oder verstrickt sich
in dem Netz eigener oder fremder
Intrigen.

Maschine
sehen: man hat geordnete und gere-
gelte Verhältnisse vor sich.
bedienen: man wird sich mit einer
komplizierten Angelegenheit beschäftigen müssen.
eine kaputte oder nicht funktionierende sehen: Warnung vor einem
unregelmäßigen oder ungeregel-
ten Leben; kündet Ereignisse an,
die den geregelten Gang des eigenen Lebens stören werden.
eine beschädigte oder nicht funktionierende in Ordnung bringen:
bedeutet die Beseitigung von
Hindernissen oder Schwierigkeiten, die den geregelten Gang des
Lebens stören.
eine beschädigte oder nicht funktionierende vergeblich in Ordnung
bringen wollen: man wird durch
ungeregelte Verhältnisse einen
Fehlschlag oder Verlust erleiden.

Maschinengewehr
sehen oder hören: im Freundes-
oder Bekanntenkreis hat jemand
einem gegenüber ein schlechtes
Gewissen.
selbst eines bedienen: man will
sich von einem inneren Druck
oder von Gewissensbissen befreien.

Masken
Symbol für Angst vor der Wahrheit
oder vor Enthüllungen; oft Unklarheit über die eigene Seele oder
über eine andere Person.
sehen: Warnung vor einem falschen
Freund oder einer Intrige oder
Mahnung, sein Herz nicht zu sehr
auf der Zunge zu tragen.

selbst eine tragen: man ist ein guter
   Schauspieler im Leben, im Guten
   wie im Bösen.
auf einem Maskenball sein: man
   spielt mit einem Menschen und
   dessen Gefühlen, oder man ist
   selbst Spielball oder Spielzeug eines anderen.

Maß

sehen, gleichgültig, welcher Art und
   Form: das eigene Verhalten oder
   Handeln wird von irgendeiner
   Seite einer genauen Prüfung oder
   Beurteilung unterzogen.
mit einem hantieren: eine erreichte
   Grenze wird man nicht ohne
   Nachteile überschreiten können.
siehe auch messen.

Massage

man wird krank und muß versuchen, vorbeugende Maßnahmen
   zu treffen.
an anderen sehen: Mahnung, wieder
   auf den Weg zurückzukehren,
   von dem man abgekommen
   ist.
selbst an anderen vornehmen: man
   wird etwas korrigieren oder rich-
   tigstellen.
an sich selbst vornehmen lassen:
   deutet auf Störungen durch irgendwelche Unregelmäßigkeiten
   hin.

Mastbaum

sehen: man wird stolz und gerade
   im Leben stehen.

Materialien

sehen oder damit hantieren: man ist
   ein Sammlergeist.

Matratzen

sehen: Mahnung, sich mehr zusam-
   menzunehmen.
auf einer liegen: man wird durch
   Unsicherheit, Unentschlossenheit, Übereiltheit oder Mangel an
   Stetigkeit zu Schaden kommen.

Matrose

einen sehen oder mit ihm verkehren: deutet auf außergewöhnliche
   Ereignisse hin.
mit einem in Streit geraten: kündet
   außergewöhnlich gefahrvolle Ereignisse an.

Matt

sein oder große Mattigkeit verspü-
   ren: man wird sich in allen Le-
   benslagen behaupten.

Mauer

Symbol für Hindernis oder Schutz,
   je nach Lage des Träumenden.
eine vor sich sehen: Hindernisse legen sich einem in den Weg.
eine unübersteigbare vor sich sehen:
   es besteht wenig Aussicht, ein erstrebtes Ziel zu erreichen.
eine übersteigen: bedeutet Überwindung von Hindernissen.
auf einer stehen: man wird sein Ziel
   erreichen.
von einer hinunterspringen: bedeutet ein gewagtes Unternehmen.
von einer stürzen: es wird einem etwas mißlingen.

Maulbeerbaum

sehen: verheißt Glück, Ansehen
   und Wohlergehen.

Maulbeeren

man wird Überfluß und Reichtum
   besitzen.

Maulesel
sehen: Warnung vor Halbheiten.
führen oder darauf reiten: man gibt
sich mit Dingen ab, die nichts
Halbes und nichts Ganzes sind.

Maultier
sehen: Mahnung zu zähem Ausharren in einer Angelegenheit, die
man bereits müde oder verdros-
sen aufgeben möchte.
führen oder darauf reiten: durch
zähe und beharrliche Anstrengung wird man erfolgreiche Arbeit leisten.

Maulwurf
sehen: man wird von anderen verkannt oder unterschätzt.
töten: man wird einen Irrtum begehen oder einem solchen zum Opfer fallen.

Maurer
sehen: man muß in einer Sache mehr
Geduld haben.
selbst als solcher Arbeiten verrichten: man baut sich ein dauerhaftes
Glück auf.

Maus
sexuell und erotisch zu verstehen;
oft Warntraum vor übermäßigem
Verzehr und Abbau der Lebens-
kräfte.
frei laufen sehen: bedeutet Ärger
und Verdruß.
pfeifen hören: Warnung vor einer
Gefahr.
fangen: man wird Glück im Unglück haben.
in einer Falle gefangen sehen: man
wird eine ärgerliche Angelegenheit erledigen.

weiße Mäuse sehen: man macht sich
unnötige Gedanken über etwas.

Mausefalle
eine leere sehen: andere versuchen,
einen zu verleumden oder einem
eine Falle zu stellen.

Maut (Zoll)
einnehmen: es werden sich Hoffnungen erfüllen.
eine Mautstelle sehen: man wird
kleinen Mißgeschicken ausgesetzt sein.

Medaillon
sehen oder erhalten: ein treuer
Mensch wird um einen sein.
hergeben oder verlieren: bedeutet
den Verlust eines treuen Menschen.

Medizin
eine wohlschmeckende einnehmen:
man wird einen Verlust erleiden.
bittere einnehmen: mit einem Widersacher wird man fertig werden.
jemandem eine wohlschmeckende
geben: man wird jemandem erbe-
tenen Rat oder Hilfe gewähren.
jemandem eine bittere geben: man
wird mit einem Widersacher
nicht fertig werden.

Meer
Anzeichen dafür, daß Neues im An-
zug ist.
ein ruhiges, stilles sehen: man geht
einer schönen, sonnigen Zeit entgegen.
stürmisches sehen: ein schwerer
Kampf steht einem bevor.

darin baden: man wird Gelegenheit
haben, die Alltagssorgen für
kurze Zeit hinter sich zu lassen.
in es hineinfallen: ein schwerer
Schicksalsschlag ist zu erwarten.
darin untergehen und ertrinken: bedeutet die Befreiung aus einer
schicksalsschweren oder gefahr-
vollen Lage.
Meerkatze: bedeutet Lug und
Trug.
Meerschweinchen: bedeutet Haß,
kann aber auch Freude bringen.
Meerfische: man wird von trüben
Ahnungen geplagt.

Meerwunder
ein schönes sehen: man wird ein Erlebnis von seltenem Reiz haben.
ein grausiges sehen: man wird in
schwere Bedrängnis geraten.

Mehl
mahlen: man macht einem anderen
bewußt oder unbewußt eine
Freude.
andere mahlen sehen: es wird eine
freudige Überraschung geben.
lose oder in Säcken sehen: verheißt
genußreiche Stunden und frohe
Feste.
auf dem Kleid haben: man wird unter übler Nachrede oder einer
Verleumdung durch andere leiden.
weißes: die Ernährung wird gut
sein.
schwarzes: bedeutet Wohlbefinden.
Mehlwürmer: man wird Ersparnisse machen.

Meierei
sehen: bedeutet Reichtum.

Meineid
einen solchen selbst leisten: durch
eigene Schuld wird großes Unglück geschehen.
durch andere leisten sehen: man
wird durch die Schuld anderer ins
Unglück geraten.

Melken
sehen: man soll lernen, das Glück
zu ergreifen, wo immer es ist.
selbst melken: in nächster Zeit wird
man in allem, was man beginnt,
eine besonders glückliche Hand
haben.
selbst melken wollen, aber keine
Milch aus dem Euter bekommen
können: für ein Vorhaben ist der
Wille zu loben, wenn die Kräfte
hierfür auch nicht ausreichen mö-
gen.

Melone
sehen: bedeutet eine süße Liebschaft.
essen: aus einer Liebschaft sind unerwartete oder unerwünschte
Folgen zu erwarten.

Mensch
man beschäftigt sich zu sehr mit sich
selbst und sollte Gesellschaft und
Freunde suchen.
einen schönen sehen oder mit ihm
verkehren: ein Genuß besonderer
Art steht einem bevor.
einen häßlichen sehen: man wird
etwas Häßliches erleben.
einen fröhlichen sehen: bringt
Kummer und Sorgen.
einen traurigen sehen: man wird in
die Sorgen anderer hineingezogen oder davon berührt werden.

Mesner

bedeutet Hochzeit.

Messe

in der Kirche sehen oder an ihr teilnehmen: bedeutet eine Versuchung.
auf einer Warenmesse sein: verheißt
Anknüpfung neuer Verbindungen nützlicher Art.

Messen

etwas aus- oder abmessen: in einer
Sache ist man mit Recht vorsichtig oder mißtrauisch.
an einem selbst: man wird von jemandem auf Herz und Nieren ge-
prüft werden, ohne es unbedingt
selbst zu bemerken.
sich mit jemandem: man wird einen
Rivalen oder Nebenbuhler haben.

Messer

Ausdruck eines primitiven, gefährlichen Kraftdurchbruchs; meist
sexuell auszulegen!
sehen: bedeutet eine Trennung.
sich mit einem schneiden: eine Täuschung oder Enttäuschung wird
eintreffen.
sich mit einem stumpfen schneiden
wollen und nicht können: bedeutet das Mißlingen eines Vorhabens.
großes Schlachtmesser sehen: Warnung vor einer Gefahr.
Rasiermesser: bedeutet Ärger im
Familienkreis.
und Gabel sehen: man wird eingeladen werden oder selbst Gäste bekommen.
wetzen: bedeutet Zank und Streit.

Messing

oder Gegenstände daraus sehen: der
Schein trügt.
schmelzen: bedeutet Gewinn.

Metall

bedeutet im allgemeinen Reichtum.

Metronom

beim Musizieren gebrauchen: man
wird eine monotone Arbeit bekommen.

Metzger

Warntraum; es droht unbestimmte
Gefahr, oft durch Krankheit.
sehen oder mit ihm verkehren: Warnung vor eigener Hartherzigkeit
oder Unnachgiebigkeit, da man
sich sonst selbst etwas zerstören
wird.
bei der Arbeit sehen: man wird es
mit hartherzigen Menschen zu
tun bekommen, durch die eine
Trennung oder Entfremdung eintreten wird.

Meuchelmörder

sehen: man wird lange leben.

Mickymaus

sehen: man wird sich einem kindli-
chen und fröhlichen Vergnügen
hingeben.

Mieder

tragen: deutet auf eine vergebliche
Anstrengung hin.
ablegen: bedeutet Befreiung von einem Leiden.

Mikrophon

sehen: in einer bisher geheim oder
für sich behaltenen Sache soll man

ruhig mit der Sprache herausrük-
ken.
in eines hineinsprechen: man wird
Gelegenheit haben, sich etwas
vom Herzen zu reden.

Milch
oft als Sexualsymbol, sonst wie
Wasser zu bewerten: gut, wenn
sie klar, gefährlich, wenn sie trüb
ist.
melken: bei einem Beginnen wird
man viel Glück und Erfolg haben.
sehen: man wird ein unschuldiges
Vergnügen oder eine reine Freude
erleben.
verschütten oder überkochen lassen: man macht sich unnötige Gedanken über etwas.
trinken: man wird sich durch etwas
sehr beliebt machen.
saure: man wird Ärger und Verdruß
haben.
in den Brüsten haben: bedeutet bei
jungen Frauen Schwangerschaft,
bei alten materielle Gewinne.
Milchspeisen zubereiten oder essen:
verkündet vorteilhafte Veränderungen.

Million/Millionär
sehen: bedeutet eine Täuschung
oder Enttäuschung.
selbst Millionär sein: bringt Armut
oder Verschlechterung der Lage.

Militär
bei Frauen oft sexueller Vergewalti-
gungswunsch; hier ist aber besonders auf die Eigendeutung zu
achten.
ähnlich sind Soldaten, Uniformen,
Waffen zu bewerten.

Mineralwasser
trinken: man wird eine harmlose
und billige Freude erleben.
stark sprudelndes: eine Freude wird
einer besonderen Pikanterie oder
eines besonderen Reizes nicht
entbehren.

Minister
sehen oder mit ihm verkehren: bedeutet die Erfüllung eines Wunsches.
sein: ein Wunsch wird nicht erfüllt
werden.

Ministrant/Ministrieren
man wird wenig Freude haben.

Mißgeburt
neurotischer Traum, der aus
Zwangsvorstellungen heraus eine
ungesunde Lebensangst bezeugt.
sehen: verkündet eine Enttäuschung.
zur Welt bringen: eine befürchtete
Enttäuschung wird nicht eintreten.

Mist
Glücks- und Erfolgstraum, wobei
die Glücksphase genutzt werden
sollte.
sehen: man wird in einer Sache viel
Glück haben.
auf- und abladen oder transportie-
ren: durch fleißige Arbeit wird
man zu Geld und Erfolg kommen.
in solchen hineinfallen: man ist ein
ausgesprochener Glückspilz und
sollte seine Chancen nutzen.

Mistgabel
bedeutet Nutzen.

Mittag
Symbol für den Ablauf des Lebens:
der Morgen entspricht der Jugend, der Mittag der Reife, der
Nachmittag bedeutet: dem Abgrund entgegengehen, der
Abend: sich dem Ende nähern.
Mittagessen: die Not wird ein Ende
haben.

Mobilmachung
sehen: bedeutet, auf das persönliche
Leben bezogen, daß man sich
über eine fremde Angelegenheit
aufregt; in Verbindung mit einem
bestimmten Zeitpunkt: Beginn
kriegerischer Ereignisse oder
höchste Kriegsgefahr zum ange-
deuteten Zeitpunkt.

Modell
sehen: Mahnung vor einem Irrtum
oder einem Abweg.
sich selbst als solches für einen
Künstler sehen: man ist verliebt.

Modesalon
sehen: im Frauentraum – sie wird
Kleidersorgen haben; im Männertraum – er hat unnötige oder
außerordentliche Geldausgaben
für Frauen zu erwarten.
in einem arbeiten: man muß das
Aschenbrödel spielen.

Mohn
blühenden sehen: man wird in eine
Klatscherei verwickelt oder selbst
Gegenstand des Klatsches anderer sein.
Mohnsamen: bedeutet eine schädliche Aufregung oder Erkrankung.

Mohr (Neger)
innerer Kampf des Lichten gegen
das Dunkle.
sehen: Warnung vor Übertreibungen.
sich selbst als einen sehen: Mahnung, in einer bestimmten Sache
aufrichtig und offen zu sein.
einen zum Freund haben: man wird
sich mit einem Gegner aussöhnen.
mit einem in Streit geraten: man
wird schweren Anfeindungen
ausgesetzt sein.

Mönch
sehen oder mit ihm sprechen: man
hat in einer Sache ein schlechtes
Gewissen.

Mond
bei Männern das weibliche Aktivum
im Inneren; härtere, männliche
Frauen träumen vom Mond als
weichem Ausgleich.
sehen: Anzeichen für einen Wechsel
oder eine Veränderung.
einen klaren und reinen sehen:
wechselndes Glück, wechselnder
Gewinn.
einen von einem Hof umgebenen
sehen: man macht die Bekanntschaft mit einem Menschen, der
es nicht gut meint.
hinter Wolken verschwinden sehen:
es werden trübe Stunden kommen.
einen sehen, der sich schnell fort-
oder hin- und herbewegt oder
herunterstürzt: Ankündigung einer großen Gefahr, in die man geraten wird.
der voll, klar und rein ist: große Ehrung oder Auszeichnung oder die

Erreichung eines hohen Zieles wird angekündigt.

Vollmond, der von einem Hof umgeben ist: verkündet Verlust an Ansehen oder die Zerstörung einer Hoffnung.

ein zunehmender, der klar und rein ist: verheißt die erfolgreiche Beendigung eines Beginnens.

ein zunehmender, der mit einem Hof umgeben ist: der Erfolg wird erst nach Überwindung größerer Hindernisse oder Schwierigkeiten eintreten.

ein abnehmender, der klar und rein ist: kündet das Mißlingen eines Unternehmens oder Beginnens an, ohne daß man dabei zu Schaden kommt.

ein abnehmender, der mit einem Hof umgeben ist: das Mißlingen wird auch persönlichen Schaden oder Nachteil mit sich bringen.

einen im Wasser sich spiegeln sehen: bei glatter und ruhiger Wasserfläche verheißt dies eine schöne oder erfolgreiche Reise oder Erfolg und Gewinn durch eine Reise anderer; bei bewegter Wasserfläche droht Unglück und Mißgeschick auf Reisen oder Unglück im Zusammenhang mit der Reise eines anderen.

Mondfinsternis

sehen: Anzeichen besonders ernster Verluste oder Schwierigkeiten.

Monokel

bei anderen sehen: man soll sich auf eine bestimmte Sache nicht einlassen, ohne sie vorher genau betrachtet zu haben.

selbst eines tragen: man beurteilt einen Menschen oder eine Sache falsch, weil man nur die eine Seite sieht.

Monstranz

sehen: man wird einer (Schicksals-) Prüfung unterworfen.

tragen oder küssen: man wird diese Prüfung bestehen.

Moos

es dreht sich alles um materiellen Gewinn oder Verlust.

sehen: verspricht geldliche oder materielle Vorteile.

darin liegen: gleiche Bedeutung in verstärktem Maße, auch gute Gesundheit.

Morast

darin waten und steckenbleiben: sorgenvolle Zukunft.

Mord

gewaltsamer Abschluß eines Lebensabschnittes; oft Tötung der eigenen Person.

auf persönliches Leben bezogen: das Unglück eines anderen Menschen bringt einem selbst Vorteile.

an einem beteiligt sein: man nützt die Notlage eines anderen Menschen für seine eigenen Zwecke aus.

selbst einem zum Opfer fallen: eine eigene Not- oder Zwangslage wird durch andere ausgenutzt.

Mord-Träume können aber auch Wahrträume sein, die zur Aufklärung von Mordfällen zu führen vermögen.

Mörder
sehen: verheißt langes Leben.

Morgen
Symbol für den Ablauf des Lebens:
der Morgen entspricht der Jugend, der Mittag der Reife, der
Nachmittag bedeutet: dem Abgrund entgegengehen, der
Abend: sich dem Ende nähern.
Abendrot: bedeutet immer die Ankündigung besonderer Ereignisse.
Abendstern: verspricht Glück in
der Liebe.

Mörser
sehen: unangenehme Nachrichten
bringen Unruhe.
abschießen: man stört bewußt oder
unbewußt Glück oder Frieden
eines anderen Menschen.

Mosaik
sehen: kündet die Beschäftigung mit
einer komplizierten Angelegenheit an.
herstellen: durch eigenes Verhalten
werden Komplikationen entstehen.

Most
Ausdruck der inneren Triebe, meist
im negativen Sinne; Mahnung,
seine Leidenschaften zu bezäh-
men.
sehen: Warnung vor Zügellosigkeit
und niedrigen Begierden bei sich
oder anderen.
herstellen: man wird andere zu min-
derwertigen Genüssen verleiten,
denen bald die Ernüchterung folgen wird.

trinken: bedeutet minderwertige
Genüsse, auf die schnell Ernüchterung folgen wird.

Motorboot
sehen: weist auf eine Vergnügungs-
reise hin.
damit fahren: man wird eine nette
Reisebekanntschaft machen.

Motorrad
sehen: verkündet einen schönen
Ausflug, von dem nur die Erinnerung bleibt.
selbst fahren: verkündet einen schönen Ausflug, der Folgen haben
wird.

Mücken
sehen: künden einen lästigen Besuch oder sonstige Belästigung
an.
von solchen gestochen werden: eine
gewährte Gastfreundschaft wird
mißbraucht, oder es wird durch
andere Personen Unfrieden ins
Haus gebracht.

Mühle
Streben nach Sicherheit, aber heimliche Befürchtung, nicht zum Ziel
zu gelangen.
sehen: verheißt ein schönes und
vorteilhaftes Erlebnis.
stillstehen sehen: verheißt Liebesglück.
klappern hören: bedeutet eine lohnende Arbeit.

Mühlrad
in Bewegung sehen: weist auf eine
lohnende Beschäftigung hin.
ein stillstehendes: bedeutet ein
Schäferstündchen.

ein zerbrochenes: ein Schäferstündchen wird gestört werden.
von einem Mühlrad oder von Wind-
mühlenflügeln erfaßt werden:
kündet ein folgenschweres Liebesverhältnis an.

Mühlsteine
in Bewegung sehen: bedeutet Familienzuwachs irgendwelcher Art.
stillstehende oder zerbrochene sehen: künden einen Todesfall oder
eine unvermeidliche Trennung
an.

Müller/Müllerin
sehen oder mit einem/r verkehren:
man wird einen reichen Freund
finden.
sein: beim anderen Geschlecht wird
man viel Erfolg haben.

Mumie
sehen: eine längst vergessen geglaubte unbedeutende Ge-
schichte aus früheren Zeiten wird
wieder aufgerollt.

Mund
wie die Zähne meist als rein sexuelles Zeichen der Potenz bei Mann
und Frau zu verstehen.
einen großen haben: man verspricht
ein guter Redner zu werden.

Münzen
als sexuelles Zeichen zu verstehen,
vor allem bei Frauen, die sich
selbst verkaufen wollen; sonst das
gleiche wie Geld.
Geldmünzen sehen: Warnung vor
einer geplanten Ausgabe, einem
geplanten Geschäft oder einem
sonstigen Unternehmen.

einnehmen: bedeutet Geld- oder
Vermögensverluste.
ausgeben: bringt den Dank anderer
oder unerwarteten Vorteil in einer Sache.
ausländische oder fremde sehen:
von einer nicht erwarteten Seite
wird man Geld oder sonstige
Werte erhalten, oder fremde Gel-
der oder Vermögenswerte werden für einen demnächst eine
wichtige Rolle spielen.
alte oder fremde aus Liebhaberei
sammeln: deutet auf eine Beschäftigung mit außergewöhnli-
chen Dingen oder auf ein außer-
gewöhnliches Ereignis hin.

Muschel
sehen: deutet auf die Aufklärung
einer Sache hin, die schon lange
zurückliegt.
finden und öffnen: ein eigenes,
sorgfältig gehütetes Geheimnis
wird offenbart oder verraten werden.

Museum
sich in einem befinden: man wird
Eingang in einen Menschenkreis
oder ein Milieu finden, was sich
für einen selbst als sehr wertvoll
oder vorteilhaft erweisen wird.
in einem solchen eigene Sachen sehen: man wird sich einem bisher
sehr wichtigen oder vorteilhaften
Kreis oder Milieu entfremden;
deutet im übrigen ganz allgemein
auf Verluste hin.

Musik
von einer inneren Unruhe und seelischen Unausgeglichenheit strebt

man nach einer bestimmten Harmonie.

schöne hören: verheißt angenehme Geselligkeit und Freude im allgemeinen.

häßliche hören: bringt unangenehme Bekanntschaften oder Mißstimmung im Bekannten- oder Freundeskreis.

selbst schöne machen: bedeutet häusliches Glück.

selbst häßliche machen: bringt Zank und Streit im häuslichen Bereich.

Mutter
Symbol der Fruchtbarkeit. Träumt man von ihr selten, ist das seelische Verhältnis zu ihr in Ordnung; träumt man von ihr häufig, herrscht Unsicherheit; die Selbständigkeit ist noch nicht erreicht.

sehen, die bereits verstorben ist: Warnung vor einer Unbedachtsamkeit.

sehen, die noch lebt: verkündet ein glückliches Ereignis.

eine sehen, die in Angst und Sorge um ihr Kind ist: es besteht die Gefahr, daß man von dem Unglück eines anderen Menschen in Mitleidenschaft gezogen wird.

sehen, die sich glücklich und liebevoll um ihr Kind bemüht: man wird von dem Glück eines anderen Menschen profitieren.

verlieren, die noch lebt: man wird von Gewissensbissen geplagt werden.

ein Muttermal haben: bringt Schmerzen.

Myrten
bedeuten Hochzeit.

N

Nabel
Ergründung eigener Unruhe, eines inneren Geheimnisses.

sehen, spüren oder einen Nabelbruch haben: es besteht Gefahr für die Angehörigen.

Nachbar/Nachbarin
einen sehen oder ihm begegnen: der Frieden droht gestört zu werden.

mit einem sprechen: deutet auf unangenehme Auseinandersetzungen hin.

Nachdenken
man soll sich nicht irremachen lassen.

Nachen (Boot)
das Lebensschiff gleitet – je nach der Lage im Wasser – ruhig oder stürmisch dahin.

einen ruhig dahingleiten sehen: eine schöne und ruhige Zeit steht bevor.

in einem bei ruhigem und klarem Wetter fahren: deutet auf ein schönes, aber unsicheres Glück hin.

in einem über stürmisches oder schmutziges Wasser fahren: minderwertige oder nicht ungefährliche Genüsse stehen bevor.

mit einem umkippen und ins Wasser fallen: bedeutet drohendes Unheil, insbesondere Unglück in der Liebe.

Nachkommenschaft
man wird ein beruhigendes Leben führen.

Nachricht

die Ungewißheit neigt dazu, bald
zu einer Tat zu schreiten.
eine gute erhalten: es ist eine
schlechte Nachricht zu erwarten.
schlechte erhalten: man kann mit
einer frohen Nachricht rechnen.

Nacht

Symbol für Gefahren im Unbewußten; innere Warnung.
dunkle: es sind trübe und schwere
Zeiten in Aussicht.
in einer dunklen unterwegs sein: bedeutet drohendes Unheil.

Nachtarbeit

machen: man wird für seinen Fleiß
belohnt werden.

Nachteule

stellt neben sexuellem Symbol (wie
bei allen Tieren) oft einen Warntraum dar; man sollte Ratschläge
anderer Menschen beachten.
eine sehen: man wird einen klugen
Rat erhalten, den man befolgen
soll.
rufen hören: bedeutet schwere Erkrankung oder Tod einer nahestehenden Person.

Nachtgeschirr

man wird sich sein Leben bequem
einrichten.

Nachthaube

bei anderen sehen: Warnung vor der
Treulosigkeit eines nahestehenden Menschen.
aufsetzen oder tragen: man wird
sein Glück verpassen oder verscherzen.

Nachthemd

erotisch, aber auch als Symbol für
den Charakter des Menschen
nach dem Zustand des Hemdes
zu verstehen.

Nachtigall

im Freien sehen: bedeutet Glück in
der Ehe, besonders in der Liebe.
singen hören: man wird heimlich
sehr geliebt.
in einen Käfig sperren: man hat unlautere Absichten.
in einem Käfig sehen: Warnung vor
unlauteren Absichten anderer.

Nachtlicht

verwenden: bedeutet Unruhe.

Nachtlokal

in einem verkehren: man wird in
schlechte Gesellschaft geraten,
für unnütze oder minderwertige
Dinge Geld ausgeben oder einer
Versuchung unterliegen.

Nachtmusik

hören oder erleben: man ist verliebt.

Nachtmütze

sehen oder tragen: die Frau führt
das große Wort.

Nachtwächter

Unsicherheit im Verhalten.
einen sehen oder mit einem verkehren: dem häuslichen Frieden
droht eine innere oder äußere Gefahr.
sein: man wird Streit im Hause bekommen.

Nachzahlung

leisten müssen: man wird übervor-
teilt werden.

Nackt

seelisch ist etwas ganz und gar nicht
in Ordnung; es handelt sich je
nach Inhalt oft nur um einen primitiven sexuellen Traum.

nackte kleine Kinder sehen: verheißt schönstes und reinstes
Glück.

einen schönen Menschen anderen
Geschlechts nackt sehen: Befriedigung einer heimlichen und heißen Sehnsucht.

einen häßlichen Menschen anderen
Geschlechts nackt sehen: durch
eine Liebesaffäre wird man
Schande und Spott zu erwarten
haben.

durch den plötzlichen Anblick eines
nackten Menschen erschrecken:
bedeutet auch im Leben einen bösen Schreck.

umhergehen: man wird in Not geraten.

Nadel

sehen: man hat Anfeindungen
durch andere zu erwarten.

mit einer hantieren: durch sein eigenes Verhalten wird man sich
Feinde schaffen.

sich mit einer stechen: bedeutet den
Verlust eines Freundes.

Nagel (aus Eisen)

sehen: bedeutet einen ernstzuneh-
menden Gegner.

einschlagen: man wird einen ernsten
Schaden durch das Verhalten eines Widersachers erleiden.

einschlagen wollen und dabei
krumm schlagen: man wird
einen Feind unschädlich machen.

Sargnagel: bedeutet Glück.

Nagel (der Gliedmaßen)

man sucht etwas zu halten, das ent-
gleiten kann; steht oft im Zusammenhang mit Prozessen und heftigen Diskussionen.

sehen: verheißt eine finanziell gute
Zeit.

übermäßig lang gewachsene Nägel
haben oder solche wachsen sehen: man will sich auf unsichere
Spekulationen einlassen.

beschneiden oder abreißen: bedeutet finanzielle Verluste.

Nagelschmied

alle Wünsche werden sich erfüllen.

Nähmaschine

sehen: verheißt das Gelingen eines
Planes oder einer Absicht.

bedienen: bedeutet viel Arbeit, die
sich kaum lohnt.

bedienen und dabei Schwierigkeiten
haben oder der Faden reißt: eine
große Mühe ist vollkommen umsonst.

Nähzeug

sehen: Mahnung, eine noch nicht
erledigte Arbeit oder Angelegenheit in Ordnung zu bringen.

verlieren oder nicht finden können:
bedeutet den Verlust des Einkommens.

Namen

als Ruf an uns selbst, als Warnung
vor Verlust der eigenen Persönlichkeit zu verstehen.

seinen eigenen hören: ein lieber
Mensch ist in Not.

seinen eigenen lesen: man wird in
der Öffentlichkeit genannt oder
bekannt.

seinen eigenen schreiben: Warnung
   vor einer Festlegung auf eine Sache.

Narr

man verspottet zuviel seine Umgebung und sollte einmal über sich
   selbst lachen.
sein oder närrische Einfälle haben:
   bringt Auszeichnung oder ein beruhigendes Dasein.

Nase

Potenzfrage, meist sexuell zu bewerten; mitunter Warnung vor
   Gehirnerkrankung und Reizun-
   gen.
eine besonders große oder auffal-
   lende sehen: kommt einer Warnung gleich, sich nicht in anderer
   Leute Angelegenheiten zu mi-
   schen.
sich selbst mit einer besonders großen oder auffallenden sehen: man
   soll sich bei der Durchführung
   eines Planes oder einer Arbeit
   nicht durch das Gerede anderer
   beirren lassen.
keine Luft durch sie bekommen:
   deutet auf Hindernisse und
   Schwierigkeiten in einer Angelegenheit hin.
eine blutende haben: bedeutet Vermögensverlust.

Naß

werden: bringt Schädigung des An-
   sehens.
jemanden naß machen: man soll
   im Urteil über einen anderen
   Menschen vorsichtig sein,
   um ihm nicht unrecht zu
   tun.

Natter

sehen: das Glück der Liebe oder
   Ehe ist in Gefahr.
von einer gebissen werden: Warnung vor falschen Freunden oder
   einer unglücklichen Verbindung.

Nebel

deutet auf Unklarheit über die Zukunft und die einzuschlagenden
   Wege.
vor sich sehen: in einer Sache wird
   man vor unvorhergesehene
   Schwierigkeiten gestellt werden,
   die aber dank eigener Besonnen-
   heit zu überwinden sind.
darin nichts mehr um sich erkennen
   können: man wird vor eine Aufgabe oder Angelegenheit gestellt
   werden, zu deren Bewältigung
   man sich nur auf sein Gefühl und
   seinen gesunden Menschenver-
   stand verlassen soll.

Neger

Widerstreit des Hellen gegen das
   Dunkle, meist negatives Innenleben.
sehen: Warnung vor Übertreibungen.
einen zum Freund haben: man wird
   sich mit einem Gegner aussöhnen.
mit einem in Streit geraten: man
   wird schweren Anfeindungen
   ausgesetzt sein.
sich selbst als einen sehen: Mahnung, in einer bestimmten Sache
   aufrichtig und offen zu sein.

Neid

innere Spannungen zur Außenwelt
   ergeben ein unbefriedigendes Leben; bedeutet Kummer und Sorgen.

Nelke

eine blühende sehen: verheißt einen
    treuen Freund; die Farbe der
    Nelke zeigt den Charakter des
    Freundes an – grün: Heiterkeit
    und Optimismus; blau: große
    Offenheit; rot: sehr großes Tem-
    perament, gelb: er wird mürrisch
    sein; schwarz: Verschlossenheit
    und Melancholie; weiß: Selbstlo-
    sigkeit.
pflücken: eine Freundschaft wird
    durch Unüberlegtheit in Gefahr
    gebracht.
eine welke sehen: eine Freundschaft
    wird verblassen.

Nest

Konzentration auf einen bescheide-
    nen Zukunftsaufbau.
ein leeres sehen: eine ersehnte Lie-
    besverbindung kommt nicht zu-
    stande, oder es entsteht häusli-
    cher Unfriede, oder ein Familien-
    mitglied verläßt das Haus, um
    seine eigenen Wege zu gehen.
eines mit Eiern oder Jungen sehen:
    verheißt die Gründung oder die
    Gestaltung eines glücklichen
    Hausstandes oder deutet auf Fa-
    milienzuwachs hin.
selbst eines zerstören: man wird
    durch eigene Schuld Heim oder
    Heimat verlieren: handelt es sich
    um das Nest eines gefährlichen
    Tieres, wird man einer großen
    Gefahr bewußt oder unbewußt
    entgehen.
ein zerstörtes sehen: bedeutet Lie-
    beskummer oder häusliche Sor-
    gen.
ein solches eines gefährlichen Tieres
    sehen: man wird es mit bösen
    Menschen zu tun bekommen.

Netz

sexuell zu verstehen: man sehnt sich
    danach, genommen zu werden
    (Frau) oder eine Bindung einzu-
    gehen (Mann).

Neu

gekleidet sein: bedeutet Zufrieden-
    heit.

Neugierig

sein: bedeutet Mißachtung gegen-
    über Menschen.

Neuigkeit

erfahren: ein Brief aus der Ferne
    wird ankommen.

Neujahr

fröhlich, übermütig erleben: das
    Jahr wird voraussichtlich noch
    viel Kummer und Sorgen brin-
    gen.
still, ernst oder nachdenklich erle-
    ben: bringt viel Freude und Segen
    im Laufe des Jahres.
traurig erleben: ein lange gehegter
    Wunsch wird im Laufe des Jahres
    in Erfüllung gehen.

Neumond

siehe unter Mond.

Neun

bei Frauen ist es der Wunsch nach
    einem Kind, bei Männern zur
    Gründung einer Familie.
als Zahl sehen: man hat in nächster
    Zeit Glück mit allen Dingen, in
    denen eine Neun enthalten ist
    oder eine Rolle spielt.

Niederkunft

Wunschtraum, der anzeigt, daß man
    sein Ziel erreichen wird.

eine eigene glückliche erleben: ein
gestecktes Ziel wird man glücklich erreichen.
eine unglückliche erleben: eine
schon verloren geglaubte Sache
wird, wenn auch unter Schwierigkeiten, zu einem guten Ende führen.
einer glücklichen fremden beiwohnen: deutet auf Erfolge im Freun-
des- oder Bekanntenkreis hin,
von denen man selbst Nutzen hat.
einer fremden mit unglücklichem
Ausgang beiwohnen: Erfolge
bleiben aus.

Niesen
hat eine erfolgversprechende Vorbedeutung.

Nische
in einer stehen oder sitzen oder eine
solche aufsuchen: deutet auf eine
heimliche Liebesgeschichte oder
Liebhaberei hin.

Nonne
Vorsicht vor Übertreibungen!
eine sehen: Warnung vor der
Scheinheiligkeit anderer.
mit einer verkehren: bedeutet einen
Berufswechsel oder allgemein
eine Veränderung der derzeitigen
Verhältnisse.
selbst eine sein oder werden: tröstli-
cher Hinweis auf kommende Besserung; verspricht insbesondere
eine glückliche Ehe oder Häuslichkeit.

Nordlandreise
machen: aufregende und aufrei-
bende Verhältnisse belasten den

Träumer; es herrscht eine drük-
kende und schwüle Lebensatmo-
sphäre.

Nordpol
sehen: warnt vor Extremen und davor, seine Kräfte in einer Sache zu
überschätzen.
aufsuchen wollen: man steht vor einer Aufgabe, welche die eigenen
Kräfte übersteigt.
sich auf ihm befinden: in einer Sache, die einem viel Kopfzerbrechen bereitet, wird man eine Lösung finden.

Not
man ist unruhig und hofft, daß
Dritte einem zum Ziel verhelfen.
sich in Not befinden: ein glückliches Ereignis steht vor der Tür.
andere in Not sehen und ihnen helfen wollen: man wird eine wertvolle Hilfe erhalten.
der Not anderer gegenüber gleichgültig sein: es droht ein schwerer
Schicksalsschlag.

Notar
bei der Arbeit sehen: kündet ein
wichtiges Familienereignis an.

Notdurft
verrichten: man wird erfolgreich
sein.

Noten
schreiben: deutet auf falsche
Freunde hin.

Notizbuch
sehen: deutet auf Unordentlichkeit
hin.

in einem schreiben: jemand wird einer Verpflichtung einem selbst gegenüber nachkommen, an die man nicht mehr gedacht hat.

in einem blättern: man wird an etwas Unangenehmes erinnert werden.

verlieren oder nicht finden können oder eine gesuchte Notiz nicht im Notizbuch finden: zeigt einen Verlust durch eigene Vergeßlichkeit an.

Nudeln

kann ein Mangeltraum sein oder aber auch sexuelle Bedeutung haben.

sehen: man wird durch jemanden oder durch etwas gelangweilt werden.

kaufen oder zubereiten: bringt einen langweiligen Besuch ins Haus.

essen: man muß selbst einen langweiligen Besuch machen.

Null

als runde Sache sexuell zu bewerten, niemals aber als ein Nichts anzusehen.

viele Nullen sehen: verspricht berufliche oder geschäftliche Erfolge oder Vermögenszuwachs.

Nuß

bedeutet dasselbe wie Frucht, aber die Erledigung ist komplizierter.

eine sehen: Warnung vor einer Täuschung; Begegnung mit einem Menschen, hinter dessen rauher Schale ein edler Kern steckt.

knacken: man wird viel Arbeit bekommen.

essen: für ein mutiges und tatkräftiges Handeln wird man belohnt werden.

eine bittere essen: wer den Schaden hat, braucht für den Spott nicht zu sorgen.

eine hohle finden: bringt eine Enttäuschung.

einen Nußbaum mit Früchten sehen: man muß mit Schwierigkeiten rechnen, nach deren Überwindung aber ein schöner Erfolg winkt.

einen Nußbaum ohne Früchte sehen: Schwierigkeiten, Hindernisse und Sorgen tun sich vor einem auf.

Nußknacker

einen sehen: man wird eine harte Nuß zu knacken bekommen.

erfolgreich gebrauchen: man wird eine schwierige Sache zu einem guten und erfolgreichen Ende führen.

erfolglos gebrauchen: man wird an einer Sache scheitern.

Nutzen

haben: bedeutet Verlust.

Nymphen

sehen: verheißt ein schönes Liebesleben.

von solchen umringt sein: man gerät in Zweifel, wen von zwei Menschen man mehr liebt oder wem man seine Liebe schenken soll.

fliehen oder verschwinden sehen, wenn man nach ihnen greift: bedeutet ein trauriges Liebeserlebnis.

O

Oase

eine sehen: verheißt eine Ferien-
freude, Erholungsreise oder sonstige Ausspannung.

sich in einer befinden: Ermahnung,
in einer Arbeit nicht nachzulas-
sen.

eine verlassen, um den Marsch in
die Wüste anzutreten: ein schwerer Gang steht einem bevor.

Obdach

ein Angsttraum, der andeutet, daß
man das Bemühen um eine Le-
bensnotwendigkeit nicht alleine
schafft.

suchen und finden: man wird ein
neues Leben beginnen müssen.

verlieren: in einer Sache soll man
den Mut nicht sinken lassen, da
schon alles gut werden wird.

Obelisk

sehen: man führt ein musterhaftes
Leben.

Oben

sein oder stehen: bei seiner jetzigen
Arbeit steht man am richtigen
Platz.

Oberst

selbst einer sein oder mit einem zu
tun haben: man wird eine gute
Stellung erhalten.

Oblate

sehen oder essen: bedeutet einen
Briefwechsel.

Obrigkeit

mit ihr zu tun haben: man wird Geld
benötigen.

Obst

fast ausnahmslos als Sexualsymbol
zu verstehen, auch in der deut-
lichsten und stärksten Form.

auf Bäumen sehen: verheißt Wohlergehen.

in einem Geschäft oder Verkaufs-
stand sehen: vorteilhafte Geschäfte bahnen sich an.

in Körben, Schalen oder dergleichen
sehen: man wird Gäste haben
oder selbst eingeladen werden.

anbieten: man wirbt um die Gunst
eines anderen.

angeboten bekommen: Warnung
vor einer Versuchung oder Verführung.

süßes und wohlschmeckendes essen: gutes Fortkommen oder Gelingen eines Planes.

bitteres essen: man hat Schwierigkeiten in einem Vorhaben.

vom Baum schütteln wollen, ohne
daß es herunterfällt: Ermahnung,
daß sich mit Gewalt nichts erreichen läßt.

vom Baum schütteln: in einer Sache
sollte man energischer vorgehen.

vom Boden aufsammeln: für eine
kleine Mühe wird man reichlich
belohnt werden.

einmachen: man wird vor einer unnötigen Geldausgabe bewahrt
bleiben.

eingemachtes sehen: in Zeiten der
Not wird man ein Sparguthaben
besitzen.

selbst kochen oder zubereiten: verheißt Gewinn auf einem neuen
Weg.

gekochtes oder zubereitetes sehen: bedeutet eine vorteilhafte Veränderung.

unreifes sehen oder essen: deutet auf Erkrankung hin.

faules sehen: Vorsicht, daß man wegen einer Sache nicht verspottet wird oder sich lächerlich macht.

Obstgarten

selbst besitzen: deutet auf eine Erbschaft oder sonstige Zuwendungen hin.

einen fremden sehen: man wird in Versuchung kommen, fremdes Eigentum zu untersuchen oder zu prüfen.

Ochse

als Sexualsymbol, Begriff der Stärke zu verstehen; oft Potenztraum meist älterer Menschen.

Ochsen auf der Weide sehen: bringt Gewinn oder Wohlergehen.

im Stall sehen: verheißt eine reiche, gut bestellte Häuslichkeit.

vor einen Wagen gespannt sehen: verkündet mühevolle, aber lohnende Arbeit oder Beschäftigung.

brüllen hören: kündet eine drohende Gefahr an.

von einem angefallen werden: man wird eine einflußreiche Persönlichkeit zum Feinde haben.

beim Schlachten eines solchen zusehen oder beteiligt sein: materielle Vorteile sind nur zu erzielen, indem man Glück oder Frieden anderer Menschen stört oder zerstört; Mahnung, nicht nur an sich, sondern auch an andere zu denken.

Ofen

ein sexuelles Symbol: Potenzfrage.

einen geheizten sehen: man wird ein behagliches Heim oder einen wohltuenden Verkehr finden.

einen kalten sehen: kündet eine nüchterne, unfreundliche oder frostige Umgebung oder Verkehr mit solchen Menschen an.

heizen: wenn das Feuer schön zu brennen beginnt, bedeutet das schöne Stunden im eigenen Heim; wenn das Feuer nicht brennen will, Ärger und Streit zu Hause.

sich an einem wärmen: man wird einen Menschen finden, der einen sehr lieb hat.

sich an einem verbrennen: durch ein Liebesverhältnis wird man in große Schwierigkeiten geraten.

sich an einem wärmen wollen und feststellen, daß der Ofen kalt ist: Enttäuschungen in Liebesangelegenheiten.

einen saubermachen und sich dabei mit Ruß beschmutzen: durch ein Liebes- oder Freundschaftsverhältnis wird man an Ruf und Ansehen verlieren.

Ofenrohr sehen: es wird noch lange dauern, bis man zu einer behaglichen und friedlichen Häuslichkeit kommt.

Ofenrohr saubermachen und sich dabei mit Ruß beschmutzen: durch ein Liebes- oder Freundschaftsverhältnis wird man an Ruf und Ansehen verlieren.

Offiziere

sehen: man wird eine Dame kennenlernen.

Ohnmacht

in eine fallen: verheißt eine Erbschaft oder sonstige Zuwendung.
jemanden in Ohnmacht fallen sehen: man wird von jemandem an-
gepumpt werden.

Ohr

fällt unter die erotischen Zonen.
eines sehen: Ermahnung, auf das zu
achten, was über einen selbst erzählt wird, da man dann etwas
Wichtiges erfahren wird.
jemanden mit großen Ohren sehen:
eine Bitte wird Erfolg haben.
selbst große haben: verspricht viel
Freude.
verstopfte oder verbundene haben
oder taub sein: das in einen Menschen gesetzte Vertrauen wird
mißbraucht.
reinigen: in einer Sache wird man
berechtigtes Mißtrauen haben.
daran gezogen werden: man wird
an ein gegebenes Versprechen
erinnert.
selbst jemanden daran ziehen: man
wird Kummer durch den Fehltritt
eines lieben Menschen leiden.
auf taube Ohren einreden: bedeutet
Nichterfüllung eines Wunsches
oder einer Bitte oder Mißlingen
eines Planes oder einer Absicht.

Ohrfeige

erhalten: eine eigene Fehlhandlung
wird sich rächen.
einem anderen geben: eine verdrießliche Sache mit falschen Mitteln
erledigen zu wollen, wird sie
noch unangenehmer machen.

Ohrringe

sehen: bringt die Bekanntschaft mit
einer Frau.

kaufen oder tragen: bedeutet im
Männertraum Warnung vor kostspieligen Liebesabenteuern, im
Frauentraum Mißerfolg in der
Gesellschaft.
geschenkt bekommen: bedeutet
großen gesellschaftlichen Erfolg.

Öl

man will Ruhe und Frieden, kann
sich diese aber nicht selbst ver-
schaffen.
sehen: kündet für die nächste Zeit
ein ruhiges Leben an.
damit hantieren: man wird ein stö-
rendes Hindernis beseitigen.
trinken: jemand wird einem trotz
großer Liebenswürdigkeit Wi-
derwillen einflößen.
brennendes mit rauchlosen Flammen sehen: bedeutet ein wertvolles Geschenk oder sonstige Zuwendungen, durch die das Leben
für die nächste Zeit in ruhige,
friedliche und glückliche Bahnen
gelenkt wird.
brennendes mit starker Rauchent-
wicklung: Ruhe und Frieden
werden durch ein besonderes Ereignis stark gestört werden.
kaufen: bedeutet einen Gewinn.

Oliven

Symbol der Erotik; Früchte aus
dem Garten der Liebe sind zu
pflücken.
am Baum sehen: verheißt Erfolg in
der Liebe.
sehen, wie solche vom Baum gepflückt oder geschüttelt werden:
Warnung vor einer Verfüh-
rung oder einer nicht echten
Liebe.

selbst pflücken oder vom Baum
 schütteln: Mahnung, nichts zu
 übereilen.
abgefallene am Boden liegen sehen:
 bedeutet ein minderwertiges Liebeserlebnis.
im Laden oder in einem Verkaufs-
 stand sehen: verheißt eine Liebesaffäre mit Spekulation auf den
 Geldbeutel des anderen.
essen: verbotenes oder heimliches
 Liebeserlebnis.
faule: bedeutet Falschheit oder
 Treulosigkeit in der Liebe.
Olivenbaum: bedeutet Glück.
Olivenzweig: bringt Fortschritt.

Olymp
sehen: man soll auf Gott vertrauen.

Olympiade
einer als Zuschauer beiwohnen: andere haben in einer Sache das gleiche Ziel wie man selbst.
selbst als Wettkämpfer daran teilnehmen: man wird einem Rivalen
 oder anderen Bewerbern unterliegen.
beim Wettkampf unterliegen oder
 keine Entscheidung erreichen:
 man wird seine Rivalen aus dem
 Felde schlagen; Furchtsamkeit
 wäre grundlos.

Onkel
sehen: kündet Auseinandersetzung
 in der Familie an.

Oper
fast immer die Darstellung des eigenen Lebens oder einzelner Episoden oder unklarer Momente daraus.

eine hören: Warnung vor der Unaufrichtigkeit anderer.
selbst in einer mitwirken: man wird
 eine hervorragende Rolle spielen,
 aber leicht Rückschläge erfahren.

Operation
mitunter als Warntraum zu verstehen; der bisher beschrittene Lebensweg ist nicht befriedigend;
 ein gewaltsamer, schmerzhafter
 Eingriff ist zu erwarten.
einer beiwohnen: deutet auf traurige Verhältnisse oder einen
 schweren Schicksalsschlag hin.
eine an sich selbst erleiden: verspricht Hilfe durch andere aus einer Not oder Bedrängnis.

Operette
hören: verkündet fröhliche und hei-
 tere Gesellligkeit.
in einer selbst mitwirken: man baut
 Luftschlösser.

Opernglas
sehen: stellt die Erfüllung eines
 Wunsches in Aussicht.
durch eines betrachtet werden: verkündet Belästigungen oder gar
 Bedrohungen durch andere; in
 harmlosen Fällen wird man durch
 sein Verhalten angenehm oder
 unangenehm auffallen.

Opfer
bringen: man wird beliebt werden.
einen Opferstock sehen: mahnt an
 die Vergänglichkeit alles Irdischen.
einen Opferstock mit einer Gabe
 versehen: man wird in der Not
 einen Freund finden.

achtlos an einem Opferstock vorübergehen: verkündet Einsamkeit und Verlassenheit.

Opium
Flucht vor Unangenehmem, oft
auch Erschöpfung des Nervensy-
stems.
sehen: warnt vor einer Neigung, da
diese ins Verderben führen kann.
angeboten bekommen: Warnung
vor einem Betrüger oder Verfüh-
rer.
genießen: man wird betrogen.
andere genießen sehen: warnt vor
leichtsinniger Gesellschaft.
eine Opiumhöhle betreten: man
wird sich auf ein sehr gewagtes
Unternehmen oder Abenteuer
einlassen.

Orangen
als sexuelles Symbol zu verstehen.
sehen: Warnung, mehr an seine Gesundheit zu denken.
haben: bezieht sich in erster Linie
auf die Gesundheit.
essen: eine gesundheitlich gute oder
bessere Zeit liegt vor einem.

Orchester
sehen: deutet auf die Teilnahme an
einer größeren Veranstaltung hin.
in einem mitwirken oder es dirigie-
ren: man wird in eine Organisa-
tion eintreten oder selbst eine
schaffen.

Orden
Vorsicht vor Verführungen; man
sehnt sich nach bestimmten Aus-
zeichnungen.
sehen: deutet auf eine Auszeichnung hin.

einen anderen mit vielen sehen oder
mit ihm verkehren: verheißt eine
wertvolle Bekanntschaft.
verliehen bekommen: Warnung vor
Hochmut.
sich solche anlegen oder tragen:
deutet auf Verlust an Ehre und
Ansehen hin.

Orgel
Wunschtraum nach innerer Harmonie.
sehen: kündet ein ernstes oder
wichtiges Ereignis an.
spielen hören: bedeutet Teilnahme
an einer ernsten Feierlichkeit.
selbst spielen: bedeutet Zurückgezogenheit.
Orgelbauer: verheißt gute Nachrichten.

Orgie
sehen: Warnung vor schlechtem
Umgang oder vor minderwerti-
gen und kostspieligen Genüssen.
sich an einer beteiligen: man wird in
schlechten Ruf kommen.

Orkan
wüten sehen: kündet einen schweren Verlust (einer Sache oder eines Menschen) an.
sich in einem solchen in Gefahr sehen: man wird in Lebensgefahr
kommen; gehört zu den Wahr-
träumen.

Ornament
sehen: man wird Bekanntschaft mit
Künstlern machen.
selbst anfertigen: das eigene Tun erregt die Bewunderung anderer.
zerstören: etwas Schönes wird von
einem oder durch andere in den
Schmutz gezogen.

Ostereier

verstecken: bedeutet vorübergehende Trennung von einem geliebten Menschen.

suchen: man ist verliebt.

finden: man wird geliebt.

verschenken: dem Liebeswerben eines anderen wird man nachgeben.

geschenkt bekommen: läßt eine Liebeserklärung erwarten.

essen: eine zu leidenschaftliche Liebe wird unerwartete oder unerwünschte Folgen haben.

Ostern

Auferstehung, Umstellung, Überwindung der Beharrung im alten Zustand; Hoffnung auf spätere Besserung.

Otter

sehen: bedeutet eine unglückliche Liebe.

von einer gebissen werden: zerstörtes Glück.

töten: verkündet eine Versöhnung.

Ouvertüre

hören: verkündet Aufstieg und Erfolg im Leben.

P

Paar

ein glückliches sehen: man wird sich selbst unglücklich fühlen.

Pacht

das eigene Unvermögen, die Probleme des Lebens zu meistern, macht es nötig, sich einem anderen auszuliefern.

eine übernehmen: man wird die Abhängigkeit von einem anderen als drückend empfinden.

eine vergeben oder es mit einem Pächter zu tun haben: bedeutet Mißbrauch des eigenen Vermögens oder Wertbestandes durch andere.

Packen

eigene Sachen packen: deutet auf eine Veränderung hin.

fremde Sachen: läßt Belästigungen oder Mißstimmung durch andere erwarten.

jemanden beim Packen sehen: kündet Besuch von auswärts an.

Paket

immer drängt sich eine sexuelle Auslegung auf, wobei die Art des Paketes von Bedeutung ist.

durch die Post erhalten: bedeutet gute Geschäfte.

leeres bekommen: schlechte Geschäfte.

mit Gold: verheißt Ehre und Reichtum.

Palast

ein durch eine augenblickliche Notlage veranlaßter Wunschtraum, dem immer ein unschönes Erwachen folgt.

einen sehen: kündet den Verlust der persönlichen Freiheit an.

geschenkt erhalten oder erben: man wird in eine Notlage oder arge Bedrängnis geraten.

in einem wohnen: in einer Angelegenheit wird man einen bösen Sturz oder ein böses Erwachen erleben.

in einem verkehren: man wird in
eine drückend empfundene Abhängigkeit von einem anderen geraten.

Palme
ist immer als ein sexuelles Symbol
zu verstehen, das besonders die
männliche Kraft betont und viel
von Frauen geträumt wird.
eine im Freien sehen: bedeutet die
Erfüllung eines lange gehegten
Wunsches.
eine Zimmerpalme sehen: man wird
mit der Entwicklung einer Angelegenheit sehr unzufrieden sein.

Panoptikum
sehen oder besuchen: man wird einen bösen Schrecken erleben, der
aber ohne schlimme Folgen
bleibt.

Panther
sehen: Warnung vor falschen und
gehässigen Menschen.
von einem verfolgt oder angefallen
werden: infolge hinterhältiger
Verleumdung wird man zu Schaden kommen.
einen erlegen: in einer Sache wird
man glänzend rehabilitiert werden.

Pantoffel
zeugt von materieller Einstellung,
die Vorteile vor die eigenen Wünsche stellen will.
sehen: Mahnung, sich nicht unter-
kriegen zu lassen.
kaufen: man wird eine große
Dummheit begehen.
geschenkt erhalten: verheißt für Ledige baldige Verlobung oder Ver-

heiratung; für Verheiratete: man
wird sich dem Willen des Ehegatten fügen müssen.
tragen: eine häßliche häusliche
Szene ist zu erwarten.
Holzpantoffel: man droht herrsch-
süchtig zu werden.

Panzer
sehen: mahnt zur Vorsicht gegenüber einem Feind, der Böses
sinnt.
einen tragen: trotz aller Anfeindungen wird man ein erstrebtes Ziel
erreichen.
einen Panzerwagen sehen: vor einem übelwollenden Menschen
muß man sich in Sicherheit bringen.
in einem Panzerwagen fahren: erinnert an lästige Versprechen oder
Verpflichtungen, derentwegen
einem zugesetzt wird; auch bevorstehende innere Unruhen im
Lande.

Papagei
sehen oder sprechen hören: jemand
plaudert ein Geheimnis aus, das
man streng gehütet glaubte.

Papier
die Erledigung schwebender Angelegenheiten wird dringend notwendig.
schneiden: bedeutet eine Trennung
oder Auflösung.
leere Papierblätter oder -bogen sehen: demnächst wird ein wichtiges Schriftstück eine Rolle spielen.
beschreiben oder bemalen: eine eigene Angelegenheit wird einen
innerlich sehr beschäftigen.

andere beschreiben sehen: eine
fremde Angelegenheit wird einen
sehr beschäftigen.

beschriebene oder bedruckte Papierblätter oder -bogen sehen:
bedeutet viel unnötige oder be-
langlose Korrespondenz.

zerreißen oder verbrennen: mit einer Sache wird man kurzen Prozeß machen; oder eine Mahnung,
es zu tun.

Papierrollen sehen: kündet einen
langwierigen Prozeß an; bei weißem Papier wird man ihn gewinnen, bei anderer Farbe geht er
verloren.

Papiergeld: siehe Geld, Banknoten.

Papierfabrik: Verlorenes wird man
wiederbekommen.

Pappdeckel
sehen: man wird verraten werden.

Pappel
sehen: man befindet sich auf dem
richtigen Weg.

Papst
sehen: verheißt Vergebung eines
Fehltritts und Bewahrung vor
dessen nachteiligen Folgen.

Parade
eine sehen: Mahnung zur Selbstdis-
ziplin.

bei einer mitmachen: man wird vom
Schicksal in straffe Zucht genom-
men und dadurch zu Erfolg und
Anerkennung geführt.

Paradies
man rechnet auf außerirdischen
Lohn als Trost gegenüber der
Undankbarkeit der Umwelt.

sehen: verheißt eine glückliche Zeit.
sich darin befinden: Warnung vor
Übermut.

Paradiesäpfel: mit Widerwärtigkeiten ist zu rechnen.

Parfüm
kaufen oder sich selbst parfümieren:
man möchte die Gunst eines anderen erringen, vermag aber die
eigenen Fehler und Schwächen
nicht ganz zu verdecken.

geschenkt bekommen oder riechen:
jemand verbirgt einem gegenüber
etwas.

verschenken: das Werben um die
Gunst eines anderen wird erfolgreich sein.

Park
ein Wunschtraum, wobei man sich
nach Ruhe und Ausspannung
sehnt; auch nervöse Überreizung.

einen sehen: verheißt wohlhabende
Freunde.

in einem spazierengehen: man wird
geselligen Verkehr finden oder
ein schönes Fest mitmachen.

Paß (Bergübergang)
einen sehen: verkündet die Überwindung einer Schwierigkeit, die
einem sehr hinderlich ist.

überschreiten: man wird die Kehrseite einer Sache oder eines Menschen kennenlernen.

Paß (Ausweis)
man wird sich über einen notwendig
gewordenen Ausweg klar.

den eigenen sehen: kündet eine
Reise an.

einen fremden sehen: bedeutet
Schwierigkeiten mit Behörden
oder Sorgen im Zusammenhang
mit der Reise eines anderen.
Paßkontrolle: durch höhere Gewalt
wird man in seiner Bewegungs-
freiheit behindert werden.

Pastete
sehen: verheißt ein Vergnügen.
zubereiten: man wird sich eine
harmlose Freude bereiten.
essen: kündet Gesundheit und
Wohlergehen an, wenn man in
allem das richtige Maß zu halten
versteht.

Pate
sehen: man wird bei jemandem
Hilfe und Unterstützung in einer
Sache finden.
sein: kann eine Kindtaufe ankündigen; man wird eine Verpflichtung
übernehmen, die einem manche
Mühe und Sorge bereiten wird.

Patent
erhalten: man wird einen guten Gedanken haben, den man in die
Wirklichkeit umsetzen sollte.
mit einem fremden zu tun haben: in
einer Angelegenheit kommt man
zu spät und hat das Nachsehen.

Patronentasche
sehen: es werden gute Zeiten kommen.

Pauke
sehen oder hören: verkündet Neuigkeiten.
selbst schlagen: man wird unangenehm auffallen.

Pech
Angsttraum mit Furcht vor negativem Ausgang von Plänen; meist
eine Folge von unregelmäßiger
Verdauung.
sehen: man wird bei jemandem an-
geschwärzt, auf dessen Wohlwollen man großen Wert legt.
sich damit beschmutzen oder beschmutzt werden: Erfolg oder
Gewinn werden einem von anderen mißgönnt.
andere damit beschmutzt sehen: andere ernten, was man selbst gesät
hat.
oder »Malheur« haben: verspricht
glückliches Gelingen eines Planes
oder Unternehmens.

Peitsche
eine sehen oder knallen hören:
durch eigene oder anderer Menschen Saumseligkeit droht Schaden.
mit einer geschlagen werden: man
wird beleidigt werden oder hat
unter den Folgen einer Beleidigung zu leiden.
selbst eine führen: verspricht gutes
Vorwärtskommen.

Pelz
Vorsicht vor Fieber und möglichen
Erkrankungen.
einen liegen oder hängen sehen: verspricht ein behagliches Leben.
geschenkt erhalten: kündet eine
Geldheirat oder eine Verbindung
an, bei der Liebe oder Freundschaft nicht im Vordergrund
steht.
tragen: man wird sich auf anderer
Leute Kosten einen guten Tag
machen.

jemanden in einen Pelz eingehüllt
sehen: verheißt einen reichen
Freund oder Gönner.
eine Pelztierfarm sehen: verspricht
großen Reichtum.
eine Pelztierfarm besitzen: großer
Reichtum wird von verhältnismäßig kurzer Dauer sein.

Pergament
ein altes sehen oder finden: kündet
eine überraschende wertvolle
Entdeckung an.

Perlen
Scheinglanz, der nur wenig Hoffnung verspricht.
sehen: bedeutet Tränen.
schenken: eine gutgemeinte Tat
schlägt ins Gegenteil um.
geschenkt erhalten: ein wertvolles
oder kostbares Geschenk bringt
Unheil, Kummer oder Sorgen.
tragen: trotz äußeren Glanzes oder
Wohlergehens wird man innerlich leiden.

Perlmutter
sehen: schlimme Zeiten stehen einem bevor.

Perücke
sehen: Ermahnung, sich nicht täuschen zu lassen.
selbst eine tragen: man leidet unter
Minderwertigkeitsgefühlen.

Petersilie
man liefert sich schlechten Spekulationen aus.

Petroleum
sehen: eine Bekanntschaft wird
nützlich, aber wenig angenehm
sein.

verschütten: eine aus Zweckmäßig-
keitsgründen aufrechterhaltene
Bekanntschaft wird in die Brüche
gehen.
anzünden oder ins Feuer gießen:
warnt vor einer großen Leichtsin-
nigkeit.

Petschaft
siehe Siegel.

Pfad
einen vor sich sehen: verheißt ein
heimliches oder vor anderen geheimgehaltenes Glück.
begehen: man geht ohne Beachtung
von Anschauungen und Prote-
sten anderer seinen eigenen Weg.
verlieren: man wird in eine Verlegenheit geraten.
ein breiter: bedeutet Glück.
enger: das Glück ist nur halb.

Pfadfinder
sehen: Mahnung, nicht vom rechten
Weg abzukommen.
selbst sein: man wird sein Glück im
verborgenen suchen und auch
finden; auch eine Mahnung, das
Glück gegen Mißgunst verborgen
zu halten.

Pfahl
einen sehen: bei einem Beginnen
wird man Unterstützung finden.
in die Erde rammen: man wird den
Grundstein zu einem gesicherten
Glück legen.

Pfand
man weiß sich in seiner großen
Sorge nicht zu helfen und muß
versuchen zu retten, was zu retten
ist.

eines weggeben: Warnung vor einer
  unüberlegten und nachteiligen
  Bindung oder Verpflichtung.
entgegennehmen: auf eine Freundschaft oder Bekanntschaft kann
  man sich verlassen.
an einem Pfänderspiel teilnehmen:
  man soll nicht um Mittel und
  Wege verlegen sein, um sein Ziel
  in der Liebe zu erreichen.

Pfändung
erleiden: bedeutet eine Trennung
  oder einen drohenden Verlust.
bei einem Schuldner vornehmen lassen: für eine Unvorsichtigkeit
  oder zu große Gutmütigkeit wird
  man gestraft werden.

Pfanne
Zeichen ganz offener Sexualität
  ohne jede Einschränkung.
sehen: man wird alte Bekannte treffen.

Pfarrer
allgemeine Unruhe; Symbol: Wegweiser.
einen sehen oder mit einem sprechen: man hat in einer Sache ein
  schlechtes Gewissen.

Pfau
ein dem Feuer nahestehendes Ursymbol; Suche nach einem neuen
  Weg, der besseren Erfolg versprechen könnte als der bisherige.
einen sehen: man wird einer schönen Frau begegnen, die eine gewisse Rolle spielen wird, aber ihren Ehrgeiz und Egoismus hinter
  einer charmanten Liebenswürdigkeit zu verbergen versteht.

schreien hören: man wird eine ver-
  lockende Aufforderung oder
  Einladung erhalten, wobei aber
  ebenfalls Vorsicht geboten ist.
mehrere Pfauen sehen: man wird
  mit hochstehenden Personen in
  Verkehr kommen.
Pfauenfeder: bedeutet Eitelkeit.

Pfeffer
man wird bittere Wahrheiten erfahren.

Pfeife (Instrument)
sehen oder hören: warnt vor einer
  Gefahr.
selbst auf einer spielen: man hat
  Angst um eine nahestehende Person.

Pfeife (Raucherutensil)
sehen: kündet den Besuch eines alten Freundes an.
rauchen: man wird die überraschende Entdeckung machen,
  daß es auch zu Hause sehr gemütlich sein kann.

Pfeil
man hat ein Minderwertigkeitsbewußtsein und muß die Pfeile, die
  auf einen abgeschossen werden,
  erwidern.
einen sehen: kündet nahes Unheil
  an, das einen selbst betrifft oder
  durch das man indirekt mit betroffen wird.
abschießen: man beschwört durch
  eigene Schuld ein Unglück her-
  auf.
von einem getroffen werden: verheißt eine ernste Katastrophe
  oder einen schweren Zusammenbruch.

Pfeiler
man wird einen befestigten Standpunkt haben.

Pfennig
mahnt dazu, Geld anzulegen oder
zu sparen.

Pferd
Ordnung des seelischen und meist
auch des sexuell-erotischen Lebens.
frei oder auf der Koppel oder Weide
sehen: verheißt Unabhängig-
keit.
im Stall sehen: bedeutet Wohlstand.
ein gesatteltes ohne Reiter sehen:
verheißt hohen Aufstieg im Leben.
ein frommes besteigen und darauf
reiten: bedeutet gutes und glattes
Vorwärtskommen.
ein unruhiges, unbändiges, sich
bäumendes besteigen und darauf
reiten: nach Überwindung vieler
Hindernisse und Schwierigkeiten
stehen besonders schöne und
dauerhafte Erfolge in Aussicht.
mit einem unruhigen nicht fertig
werden: man wird sein Ziel nicht
erreichen.
eines besteigen wollen und nicht
hinaufkommen: man ist ein Pech-
vogel.
ein sich bäumendes oder ausschla-
gendes sehen: bedeutet drohende
Schwierigkeiten, mit denen man
aber fertig werden kann.
ein durchgehendes sehen: Existenz
oder Wohlstand ist in Gefahr.
auf einem durchgehenden sitzen,
ohne herunterzufallen: eine sehr
gefährliche Situation wird man
glücklich überstehen.

mit einem über einen Graben oder
ein Hindernis springen: man wird
tatkräftig alle Hindernisse aus
dem Weg räumen.
von einem abgeworfen werden:
kündet eine Gefahr an.
eines stürzen sehen: es droht ein
ernstes Mißgeschick.
ein drängendes und nach Zucker
oder Brot schnupperndes: verheißt einen treuen Freund und
Kameraden.
eines am Halfter führen: erst nach
sorgfältiger Überlegung soll man
etwas beginnen und dann langsam, aber sicher zum Ziel führen.
ein sich am Halfter bäumendes: bedeutet einen mühseligen Erfolg.
ein sich vom Halfter losreißendes:
trotz aller Mühe und Vorsicht
wird es einen Mißerfolg geben.
das eigene von einem anderen gerit-
ten oder gelenkt sehen: bedeutet
einen Treubruch in der Familie.
eines mit einfachem Arbeitsgeschirr
vor einen gewöhnlichen Wagen
gespannt sehen: verkündet ein
Leben voller Mühe und Arbeit,
das aber letzten Endes sehr erfolgreich sein wird.
eines mit kostbarem Geschirr vor
einen eleganten Wagen gespannt
sehen: verheißt viel Ansehen und
hohe Ehren.
eines mit einem Wagen durchgehen
sehen: Existenz und Hausstand
sind ernstlich bedroht.
eines stürzen und den Gespannwagen umkippen sehen: Verlust der
Existenz und des häuslichen
Glücks.
sich selbst auf einem umgestürzten
Gespannwagen befunden haben:
bedeutet ein trostloses Ende.

ein dressiertes im Zirkus sehen: man wird einen mächtigen Gönner haben.

ein junges (als Fohlen) sehen: verheißt ein sehr glückliches Ereignis.

Zur Beachtung: bei Schimmeln werden die vorgenannten günstigen Bedeutungen verstärkt und die ungünstigen abgeschwächt; bei Rappen werden die ungünstigen Bedeutungen verstärkt und die günstigen abgeschwächt.

ein bissiges: man wird Freude erleben.

ein verendetes: bedeutet Verluste.

eines aufzäumen und anschirren: man wird etwas Neues beginnen.

Pferdefleisch
man sollte genügsamer werden.

Pferdegeschirr
sehen: kündet einen Stellungs- oder Arbeitswechsel an.

damit ein Pferd aufzäumen und anschirren: man wird etwas Neues beginnen.

Pferdemist
verheißt gute Gesundheit.

Pferderennen
sehen: verheißt ein extravagantes Vergnügen.

bei einem wetten: es fällt einem nichts mühelos in den Schoß.

bei einem als Jockei teilnehmen: bei einem Unternehmen soll man mehr auf sein Glück als auf sich selbst vertrauen; zugleich eine Mahnung vor allzu großer Sorglosigkeit.

Pferdestall
sehen: es wird einem eine freundliche Bewirtung zuteil.

in einem sein: eine Verzögerung wird eintreten.

Pfiff
hören: bedeutet ein glückliches Wiedersehen mit einem Freund.

Pfingstrose
eine blühende sehen: verheißt Liebesglück.

geschenkt erhalten: man hat einen heimlichen Verehrer oder eine heimliche Verehrerin.

verschenken: man ist ein Hasenfuß in der Liebe und sollte nicht so zaghaft sein.

brechen oder fortwerfen: eine Liebe wird in die Brüche gehen.

eine welke sehen: eine Neigung wird erkalten.

Pfirsich
als sexuelles Symbol zu verstehen, wobei die reife Frucht der Ausdruck vollendeter Liebe ist.

einen sehen: man darf einmal mehr von der süßen Frucht der Liebe naschen.

vom Baum pflücken oder schütteln: man kann in der Liebe die Zeit nicht erwarten.

anbieten: man ist ein Schwerenöter.

angeboten bekommen: man hat es mit einem Schwerenöter zu tun.

essen: eine Liebesbeziehung wird vom Partner ernster genommen, als einem lieb ist.

ein fauler: bedeutet eine unschöne Enttäuschung in der Liebe.

einen pflanzen oder einsetzen: man wird hohe Stellen erreichen.

Pflanze
sehen: bedeutet eine vorteilhafte
    Heirat.
eine junge pflegen und begießen:
    deutet auf eine große Familie hin.

Pflaster (Wund-)
sehen: verkündet Unfrieden oder
    eine Beleidigung.
eines jemandem auflegen: man emp-
    findet Reue darüber, daß man ei-
    nem anderen weh getan hat.
aufgelegt bekommen oder sich
    selbst auflegen: man wird eine
    schwere Kränkung erleiden.
über einem Auge sehen: bedeutet
    Verzeihung.
über einen Mund geklebt sehen:
    man sollte etwas schweigsamer
    sein.

Pflasterer
es wird einem der Weg bereitet.

Pflasterstein
man sollte nicht so herzlos sein.

Pflaumen
pflücken oder essen: bedeutet Zu-
    friedenheit.

Pflug
einen stehen sehen: mahnt zu fleißi-
    ger Arbeit.
einen zerbrochenen sehen: böse
    Vorbedeutung für ein beabsich-
    tigtes Beginnen.

Pflügen
sehen: man bleibt vor eine erfolg-
    versprechende Aufgabe gestellt,
    bei der es einem überlassen bleibt,
    ob man sie wahrnehmen will oder
    nicht.

selbst pflügen: verheißt einen schö-
    nen Erfolg, der allerdings durch
    Schweiß verdient sein will.

Pforte
eine offene sehen: kündet unange-
    nehmen Besuch an.
durch eine gehen: man wird freund-
    liche Aufnahme bei einem Men-
    schen finden.
eine verschlossene sehen: man wird
    von jemandem unfreundlich
    empfangen werden.

Pfütze
es wird einem ein Unglück zusto-
    ßen.

Philosoph
das Grübeln sollte man sein lassen.

Photographie
siehe Fotografie.

Pilger
ein Warntraum; alles Bestehende ist
    nicht zuverlässig, sondern ver-
    gänglich.
einen sehen: mahnt an die Vergäng-
    lichkeit allen irdischen Glücks.
selbst einer sein: bedeutet gewollte
    oder aufgezwungene Einsamkeit.

Pillen
sehen: man hat einen Fehler ge-
    macht, den man korrigieren
    sollte.
einnehmen: man wird die Konse-
    quenzen aus einem Fehler ziehen
    müssen.

Pilz
ein sexuelles Symbol: man darf sich
    nicht durch Verführungen vergif-
    ten lassen.

einen sehen: in der Wahl seiner
Freunde soll man vorsichtig sein.
eßbare Pilze sehen: man wird un-
scheinbare, aber einflußreiche
Freunde haben.
giftige sehen: Warnung vor der
Heimtücke anderer.
sammeln: man wird sein Glück ab-
seits vom Lärm der Welt finden.
essen: verspricht gutes Vorwärtskommen.
aus Versehen einen giftigen essen:
Warnung vor einem großen Unglück.

Pinsel
ein sexuelles und erotisches Symbol,
das eindeutig auf stärkste Sexualwünsche zielt.
einen sehen: man kommt mit alber-
nen und törichten Menschen zusammen, deren Verkehr man besser meiden sollte.
mit einem arbeiten: durch dummes
und törichtes Gerede soll man
sich nicht von einer Arbeit oder
Absicht abhalten lassen.

Pistole
sehen: es ist Streit oder Feindschaft
zu erwarten.
mit einer schießen: ein Feind oder
Gegner wagt es nicht, einem offen
entgegenzutreten, und versucht
durch Verleumdungen zu intri-
gieren.
auf Gegner oder Angreifer abdrük-
ken wollen, wobei sie versagt:
man ist wehrlos und machtlos einem Mißgeschick ausgeliefert.

Plakat
sehen: man wird eine Aufregung erleben.

Platz
Verleugnung von Hindernissen.
einen großen sehen: in seinen Unternehmungen wird man geför-
dert werden.

Platzregen
sehen: verheißt Glück und einen
großen Gewinn.
in einem solchen völlig durchnäßt
werden: man hat in einer Sache
mehr Glück als Verstand.

Plaudern
bedeutet nichts Angenehmes.

Pöbel
man wird in eine Rauferei geraten.

Pokal
einen silbernen oder goldenen geschenkt erhalten: deutet auf ein
Ehrenamt oder eine Erbschaft
hin.
aus einem silbernen oder goldenen
trinken: bringt Genesung.
einen zum Trunk gereichten ablehnen: bedeutet einen schweren Zusammenbruch im Leben.
einen zerbrechen: deutet auf Krankheit hin.

Polizei
eine Mahnung, die alltäglichen Sit-
tengesetze zu beachten; oft Aufbegehren der Seele gegen inneres
Verbrechertum und eigene
Schuftigkeit.
sehen: Warnung vor einer Unkor-
rektheit, die zu begehen man im
Begriff ist.
zu Hilfe rufen: man hat mit jemandem eine Auseinandersetzung
vorzunehmen, sollte dies aber unter vier Augen tun.

es mit ihr zu tun bekommen: Widerwärtigkeiten und Beschränkungen verbittern das Leben.

von ihr geholfen bekommen: eine unangenehme Sache geht zwar gut aus, wird aber unnötig breitgetreten.

Polster/Polstermöbel
sehen oder darauf sitzen: die rauhe Wirklichkeit wird einem zu schaffen machen.

Pomade
man gibt sich sehr gleichgültig.

Portier
einen sehen oder mit ihm verkehren: man soll sich um den Klatsch anderer Leute nicht kümmern.

selbst einer sein: man soll seine Nase nicht in Sachen stecken, die einen nichts angehen.

Porzellan
sehen: verheißt eine schöne Häuslichkeit.

fallen lassen: das eigene Glück hängt zur Zeit an einem sehr dünnen Faden.

mutwillig oder im Zorn zerschlagen: man weiß gar nicht, wie gut man es hat.

Porzellanscherben finden: verheißt Glück.

Posaune
sehen oder hören: eine Abrechnung steht bevor.

selbst blasen: man wird jemanden zur Rechenschaft ziehen.

blasen wollen und keinen Ton herausbekommen: man hat den Schaden und den Spott obendrein.

mehrere Posaunen: es sind Verpflichtungen zu übernehmen.

Post
man sollte seine Lektüre überprüfen und sie zu verbessern suchen.

einem Postboten begegnen: kündet wichtige Nachrichten an.

ein Postgebäude sehen oder aufsuchen: beim nächsten Stammtisch oder Kaffeekränzchen wird man allerlei Neues erfahren.

einem Geldbriefträger begegnen: man wird eine üble Ausgabe haben.

eine Postkutsche mit Postillon sehen: man wird eine Hochzeitsreise oder dergleichen unternehmen.

Paketpost begegnen: verheißt ein Geschenk.

Postkarte
schreiben oder absenden: man hat eine unangenehme Pflicht zu erfüllen.

erhalten: man gibt sich einer trügerischen Hoffnung hin.

Prahler
man wird von sich selber reden machen, hinter dem nichts ist.

Prälat
sehen: bringt Heiterkeit.

mehrere Prälaten sehen: bedeutet eine beliebige Zukunft.

Prediger
hören: es wird Zank geben.

Predigt
hören: man soll auch in schweren Stunden keinen trüben Gedanken

nachhängen, denn man weiß nie,
wozu alles gut ist.

Predigtstuhl sehen: man wird einen
hohen Standpunkt vertreten.

Priester

einen sehen: bedeutet langes Leben.

mehrere sehen: alles wird an den
Tag kommen.

eines Klosters sehen: Rechtschaffenheit bestimmt das Leben.

Prinz

einen sehen: verheißt Glück.

mit einem sprechen: ein Wunsch
wird in Erfüllung gehen.

Prinzessin

sehen oder sprechen: verspricht die
Gunst einer Frau.

Prior

sehen oder mit ihm verkehren: kündet ein Leid an.

Promenade

eine vor sich sehen: verheißt schöne
Mußestunden.

auf einer spazierengehen: kündet
das Wiedersehen mit einem
Freund oder einer Freundin an.

einem Bekannten auf ihr begegnen:
eine Verabredung wird von der
Gegenseite nicht eingehalten
werden.

Prophet

sein: man wird verkannt werden.

einen sehen: kündet die Enthüllung
eines Geheimnisses an, oder man
wird erfahren, was man gerne
wissen möchte; die Verkündung
des Propheten ist genau zu beachten, weil das Erlebnis meist in dieser Richtung liegt!

Propst

Untaten werden einem vergeben.

Protokoll

erhalten: es drohen Unannehmlichkeiten, die man sich selbst zuzu-
schreiben hat.

Prozeß

es ist einem Unangenehmes geschehen, und man ist in Sorge, weitere
Feinde zu bekommen.

einen gegen jemanden anstrengen
und führen: ein Wunsch wird
nach hartem Kampf und vielerlei
Schwierigkeiten in Erfüllung gehen.

von jemandem gemacht bekommen
oder verklagt werden: durch
egoistisches Verhalten wird
man Schaden und Nachteile
haben.

gewinnen: es kommt in einer Sache
anders, als man denkt.

verlieren: Mahnung, sich mit einem
Gegner oder Widersacher auszusöhnen.

Prozession

Zeichen innerer Rechtfertigung:
Hoffnung, daß andere genauso
handeln wie man selbst.

eine sehen: verheißt Erlösung von
einem quälenden Gedanken.

an einer teilnehmen: man wird
an eine vergessene Pflicht erinnert.

Prügel

austeilen: verspricht eine angenehme Überraschung.

erhalten: verheißt Erfolg aufgrund
eigener Tatkraft.

Psalmen

lesen oder hören: man wird unerwartet Hilfe oder Unterstützung
in einer Sache finden, die einem
Sorgen macht.

Pudel

einen sehen: man wird mit einem
gelehrten Menschen zusammenkommen und interessanten und
vorteilhaften Verkehr mit ihm haben.
besitzen: man gibt sich mit gelehrten Sachen ab, die nichts einbringen.

Puder

sehen: warnt vor Beschönigung
oder davor, etwas zu vertuschen.
verstreuen: man möchte vergeblich
etwas wieder gutmachen.
bei sich auftragen: man hat kein reines Gewissen.

Pult

eines sehen: man wird viel Arbeit
bekommen.
an einem arbeiten: verheißt einen
kleinen und mühevollen Erfolg.

Pulver (Schieß-)

sehen: Warnung, in einer Sache
nicht weiterzugehen.
mit solchem hantieren: man läßt
sich auf ein sehr gewagtes und gefährliches Abenteuer ein.

Pumpe

eine sehen: Ansporn zu einer Tat,
an die man sich nicht recht heran-
wagt.
mit Erfolg bedienen: man geht in
einer Angelegenheit zu weit.

eine nicht funktionierende bedienen
wollen: alle Liebesmühe wird
vergeblich sein.
andere eine bedienen sehen: man
wird um Hilfe oder Unterstützung gebeten werden.

Puppe

Lebenswünsche wollen Tatsachen
werden, brechen durch.
eine sehen: bedeutet allgemein, daß
man nicht mit den Gefühlen anderer spielen sollte; im Frauentraum: Zuwachs in der Familie;
im Männertraum: Mahnung, von
einer unangebrachten Liebhaberei oder Gewohnheit abzulassen.

Putzen

man sollte einen reinen Charakter
bewahren.

Pyjama

sehen: verkündet Intimitäten.
anziehen oder anhaben: man wird
durch neugierige Augen in seinen
privatesten Angelegenheiten beobachtet.

Pyramide

sehen: man wird den Weg zum
Glück in der Ferne finden und
eine wunderbare Offenbarung
erleben.

Q

Quacksalber

man soll seine kostbare Zeit nicht
vergeuden.

Quaderstein
man ist ein herzloser Mensch.

Quadrat
Ursymbol der Vierheit; bedeutet
  Stärke, Stabilität.
sehen: mit Ruhe und Zuversicht
  kann man alles in seinem Rahmen
  halten.

Quaken
Zeichen seelischer Unterentwick-
  lung und der Suche nach einem
  Ausweg.

Qual
haben: Aussicht auf eine bessere
  Zukunft.

Quark
sehen oder essen: eine mit Ärger
  verbunden geglaubte Sache ist in
  Wirklichkeit nur von Vorteil.

Quartier
erhalten: es wird bald eine Heirat
  geben.

Quasten
sehen: man wird zu Ehre und Ansehen kommen.

Quecksilber
sehen: kündet einen Wechsel der
  Verhältnisse an.

Quelle
je nach Befund des Wassers Klarheit
  oder Unklarheit in geistiger Beziehung.
eine klar und rein sprudelnde sehen:
  großes Glück: ist sie trüb, drohen
  Mißhelligkeiten.

aus einer klaren schöpfen oder trinken: kündet einen großen Erfolg
  in einem Bemühen oder Bestreben an.
aus einer trüben schöpfen oder trinken: man wird es mit unaufrichtigen Menschen zu tun bekommen.

Quitte
ein sexuelles Symbol, je nach dem
  Zustand der Frucht.
sehen: Glück in der Liebe.
Quitten vom Baum pflücken oder
  schütteln: Gefahr, sich die Liebe
  des andern durch zu stürmisches
  Vorgehen zu verscherzen.
abgefallene vom Boden aufsammeln: der Gegenstand der Liebe
  ist kein unbeschriebenes Blatt
  mehr.
essen: nach ein wenig Geduld wird
  alle Sehnsucht gestillt werden.
faule: ein geliebter Mensch ist dieser
  Liebe nicht wert.

Quittung
Befreiung von belastenden Ideen,
  innere Lossprechung.
erteilen: es droht eine empfindliche
  Geldausgabe.
erhalten: man wird die Folgen einer
  gemachten Dummheit zu spüren
  bekommen.

R

Rabbiner
einen sehen oder mit einem verkehren: bedeutet für einen Juden
  Glück, für einen Nichtjuden
  Warnung vor einer Ausnutzung
  oder Diffamierung.

Rabe

ein Symbol sehr dunkler Gedanken;
  innere, verdrängte Triebe mahnen.
einen sehen: es droht Diebstahl oder
  Veruntreuung.
mehrere Raben sehen: kündet Unheil an.
von solchen umflattert werden oder
  diese sich auf einem niederlassen
  sehen: bedeutet Lebensgefahr.
solche aufscheuchen: einer großen
  Gefahr wird man noch im rechten
  Augenblick begegnen können,
  wenn man die Augen offenhält.
schreien hören: verheißt böse
  Nachrichten.

Rache

man ist nicht in der Lage, sich einem
  ungünstigen Schicksal zu beugen.

Rachen

einen geöffneten eines Menschen
  sehen: jemand sagt die Wahrheit
  und ist aufrichtig, von dem man
  annimmt, daß er einen belügt.
eines wilden Tieres sehen: Warnung
  vor einer Gefahr.

Rad

Kreissymbol für die Zeitlosigkeit;
  auch Zeichen für die Abrundung
  von Leben und Ideen.
sehen: es steht eine Veränderung im
  Leben bevor; je schneller die Dre-
  hung, um so größer die Veränderung; bei stillstehendem Rad wird
  die Veränderung unbedeutend
  oder nachteilig sein.

Räderwerk

in Bewegung sehen: eine anscheinend komplizierte Sache wird

von selbst ins richtige Geleise
  kommen.
stillstehen sehen: ein schöner
  Traum geht zu Ende und bringt
  ein böses Erwachen.
ein beschädigtes oder nicht funktio-
  nierendes sehen: man bekommt
  Knüppel zwischen die Beine ge-
  worfen.

Radieschen

meist keimende Sexualaffäre, über
  die man sich nicht klar ist.
sehen: ein anvertrautes Geheimnis
  wird von einem Freund nicht ge-
  wahrt.
essen: bedeutet Ärger und Verdruß
  durch eine gehässige oder verlet-
  zende Bemerkung.

Radio

eines sehen oder kaufen: in der
  nächsten Zeit wird man viel her-
  umkommen und viel Abwechslung haben.
eine Stimme daraus hören: man
  wird ein Geheimnis erfahren.
schöne Musik daraus hören: bedeutet den Genuß einer heimlichen
  Freude.
mißtönende Musik daraus hören:
  man ist von einer heimlichen Gefahr umlauert.

Rahm

sehen: verspricht Gewinn.
trinken: man wird in einer Sache
  den besseren Teil wählen.

Rahmen

man kommt nicht über bestimmte
  Grenzen hinaus und fühlt sich
  eingeengt.

einen leeren sehen: man wird erfahren, daß jedes Glück seine Grenze und jedes Leid sein Ende hat.

Rakete
Warnung, nicht über normale Ziele hinauszuschießen.
eine steigen lassen: ein Rausch wird bald verfliegen.
steigen sehen: kündet gute Neuigkeiten an.

Raketenflugzeug
sehen: man wird das Glück, das man ersehnt, nicht erreichen.

Raritäten
sehen: man wird abmagern.

Rasen
als erotisches Symbol zu verstehen, das ein Liebesglück nach der Beschaffenheit des Rasens einordnet.
sehen: bedeutet, wenn er gut gepflegt ist, häuslichen Wohlstand; wenn er ungepflegt oder wild gewachsen ist, glückliche Zufälle.
darin sitzen oder liegen: bedeutet Gesundheit und Wohlergehen, bei jüngeren Leuten auch ein schönes Liebeserlebnis.

Rasieren
sich selbst: man wird eine Schuld bezahlen oder etwas wieder gutmachen können.
sich von einem anderen rasieren lassen: man wird betrogen oder getäuscht.
sich einen anderen rasieren sehen: ein an einem verübtes Unrecht wird wieder gutgemacht, oder ein

Schuldner gibt zurück, was man ihm geliehen oder gestundet hat.
sehen, wie ein anderer sich rasieren läßt: Mahnung, sich nicht auf unlautere oder krumme Geschäfte oder sonstige zweifelhafte Angebote einzulassen.

Rathaus
eines sehen: Mahnung, auf einen erhaltenen guten Rat zu hören.
in einem zu tun haben: man wird durch Schaden klug werden.

Rätsel
man wird eine Auskunft erhalten.

Ratsherr
einen sehen oder mit einem verkehren: man wird von einer Sorge befreit werden.
mit einem in Streit geraten: kündet einen ernsten Konflikt an.

Ratte
Zerstörung der Lebenskraft oder mehr.
eine frei herumlaufen sehen: man wird heiß und stürmisch geliebt.
fangen oder erschlagen: Streit in der Liebe oder Liebeskummer; bei älteren Menschen Probleme in ihren Freundschaften.
gefangen sehen: weist auf einen treulosen Freund oder eine treulose Freundin hin.

Raub
beraubt werden: es droht starke Gemütserregung durch Krankheit.
während einer Reise (im Zug) beraubt werden: bedeutet einen Unfall beim Sport.

Räuber

selbst einer sein: man läßt sich auf eine gefährliche Sache ein.

einen auf frischer Tat sehen: kündet einen empfindlichen Verlust an; es kann aber auch ein Wahrtraum sein, der zur Aufklärung von Fällen führen kann.

selbst von Räubern überfallen werden: von jemandem, von dem man es nicht erwartet, wird man schwer hintergangen und dadurch geschädigt werden.

Raubtier

Zeichen der wilden Leidenschaften und des Trieblebens, denen man äußerste Energie entgegensetzen muß.

ein solches sehen: bedeutet Hinterlistigkeit.

Rauch

gefährdete Gesundheit; Nervenreizung, die sich auf das vegetative Nervensystem auswirkt.

schwarzen oder dunklen sehen: verkündet große Widerwärtigkeiten.

weißen sehen: verkündet Glück, das aber nur von kurzer Dauer sein wird.

Rauchen (Tabak)

selbst rauchen: kündet Ruhelosigkeit, Unzufriedenheit mit sich selbst oder mit der Welt an.

wo es verboten ist, rauchen: man will in einer Sache mit dem Kopf durch die Wand, wird sich aber böse Beulen holen.

andere rauchen sehen, wenn man selbst Raucher ist: man wird um einen erhofften Genuß kommen.

andere rauchen sehen, wenn man Nichtraucher ist: bedeutet eine Belästigung durch andere.

Rauchware anbieten: man vermag jemanden für sich zu gewinnen, dessen innere Hemmungen einer Verbindung bisher im Wege standen.

Rauchware angeboten bekommen: man wird in den Bann eines Menschen geraten.

Raupe

eine sehen: ein Freund oder Bekannter wird sich so entpuppen, wie man ihn nicht kennt.

einfangen oder töten: das Mißtrauen einem bestimmten Menschen gegenüber ist berechtigt.

Raupenschlepper

einen sehen: man wird in einer schwierigen Sache gut vorwärtskommen.

Rausch

einen haben: eine schöne Illusion wird durch die rauhe Wirklichkeit zerstört werden.

Rauschen

des Meeres hören: das Schicksal wird einen in weite Fernen führen.

des Windes hören: verkündet eine (heimliche) frohe Botschaft.

Razzia

eine sehen: man soll sich nicht leichtsinnig in Gefahr begeben.

von einer betroffen sein: man gerät unverschuldet in eine kritische oder peinliche Lage.

selbst bei einer mitmachen: man
geht einem Gauner oder Hochstapler ins Garn.

Rebe
ohne Trauben sehen: man wird in
einer Sache tauben Ohren predi-
gen.
mit Trauben sehen: man wird nur
mit viel Mühe zu einem bestimmten Ziel gelangen.

Rebell
einen sehen: jemand will nicht so,
wie man es von ihm möchte oder
verlangt.
mit einem oder mehreren Rebellen
verkehren oder gemeinsame Sache machen: kündet bedenkliche
Differenzen mit Vorgesetzten
oder hochgestellten Persönlichkeiten an.

Rebhuhn
eines sehen: Warnung vor Eifersucht.
schießen: die Eifersucht anderer
wird einem zu schaffen machen.
essen: man wird einem anderen
Grund zur Eifersucht geben.

Rechentafel
oder -schieber sehen: man hat sich
in etwas verrechnet oder wird es
tun.
auf einer rechnen: nicht auf andere,
sondern auf sich selbst soll man
sich verlassen.

Rechnen
aus einer schwierigen Lage wird
man einen Ausweg finden.

Rechnung
Zweifel am eigenen Wert; bei Männern oft als Potenztraum zu werten.
eine ausschreiben oder jemandem
zustellen: man läßt sich auf eine
unsichere Sache ein.
erhalten: Erinnerung daran, daß
man ein gegebenes Versprechen
noch nicht eingelöst hat.

Rechtsanwalt
einen sehen oder mit einem zu tun
haben: kündet eine Auseinandersetzung an.

Rede
eine halten: deutet auf unbefriedig-
tes Geltungsbedürfnis hin.
anhören: Warnung, sich nicht be-
schwatzen zu lassen.

Regen
wie Himmel, Quelle und Wasser zu
verstehen: immer sind Farbe und
Zustand zu beachten.
sehen: es werden auch wieder bessere Zeiten kommen.
davon naß werden: man wird das
Glück woanders finden als dort,
wo man es sucht oder erwartet.
bei Sonne: bedeutet Glück unter
Tränen.

Regenbogen
sehen: Aussöhnung mit einem Gegner.

Regenschirm
sehen: man hat unnötige Angst vor
etwas.
bei Regen aufspannen: man sieht
sein Glück nicht und geht daran
vorbei.

Regenwurm

einen sehen: solange es einem gut-
geht, werden »Freunde« zugegen
sein.

zum Angeln benutzen: man wird
skrupel- und bedenkenlos seinen
Weg gehen.

Register

deutet auf gutes Benehmen hin.

Registrator

man ist gewohnt, pünktlich zu sein.

Reh

eines im Freien sehen: sein Glück
soll man nicht durch eine Ungeschicklichkeit verscheuchen.

ein zahmes sehen: man wird Freude
durch Kinder erleben.

eines auf der Jagd schießen oder töten: eine Liebesbeziehung wird
durch großes Leid getrübt.

ein totes in einer Wildbrethandlung
sehen: verheißt materiellen Erfolg.

einen Rehbock sehen: Warnung vor
einer großen Dummheit.

einen Rehbraten zubereiten sehen:
verheißt unerwarteten Gewinn.

einen Rehbraten selbst zubereiten
oder essen: man wird zu einer
vornehmen Gesellschaft eingeladen oder entsprechenden Besuch
erhalten.

Reibeisen

eines sehen: die rauhe Wirklichkeit
wird eine Enttäuschung bringen.

mit einem hantieren: gewollt oder
ungewollt wird man jemanden
verletzen.

Reich

sein: man wird Geld verlieren.

Reif

im Winter sehen: verheißt einen
schönen, aber kühlen Liebhaber.

Reifen

man soll neue Verbindungen pflegen.

Reis

Nottraum, der auf körperlichen
oder geistigen Mangel zurück-
geht.

sehen, zubereiten oder essen: kündet gute Einnahmen an.

Reise

der Lebensweg soll auf neuer Basis
fortgesetzt werden.

eine machen: deutet auf wechselnde
Freundschaften hin.

Reisende

sehen: man wird eine Reise unternehmen oder Besuch von außerhalb bekommen.

Reisepaß

man wird sich über einen notwendig
gewordenen Ausweg klar.

den eigenen sehen: kündet eine
Reise an.

einen fremden sehen: bedeutet
Schwierigkeiten mit Behörden
oder Sorgen im Zusammenhang
mit der Reise eines anderen.

Reisepaßkontrolle: durch höhere
Gewalt wird man in seiner Bewe-
gungsfreiheit behindert werden.

Reiten

Auslegung siehe unter »Pferd«,
sonst meist sexuell zu verstehen.

auf einem Esel: bedeutet unverdienten Spott.

auf einem Elefanten: man wird ein
 schönes Abenteuer erleben.
auf einem Kamel: man wird eine
 weite Reise machen.
auf einer Kuh oder einem Ochsen:
 man weiß nicht, was man will.

Reiter
sehen: bedeutet für Mädchen und
 Frauen eine heimliche Liebelei,
 für Männer eine wichtige Nachricht.
Sonntagsreiter sehen: man wird die
 Bekanntschaft mit Menschen machen, die mehr sein wollen, als sie
 sind.

Reklame
sehen: mahnt zur Vorsicht einem
 Angebot gegenüber, das einen
 bösen Reinfall darstellen kann.
für etwas machen: man findet in einer Sache keine Gegenliebe oder
 Verständnis.

Rekrut
einen sehen: man wird in strenge
 Zucht genommen werden.
selbst einer sein: mit der goldenen
 Freiheit ist es für einige Zeit vorbei.

Reliquie
sehen oder besitzen: Freude wird
 man lange Zeit vermissen.

Rennbahn/Rennen
im Hintergrund bestehen erhebli-
 che Schwierigkeiten, die man mit
 Gewalt lösen möchte.
sehen: in einer Angelegenheit gilt es
 aufzupassen, daß einem ein anderer nicht zuvorkommt.
bei einem Rennen mitmachen: man
 wird einen Anschluß verpassen.

Rennstall
einen sehen: man hat Chancen im
 Glücksspiel.
besitzen: bedeutet gewagte Unternehmen oder Spekulationen.

Reporter
einen sehen oder mit einem sprechen: man wird einen einflußreichen und wohlwollenden Protek-
 tor finden.

Restaurant
eines sehen: kündet ein Wiedersehen mit Bekannten an.
in einem verkehren: deutet auf
 häuslichen Unfrieden hin.

Retten
Angsttraum; erhöhte nervöse und
 kranke Bereitschaft, die zur Vorsicht mahnt.
jemanden retten: verheißt eine Anerkennung oder Belohnung für
 ein Verdienst.
gerettet werden: Warnung vor einer
 drohenden Gefahr, besonders
 Unfall.

Rettich
man wird wieder zu Kräften kommen.

Revolution
eine sehen: kündet plötzliche und
 unerwartete Ereignisse an, die
 störend in den geregelten Lebens-
 gang eingreifen; als Wahrtraum
 die Ankündigung von großen politischen Ereignissen, Unruhen
 usw.
sich an einer beteiligen: man ruft
 Störungen des geregelten Lebens-
 ganges durch selbst vom Zaun gebrochene Streitigkeiten hervor.

Revolver
sehen: man versucht, eine Sache mit
Gewalt durchzusetzen.
von einem bedroht oder beschossen
werden: durch den Gewaltstreich
eines anderen oder durch ein
plötzliches Ereignis wird man
Schaden oder Verluste erleiden.
selbst mit einem auf jemanden
schießen: in einer Sache wird man
den kürzeren ziehen.

Rezept
man wird falsche Nachrichten erhalten.

Richter
einen sehen oder mit einem sprechen: in nächster Zeit alles genau
überlegen, was man sagt und tut,
denn man wird sehr kritisch beobachtet.
es mit einem amtlich zu tun haben:
eine eigene gute oder schlechte
Handlung wird demnächst ihren
gerechten Lohn finden.
selbst als einer tätig sein: man wird
von zwei Wegen ausgerechnet
den verkehrten wählen.

Riese
Ursymbol des Mannes; das Triebleben wird immer stärker.
einen sehen: man wird einen größeren Erfolg erzielen.
von einem bedroht oder verfolgt
werden: ein gewagtes Unternehmen wird glücken.
einen zum Freund oder Helfer haben: verheißt einen großen äußeren Erfolg.

Riesenrad
sehen: man wird für kurze Stunden
in das Land seiner Träume geführt.

mit einem fahren: eine schöne Hoffnung wird in ein Nichts zerrin-
nen.

Rind
Sexualsymbol der männlichen Kraft
und intensiver Triebhaftigkeit.
ein oder mehrere Rinder auf der
Weide sehen: bedeutet materiellen Aufstieg.
Rinder im Stall sehen: verheißt einen materiell günstigen Hausstand.
im Gespann sehen: verspricht erfolgreiche Arbeit.
ein wildes oder durchgehendes: eine
größere Geldausgabe steht
bevor.
im Schlachthaus: kündet materielle
Verluste an.
Rindfleisch zubereiten oder essen:
auf einem Gebiet, das einem sehr
am Herzen liegt, sind Erfolge zu
erwarten.

Rinde (Baum-)
sehen: man soll sich nicht zu sehr in
seine Privatangelegenheiten hineinschauen lassen.
Buchstaben oder dergleichen in sie
hineinritzen: bestimmte Her-
zenswünsche gehen in Erfüllung.
abschälen: man wird sich in einer
Sache zu sehr exponieren und hat
Nachteile dadurch zu erwarten.

Ring
Vorsicht und gründliche Überlegung bei Bindungen, zu denen
kein großes Verlangen vorliegt.
einen sehen: kündet eine Bindung
zu einem anderen Menschen an.
finden: man wird sich verlieben.

an den Finger stecken: warnt vor einem beabsichtigten Seitensprung.

vom Finger ziehen: ein Seitensprung wird böse Folgen haben.

verlieren: vorübergehende Trennung von einem lieben Menschen.

geschenkt erhalten: man wird einen guten Freund oder Kameraden finden oder ein Liebeswunsch wird in Erfüllung gehen.

jemandem einen schenken: eine ersehnte Freundschaft oder Liebesverbindung kommt nicht zustande.

ein zerbrochener: bedeutet einen Treuebruch.

Ringen

oder einen Ringkampf sehen: eine unangenehme Auseinandersetzung steht bevor.

mit jemandem ringen und dabei unterliegen: bedeutet eine Auseinandersetzung mit nachfolgender Versöhnung.

mit jemandem ringen und dabei siegen: Auseinandersetzung mit nachfolgender Trennung.

Rinne

eine sehen: man ist in einer Sache vom richtigen Weg abgekommen.

anlegen: man wird einen Ausweg aus einer scheinbar ausweglosen Situation finden.

Rippen

man wird Dankbarkeit ernten.

Ritter

in Rüstung sehen: kündet ein galantes, aber nicht ungefährliches Abenteuer an.

Rock (Frauen-)

primär in seiner sexuellen Bedeutung zu verstehen, danach in seiner sozialen Bedeutung mit Rangunterscheidungen.

Im Frauentraum:

einen sehen: der nächste Ausgang oder Besuch wird von besonderer Bedeutung sein.

einen schönen und eleganten sehen: man wird Erfolg beim anderen Geschlecht haben.

einen schäbigen oder zerrissenen sehen: kündet einen Mißerfolg beim anderen Geschlecht an.

einen engen oder zu kurzen sehen: die Zudringlichkeit eines Mannes ist zu befürchten.

einen weiten oder zu langen sehen: man wird in eine peinliche Verlegenheit geraten.

einen fleckigen sehen: es droht eine Verleumdung.

im Männertraum:

einen sehen: es ist eine Frau im Spiel.

einen schönen und eleganten sehen: verheißt eine charmante Eroberung.

einen schäbigen und zerrissenen sehen: man wird eine Enttäuschung erleben.

einen kurzen oder zu engen sehen: deutet auf eine nicht sehr seriöse Begegnung hin.

einen auffallend weiten oder fleckigen sehen: man wird durch eine Frauengeschichte ins Gerede kommen.

Unterrock: bedeutet in allen Träumen Intimitäten.

Rock (Männer-)
Im Frauentraum:
einen sehen: es ist ein Mann im Spiel.
einen schönen und eleganten sehen: man wird einem charmanten Verehrer begegnen.
einen schäbigen und zerrissenen sehen: man wird eine Enttäuschung erleben.
einen fleckigen sehen: durch eine Männerbekanntschaft wird man kompromittiert werden.
Im Männertraum:
einen schönen und eleganten sehen: ein äußerer Erfolg wird zu verbuchen sein.
einen schäbigen oder zerrissenen sehen: finanzielle oder materielle Schwierigkeiten werden einem zu schaffen machen.
ein nicht passender: in Geschäft oder Beruf wird etwas nicht klappen.

Rohr
sehen: bedeutet ein gemächliches Leben.
viele Rohre sehen: man kann mit Wohlhabenheit rechnen.

Rollschuh
sehen: in einer Sache ist Eile geboten, wenn man nicht das Nachsehen haben will.
laufen: bedeutet Nachteile durch übereilte Entschlüsse.
andere Rollschuh laufen sehen: jemand wird einem zuvorkommen.

Rolltreppe
sehen: verspricht Vorteile durch das Entgegenkommen eines anderen.
benutzen: man hat einen schweren Gang vor sich.

Rom
dorthin pilgern: man ist gläubig.

Röntgenbild/Röntgenstrahlen
der dringende Versuch, über etwas ein klares Bild zu erlangen.
von einem anderen sehen: einen genau zu kennen geglaubten Menschen wird man plötzlich von einer ganz anderen Seite kennenlernen.
von sich selbst sehen: durch eigene Fehler kommt man in eine unangenehme Situation.

Rose
wenn es sich nicht um einen Trosttraum handelt: Zeichen seelischen Reichtums, in gewisser Hinsicht der Vollkommenheit.
eine blühen sehen: man ist verliebt.
weiße Rosen blühen sehen: eine stille, reine Liebe hat einen erfaßt.
rote blühen sehen: man ist von einer heißen, leidenschaftlichen Liebe erfüllt.
gelbe blühen sehen: eine Liebe ist von Eifersucht gestört.
weiße pflücken: bedeutet den schüchternen Versuch, das Glück zu fassen.
rote pflücken: man will sein Glück im Sturm nehmen oder davon genommen werden.
gelbe pflücken: Eifersuchtsszenen bringen Liebesleid.
sich an deren Dornen stechen: bedeutet Liebeskummer.

Rosen schenken: das Hoffen auf
Liebe wird vergeblich sein.
geschenkt erhalten: bedeutet Erfüllung der Liebeswünsche.
welke: bringen Enttäuschung, Entfremdung, Trennung.
Heckenrosen sehen: bedeutet eine
Kameradschaftsehe.
ein Rosenstock mit Rosen: man
wird einem Familienfest beiwohnen.
einen Rosenstock mit aufgeblühten
Rosen sehen: geheime Wünsche
gehen in Erfüllung.

Rosinen
siehe auch Obst.
vertrocknete bedeuten immer Ver-
gangenes, Verflossenes, Gestor-
benes.
sehen oder essen: deutet auf materielle Einschränkungen hin.
in einem Kuchen sehen oder in einem solchen essen: verheißt günn-
stige Gelegenheiten.
aus einem Kuchen herausholen und
essen: es wird einem nicht gelingen, nur mit den angenehmen Seiten des Lebens durchzukommen.

Roßhändler/Roßmarkt
es ist Vorsicht geboten.

Rost
an Eisen: man muß sich bemühen,
seine Ehre blank zu erhalten.

Rost (Ofen-)
ein Zeichen des Vergänglichen; im
Feuer am Rost werden die Leidenschaften ausgelöscht.
einen sehen: deutet auf unglückliche
Liebe oder verhängnisvolle Lei-

denschaft hin, die unangenehme
Begleiterscheinungen mit sich
bringen.

Rot
im erotischen Sinn immer als Ausdruck der Männlichkeit und Leidenschaft zu verstehen.
als Farbe: Symbol für Feuer, Glut,
Hitze.
Flammen: bedeutet etwas sehr Gutes.
Rothaarige sehen oder mit ihnen
verkehren: einen Menschen, der
es gut mit einem meint, hält man
für falsch, weil er ein Sonderling
ist; auch Warnung vor zu großer
Leidenschaft oder vor Jähzorn
bei sich selbst oder bei einem anderen.
in den Augen: bringt Freude.

Rotationsmaschine
sehen: man wird in der Öffentlichkeit genannt werden oder in den
Vordergrund treten.

Roulette
andere spielen sehen: man wird in
Versuchung geführt werden.
spielen und gewinnen: es droht ein
Verlust.
spielen und verlieren: in einer Sache
wird man großes Glück haben.

Rüben
als sexuelles Symbol zu verstehen,
wenn Frauen und junge Männer
davon träumen; bei älteren Männern oft in verächtlichem Sinne
gemeint.
sehen: bringt Glück.
ernten: man wird sein Schäfchen ins
trockene bringen.

zubereiten und essen: eine Spekulation materieller oder ideeller Art wird glücken.

verkaufen: man wird verspottet werden.

weiße: bedeuten Gefahr.

gelbe oder rote: bringen Freude.

Rübenfeld: verheißt Wohlstand durch eigenen Fleiß.

Rücken

Angst vor dem Unbewußten; man ahnt die Gefahr, erkennt sie aber nicht.

sehen: man wird die Kehrseite einer Sache sehen oder kennenlernen.

ihn jemandem kehren: eine alte Freundschaft wird neu geschlossen.

Rückgrat

ein schiefes sehen oder haben: man wird einem bestimmten Menschen kein reines Glück schenken können.

Rufen

hören: Ankündigung von Neuigkeiten irgendwelcher Art.

den eigenen Namen rufen hören: ein ferner Mensch verlangt dringend nach einem oder will vor einem Unheil oder Verhängnis bewahren.

Ruhe

haben oder ruhen: bedeutet Unruhe oder Verfolgung.

Ruhm

Wunschtraum, der Ausgleich für Mißerfolge schaffen soll.

erwerben: in einer Sache wird man eine Niederlage erleiden.

anderer feiern oder feiern sehen: man wird vom Erfolg eines anderen profitieren.

Rührei

zubereiten oder essen: eine günstige Gelegenheit wird man bestens auszunutzen verstehen.

Ruine

Angsttraum: man fürchtet sich vor materiellem Verlust; bei alternden Menschen auch Angst vor Potenzverlust.

sehen: ein Ereignis weckt frühere Erinnerungen, oder man findet ein Andenken oder bekommt eins geschenkt.

sich in einer aufhalten: man wird ein seltsames Erlebnis haben.

Rum

sehen oder sehen, wie andere solchen trinken: verspricht eine Besserung der eigenen Lage.

selbst trinken: verheißt behagliche Stunden im eigenen Heim.

Runkelrübe

im Feldboden sehen: durch geduldiges, zähes Ausharren wird man in einer Sache später großen Gewinn erzielen.

ernten: die Belohnung für ein geduldiges Ausharren wird nicht mehr lange auf sich warten lassen.

viele in großen Haufen aufgeschichtet sehen: kündet ein Ereignis an, das viele materielle Vorteile bringt.

Runzeln

im Gesicht haben: man wird eine schmerzliche Erfahrung machen.

bei anderen sehen: eine Angelegenheit wird sehr lange eine Rolle spielen.

Ruß
Vorsicht vor Freunden, die einen zu beschmutzen versuchen.
sehen: kündet eine unangenehme Arbeit an.
einen Ofen oder Kamin davon reinigen und sich dabei beschmutzen: verspricht einen großen Erfolg bei einer unangenehmen Arbeit.

Rüssel
sexuell günstig, außer wenn der Elefant sich wild gebärdet; man sollte Riesenkräfte und Triebe nicht reizen oder treiben lassen.

Rute
eine schwierige Aufgabe wird viel Unerfreuliches mit sich bringen.
sehen: man wird für eine Schlechtigkeit bestraft werden.
mit einer geschlagen werden: bedeutet das Gelingen eines Planes oder Vorhabens.
jemanden damit schlagen: ein Plan oder Vorhaben wird mißlingen.
mehrere Ruten binden: durch Unüberlegtheiten wird man sich selbst Schwierigkeiten bereiten.
Bündel von Ruten sehen: die nähere Zukunft wird eine gute Lehrmeisterin sein.

S

Saal
man ist allein, möchte sich aber in Gesellschaft erfreuen; Vorsicht vor Schmarotzern.
sehen: kündet eine Zusammenkunft mit vielen Menschen an.
sich in einem zu einem Vergnügen oder einer Gesellschaft befinden: man wird sich auf Kosten anderer gut amüsieren.
darin einer Versammlung oder dergleichen beiwohnen: kündet Streit und Auseinandersetzungen mit anderen an.

Saat
man befürchtet, daß eine Belohnung für eine Arbeit vergessen wird.
bestellen: die baldige Erfüllung eines Wunsches wird noch etwas auf sich warten lassen.
aufgehende sehen: Mahnung zur Vorsicht und Sorgfalt bei einem Beginnen oder Vorhaben, das andernfalls mißlingen wird.
sich über ein Saatfeld beugen: durch Unachtsamkeit oder Mutwillen zerstört man sich selbst eine schöne Hoffnung.

Säbel
sehen: kündet eine Anfeindung an.
tragen: mahnt zur Vorsicht, da eine Gewalttätigkeit eines anderen droht.
mit einem auf andere einschlagen: man wird in schwere Bedrängnis geraten.
mit einem bedroht oder geschlagen werden: verkündet die Besiegung eines Widersachers.

Sack
Potenztraum, der sich nach dem Befinden des Sackes richtet.
einen leeren sehen: kündet Mangel und Entbehrungen aller Art
an.
einen vollen sehen: verheißt einen
zweifelhaften Gewinn oder Erfolg.
einen leeren aufladen oder tragen:
bedeutet unsicheren Erfolg einer
schweren Arbeit.
einer, der sich beim Transport öffnet und entleert: kurz vor einem
Ziel wird man Schiffbruch erleiden.
einen verlieren: es geht etwas schief,
wovon der Erfolg ohnehin zwei-
felhaft war.
in einen hineinfassen, ohne vorher
hineingeschaut zu haben, oder etwas aus einem herausholen wollen und etwas nicht Erwartetes
darin finden: bringt eine Enttäuschung oder unerwarteten Mißerfolg.

Safran
Suche nach einem Weg aus der inneren Unzufriedenheit, die zu
große Eintönigkeit mit sich gebracht hat.

Säge
rein sexueller, zum Teil auf Perversionen ausgehender Traum.
sehen: kündet eine Trennung an,
die jedoch von Vorteil ist.
mit einer sägen: man wird einen lästigen Menschen loswerden oder
sich aus lästigen Verhältnissen befreien.
andere mit einer hantieren sehen:
man wird Verluste dadurch ha-

ben, daß andere aus dem Ge-
sichtskreis verschwinden.
eine stumpfe handhaben oder damit
sägen wollen und den Gegenstand nicht zersägen können:
man wird sich nicht von einem
lästigen Menschen oder aus einem
unerquicklichen Verhältnis befreien können.
Sägespäne sehen: bedeutet Un-
keuschheit.

Saite
sehen: verheißt Lustbarkeiten.

Sakristei
sehen oder sich darin befinden:
kündet eine Familienfeier an.

Salat
gleiche Bedeutung wie Gemüse;
aufgeschossener Salat ist sexuell
zu verstehen.
sehen: verheißt bessere Einnahmen.
zubereiten oder essen: sein Augen-
merk soll man auf einen sorgsa-
men Hausstand richten, wo der
Erfolg und das Wohlergehen ruhen.
Salatgarten: bedeutet Gesundheit.

Salbe
Angsttraum vor einer Erkrankung,
wobei man auf außerirdische
Hilfe hofft.
sehen: verspricht Heilung von einem körperlichen oder seelischen
Leiden.
zubereiten oder kaufen: man muß
Geduld bei einem Leiden auf-
wenden.
bei sich selbst anwenden: Mahnung,
anderen in ihrem Leiden zu helfen oder ihnen das Herz nicht unnötig schwerzumachen.

andere damit einreiben: man wird
Trost oder Hilfe durch andere erfahren.

Salben
mit Öl: bedeutet Genesung.

Salmiak/Salpeter
bedeutet Gefahr.

Salz
Urthema von Salz als Lebensstoff
für Gesundheit und Lebenskraft;
Mangel immer ungut.
sehen: ist förderlich für ein Beginnen oder Vorhaben.
verwenden: eine altgewohnte Angelegenheit wird durch ein Ereignis neuen Reiz gewinnen.
verstreuen: vorübergehendes Ärgernis oder Pech ist zu erwarten.

Samt
man mutet sich zuviel zu, indem
man Pläne und Wünsche über das
Ziel hinausschießen läßt.
sehen oder Bekleidung daraus herstellen: man wird Ansehen und
Ehre gewinnen.
tragen: warnt vor Überheblichkeit.
andere tragen sehen: es sind Vorteile
durch den Verkehr mit angesehenen Persönlichkeiten zu erwarten.

Sanatorium
sehen: von einer schweren Enttäuschung, einem Mißerfolg oder
Verlust wird man sich schneller
erholen als gedacht.
sich in einem als Patient befinden:
bedeutet eine schwere Behinderung im Vorwärtskommen.

in einem tätig sein: eine kluge Dis-
position oder eine erwiesene
Hilfsbereitschaft wird belohnt
werden.

Sand
wie »Boden«, aber tot und ohne jede
Kraft, da das Fundament und die
Grundlage fehlen.
sehen: kündet unsichere Verhältnisse an.
darin liegen: bedeutet die Gefährdung der Existenz.
Sandsturm: kündet den Zusammenbruch des bisher Erreichten an.
Sanduhr sehen: bedeutet Tod
oder unvermeidliche Trennung
von einem nahestehenden Menschen.

Saphir
weist auf Belästigungen hin.

Sardellen
sehen: Hoffnungen werden sich
nicht erfüllen.
essen: bedeutet gute Nachrichten.

Sarg
inneres Abschiednehmen von
Vergangenem; neue Absichten
können erst verwirklicht werden, wenn das Alte begraben
ist.
einen leeren sehen: man macht sich
um seine Zukunft unnötig Sorgen.
mit einer Leiche darin sehen: kündet ein Unglück in der Ehe oder
in einer Partnerschaft an.
sich selbst in einem liegen sehen:
verheißt ein glückliches Ereignis
in Ehe oder Partnerschaft.

Satan

sehen: aus Leidenschaft wird man
sich zu einer unüberlegten Handlung hinreißen lassen.
von ihm bedroht oder angegriffen
werden: man wird durch eine un-
überlegte Handlung in böse Streitigkeiten geraten.

Satt

sein: Mangeltraum, der aus Hunger
entsteht.

Sattel/Satteln

man wird ein wertvolles Geschenk
erhalten.

Sattler

einen sehen oder selbst einer sein:
bedeutet gute Geschäfte.

Säugen

bei Tieren sehen: bedeutet weiteres
Wohlgedeihen.

Säugling

sehen: im allgemeinen ein gutes Zeichen.
gebären: neue Existenzmöglichkeiten ergeben sich.
bei der Geburt sehen: bringt dem
Mann Trennung von seiner Frau;
ist für Arme ein gutes, für Geschäftsleute und Reiche ein böses
Zeichen; bringt Reisenden die
Rückkehr in die Heimat.
beim Säugen sehen: bedeutet Glück
für die Mutter.
zur Taufe tragen: deutet auf einen
christlichen Lebenswandel hin.
schlafen sehen: verheißt eine gute
Zukunft.
spielen sehen: bringt Freude.

einen kranken oder fallenden sehen
oder schreien hören: Rückgang
der Geschäfte.
einen mageren sehen: deutet auf
eine schlechte Zeit hin.
einen dicken sehen: läßt eine gute
Zeit erwarten.
einen sterbenden sehen: weist auf
einen unverhofften Erfolg hin.
ermorden: man wird sich selbst einen großen Schaden zufügen.

Säule

Symbol für Hilfe und Stütze, aber
auch erotisch zu verstehen, wobei
Kraft die Grundlage sein soll.
sehen: in einer schwierigen Situation wird man einen sicheren Halt
finden.
errichten: ein aus eigener Kraft er-
zielter Erfolg bringt Freundschaften oder das Wohlwollen
von Menschen, die einem wertvolle Stützen sein werden.
eine geborstene oder umgestürzte
sehen: kündet einen schweren
Schicksalsschlag an, bei welchem
weder Freunde noch Familie
Rückhalt oder Hilfe bieten.

Saxophon

sehen: warnt vor belanglosen Klatschereien.
spielen hören: beim Treffen oder
Besuch von Bekannten erfährt
man deren ganze Lebensge-
schichte.
selbst spielen: man sollte andere
nicht mit seinen oder anderer belanglosen Dingen langweilen.

Schach

sehen: mahnt zur Vorsicht.

spielen: stellt einen klugen Partner
in Aussicht, durch den man viele
Vorteile erlangen kann.

beim Schachspiel gewinnen: man
versteht es nicht, die durch einen
Partner gebotenen Vorteile wahr-
zunehmen oder verliert diese
durch eigene Fehler.

beim Schachspiel verlieren: mit
Hilfe eines klugen Partners wird
man große Erfolge und Gewinne
erzielen.

Schachtel

sehen oder kaufen: man wird ein
Geheimnis erfahren.

eine offene sehen: warnt vor Dieben.

eine kleine geschenkt bekommen:
bringt eine angenehme Überraschung.

Schädel

sehen: ein Vorhaben wird glücklich
vollbracht werden.

beim Graben finden: bedeutet eine
Erbschaft oder sonstige Zuwendung.

Schaden

erleiden: Warnung, in einer schon
früher durchlebten Situation
diesmal klüger zu handeln.

jemandem zufügen: man wird selbst
durch eigene Schuld schweren
Schaden erleiden.

Schaf/Schafherde

sehen: verkündet eine stille und be-
schauliche Zeit.

scheren: verheißt Wohlstand bei
fleißiger Arbeit und Sparsamkeit.

Schafwolle: bedeutet Vermehrung
der Habe.

Schäfer

einen sehen oder mit einem sprechen: verkündet die Offenbarung
eines wichtigen Geheimnisses.

Schaffner

sehen: man wird einer unangenehmen Verpflichtung nachkommen
müssen.

sein: man wird jemandem zur Last
fallen.

Schale

ist als Quell der Erholung aufzufassen.

zum Trinken sehen: verheißt eine
schöne Erholung vom Alltag.

gereicht bekommen: kündet schöne
Stunden bei einem lieben Menschen an.

selbst anderen reichen: bringt wohl-
tuende Einsamkeit.

aus einer trinken wollen und sie leer
finden: bedeutet mühevolle und
beschwerliche Tage.

zerbrechen: bringt ruhelose Stunden.

voller Früchte, Kuchen, Konfekt
oder dergleichen sehen: es sind
Gäste zu erwarten, oder man
wird selbst eingeladen werden.

Scham

sehen: man empfindet Vergnügen
an einer Sache.

Schamhaftigkeit: man ist mit einem
guten Naturell ausgestattet.

Schande

erleben: man wird Geschenke erhalten.

Schanzen

graben: man wird ein Abenteuer erleben.

Scharfrichter
sehen: eine kritische oder unangenehme Situation wird sich im letzten Augenblick zum Guten wenden.

Scharlach
bedeutet Gesundung auf allen Gebieten.

Schatten
als Warntraum in unsicherer Lage aufzufassen; man möchte in einer Angelegenheit eine Klärung herbeiführen.
von Gegenständen sehen: man wird durch eingebildete Gefahren geängstigt werden.
bei heißem Wetter im kühlen Schatten gehen oder sich darin aufhalten: kündet ein bedrückendes Ereignis an.
darin sein müssen, während man im Licht sein möchte: verheißt Klärung einer undurchsichtigen Angelegenheit.
seinen eigenen sehen: bedeutet Kummer.
Schattenspiele sehen: man wird einem Betrug zum Opfer fallen.

Schatz
bedeutet meist Fragestellung, ob sich das Leben lohnt.
einen vergraben oder verstecken: man wird durch einen sogenannten guten Freund verraten und verkauft werden.
einen finden: bedeutet schwere Verluste an Geld und Gut oder Verarmung.
nach einem graben, ohne ihn zu finden: man wird vor einer drohenden Enttäuschung bewahrt bleiben.
eine Schatzkammer sehen: man wird gute Freunde finden.
einen Schatzgräber sehen: in seiner Umgebung wird man einen Verräter haben.

Schaufel
man wird zu Dienstleistungen herangezogen werden.

Schaukel
Sinnbild des Auf und Ab im Leben und der Fragen um den Lebensinhalt.
eine sehen: warnt vor Unentschlossenheit.
auf einer sitzen: man wird zwischen zwei Gefühlen, Neigungen oder Menschen hin- und hergezogen.

Schauspieler
Vorsicht! Man versucht ein falsches Licht auf einen und sein Wesen zu werfen.
einen sehen oder mit ihm verkehren: eine Bekanntschaft mit sehr interessanten Menschen wird viel Freude oder Genuß bringen.

Scheck
sehen oder erhalten: von einem erhaltenen Versprechen bleibt abzuwarten, ob es auch eingelöst wird.
ausstellen: man soll nichts versprechen, was man nicht halten kann oder will.

Scheidung
Angsttraum, einen lieben Menschen durch eigene Schuld zu verlieren.
andere sehen: Mahnung zur Treue.

die eigene sehen: bedeutet treue
Liebe.

Scheintod
letzte innere Mahnung, sich gründlich zu ändern.
selbst erleiden: es kommt eine bewegte Zeit.
andere erleiden sehen: Warnung,
daß das Schweigen eines anderen
nicht Vergessen bedeutet.

Scheinwerfer
als Strahl am Himmel sehen: kündet
ein wichtiges Ereignis an.
eines Kraftwagens sehen: man kann
in einer Sache eine böse Überraschung erleben.
in den Lichtkegel eines solchen hineingeraten: mehr als einem lieb
ist, wird man durchschaut werden.

Scheiterhaufen
Vorsicht vor Überheblichkeit! Man
gibt nichts auf die Meinung anderer und beachtet nicht, daß die
Schwierigkeiten immer größer
werden.
errichten sehen: Mahnung, in einer
wichtigen Sache seine Gedanken
bei sich zu behalten, da sonst
Schaden oder Nachteile entstehen.
selbst errichten oder etwas darauf
verbrennen: man wird seinen bisherigen Grundsätzen oder Anschauungen untreu und muß daraus die Konsequenzen ziehen.
brennen sehen: man wird wegen seiner freimütigen Äußerungen unbeliebt oder angefeindet werden
oder unter seiner Überzeugung
leiden müssen.

Schellengeläute
man wird Neuigkeiten erfahren.

Schelte
erhalten (gescholten werden): man
hat mit einem Lob zu rechnen.

Schenke
Warntraum, da Alkohol keine Basis
für Freundschaften ist.

Schenken
jemandem etwas: man wird in einer
Sache Entgegenkommen und
Verständnis finden.

Scherben
sehen: warnt vor Übermut; leicht
kann etwas wieder zerbrechen.
machen: bringt Glück.

Schere
meist im erotischen Sinne Angst vor
einem Verlust, weil man nichts
zu halten vermag.
sehen: bedeutet eine durch eine
Frau verschuldete Trennung.
mit einer schneiden: man wird
das Verhältnis zu einer Frau
lösen.

Scherenschleifer
sehen: zwischen einem selbst und
einem nahestehenden Menschen
wird durch Dritte Zwietracht gesät.

Scherzen
am Tage: man wird frohe Stunden
genießen.
in der Nacht: traurige Stunden stehen einem bevor.

Schießen

ein Entschluß ist gefaßt oder eine
Entscheidung getroffen; oft handelt es sich auch um eine anal-se-
xuelle Reaktion.

hören: einzelne Schüsse bedeuten
wichtige Nachrichten; heftiges
Geschieße Unruhe oder turbu-
lente Ereignisse.

selbst schießen: man wird seinem
Herzen endlich Luft machen
können.

Schießpulver

sehen: Warnung, in einer Sache
nicht weiterzugehen.

mit solchem hantieren: man läßt
sich auf ein sehr gewagtes und gefährliches Abenteuer ein.

Schiff

Änderung des Lebensweges; auf
Wasser etwas unsicher empfunden, vor allem bei trübem Wasser.

sehen: kündet einen Wechsel oder
eine Veränderung an.

sich auf einem befinden: ein geplan-
ter Wechsel oder eine beabsich-
tigte Veränderung sollten noch
einmal überlegt werden.

abfahren sehen oder selbst mit einem abfahren: kündet einen Abschied von einem Menschen, einem Ort oder einer Sache an.

in einen Hafen einlaufen sehen: verheißt ein Wiedersehen.

nach der Ankunft im Hafen verlassen: man wird sein Ziel erreichen.

bauen oder verladen sehen: bedeutet einen Gewinn.

im Nebel: bedeutet drohende Gefahr.

in Seenot sehen: Warnung vor einer
großen Gefahr.

sinken sehen: unverschuldet
droht ein schwerer Schicksalsschlag.

Schiffbruch

sich auf einem Schiff in Seenot befinden: man wird in eine gefährliche Lage geraten.

mit einem Schiff in den Fluten ver-
sinken: man wird durch eigene
Schuld einen schweren Sturz oder
Zusammenbruch erleben.

als Schiffbrüchiger gerettet werden: man wird Hab und Gut verlieren.

als Schiffbrüchiger ertrinken: durch
hilfreiche Menschen wird man
vor der größten Not bewahrt
werden.

Schiffbrüchige retten: von einem
hereinbrechenden Unglück wird
man wie durch ein Wunder ver-
schont bleiben.

Schiff im Nebel: bedeutet drohende
Gefahr.

siehe auch Schiff.

Schild

über einem Laden, Geschäft oder
Fabrik Firmenschild sehen: miß-
günstige Freunde machen einem
zu schaffen.

Schildkröte

sehen: verheißt einen Beschützer
oder Fürsprecher.

töten: man wird sich die Gunst eines
Beschützers oder Fürsprechers
verscherzen.

eine tote finden oder essen: einen
Beschützer oder Fürsprecher
wird man durch äußere Um-
stände verlieren.

Schildwache

sehen: das Mißtrauen gegen einen bestimmten Menschen ist berechtigt.

selbst stehen: bedeutet Unruhe in der Häuslichkeit.

Schilf

sehen: Warnung vor zu großer Unentschlossenheit oder Wankelmütigkeit.

Schimpfen

beschimpft werden: bedeutet Zwist und Streit.

Schinken

Sexualtraum; Wunsch- und Triebleben sind vorherrschend.

sehen: verspricht materielle Vorteile.

essen: glückliches Familienleben oder Familienzuwachs.

Schirm

Schutztraum; Angst vor Störungen aus einem beschaulichen Dasein.

sehen: bedeutet größere Zurückgezogenheit in der nächsten Zeit.

stehenlassen: aus einem beschaulichen Dasein wird man unsanft aufgerüttelt werden.

einen Sonnenschirm aufspannen: man verpaßt seine besten Chancen, statt dem Glück Tür und Tor zu öffnen.

Schlacht

nervöse Überreizung mahnt, an die Gesundheit zu denken und vorsichtiger zu leben.

eine sehen oder an einer teilnehmen: stellt im Traum von Soldaten die Nachwirkung der eigenen

Kriegserlebnisse dar; sonst deutet dies meistens geheime Feindschaften an, die viel Aufregung bringen; auch häuslicher Streit kann angezeigt werden.

Schlachten

von Tieren: bedeutet Gewinn.

Schlachthaus

sehen: Vorsicht vor Geschäften, in die man durch andere hineingezogen werden kann, die einem aber Ruf und Ansehen untergraben können.

in einem zu tun haben: bedeutet Verlust an Ansehen.

Schlafen

Flucht und Furcht vor den Realitäten.

jemanden schlafen sehen: eine günstige Gelegenheit sollte man nicht verpassen.

jemanden anderen Geschlechts schlafen sehen: es bietet sich eine günstige Liebesgelegenheit, die man nicht verpassen sollte.

einen jungen und schönen Menschen schlafen sehen: verspricht inneres Liebesglück.

einen alten und häßlichen Menschen schlafen sehen: deutet auf materielle oder äußere Vorteile hin.

selbst schlafen – im eigenen Bett: häusliche Überraschung; im Freien: eine Überraschung ist unterwegs; in einem fremden Bett oder in fremder Umgebung: kündet eigenartige Beziehungen zu einem anderen an; in behelfsmäßigem Unterschlupf: unerquickliche Verhältnisse stehen bevor.

mit jemandem anderen Geschlechts zusammen schlafen: man selbst oder der Liebespartner nimmt es mit der Treue nicht sehr genau, wenn dieser jung und schön ist; oder es deutet auf ein aus materiellen Gründen eingegangenes Liebesverhältnis, bei dem man wegen physischer Abneigung gegen den Partner innerlich unglücklich wird, wenn dieser alt und häßlich ist; eheliche Szenen stehen bevor, wenn es sich um die Ehepartner handelt.

Schlafmittel
nehmen: man wird mit jemandem oder einer Angelegenheit rasch Schluß machen oder dazu gezwungen werden.

Schlafzimmer
in allen Formen sexuell zu verstehen.
sein eigenes sehen: man wird eine Enttäuschung erleben.
ein fremdes sehen: man wird jemanden kennenlernen und mit ihm in nähere Beziehungen treten.
sein eigenes aufräumen: man wird um Folgen besorgt sein müssen.
ein fremdes aufräumen: ungewollt wird man hinter eine heimliche Privatangelegenheit eines anderen kommen.
jemanden darin belauschen: in einer Sache wird man nicht auf seine Rechnung kommen.
darin belauscht werden: man wird das Opfer einer Indiskretion.
in seines einen Fremden eintreten sehen: man wird in eine peinliche Verlegenheit geraten.

selbst unaufgefordert in das eines anderen eintreten: man wird jemanden in eine peinliche Lage versetzen.

Schlaganfall
erleiden: kündet einen Schrecken an, von dem man sich aber schnell erholen wird.
bei einem anderen sehen: man wird ungewollt jemanden erschrecken.

Schlagbaum
sehen: in nächster Zeit wird man auf ein Hindernis stoßen.
ein geöffneter oder sich öffnender, wenn man passieren will: man muß damit rechnen, daß einem ein Hindernis ernstliche Schwierigkeiten bereitet wird.
einen geschlossenen sehen: ein Hindernis wird sich leicht überwinden lassen.
einen sich schließenden sehen, kurz bevor man passieren will: Warnung, daß ein Hindernis durch sein plötzliches und unerwartetes Auftreten besonders gefährlich ist.

Schlamm
Angsttraum, daß Leidenschaften überhandnehmen und man keine Lenkung mehr haben könnte.
sehen: warnt vor unseriösem Umgang.
durch einen solchen gehen: durch unseriösen Umgang wird man an Ruf und Ansehen einbüßen.

Schlange
rein sexuelles Ursymbol.
sehen: warnt vor der Hinterlist und Heimtücke einer Frau.

von einer gebissen werden: durch
hinterlistige und heimtückische
Machenschaften einer Frau wird
man Ungelegenheiten haben.

Schleier

Warnung vor denen, die Welt-
fremdheit oder Verlassenheit ausnutzen.

der Braut sehen: bedeutet Liebeskummer.

einen zerrissenen sehen oder sehen,
wie er zerrissen wird: ein Bruch
oder eine Trennung in der Liebe
wird eintreten.

andere Schleier sehen: es droht eine
Täuschung.

tragen oder sich darin einhüllen:
kündet Einsamkeit oder Verlassenheit an.

Trauerschleier: ein befürchtetes Ereignis wird nicht eintreten.

Schleifen

auf dem Eis laufen: man wird in
schlechte Hände geraten.

von Messern: man wird scharfe Reden führen.

Schleifstein

mit anderen wird man in Streit geraten.

Schlitten

sehen: wenn man Erfolg haben will,
muß man sich den gegebenen
Verhältnissen anpassen.

fahren: verheißt einen Erfolg.

bei der Fahrt umkippen und in den
Schnee fallen: bei einer verliebten
Geschichte wird zur Freude anderer ein Mißgeschick passieren,
was aber die Liebe selbst nur er-
höhen wird.

Schlittenfahrt als winterliches Vergnügen: eine ganz verliebte Geschichte wird sich ereignen.

Schlittenrennen sehen: warnt vor
einem waghalsigen Unternehmen.

an einem Schlittenrennen teilnehmen: man läßt sich auf ein sehr
gewagtes Unternehmen ein.

Schlittschuhe

sehen: warnt vor einer Ungeschicklichkeit.

gut laufen: durch geschicktes Ma-
növrieren wird man einen schönen Erfolg erzielen.

unsicher laufen oder dabei hinfallen: bei einem Vorhaben kommt
es zu Mißerfolgen, weil man sich
auf Dinge einläßt, die man nicht
versteht.

andere laufen sehen: man soll sich
an anderen ein Beispiel nehmen.

Schloß (Haus)

man übertreibt seine Lebensvorteile
durch Prunk und Hochmut, was
bald schiefgehen wird.

eines sehen: verheißt einen glanz-
vollen Aufstieg.

in einem wohnen: durch Hochmut
wird man zu Fall kommen.

in einem fremden als Gast verkehren: verspricht einen vornehmen
und einflußreichen Gönner.

Schloß (Tür-)

sehen: mahnt in einer Sache zur
Vorsicht und Zurückhaltung.

öffnen: es ergeben sich neue Per-
spektiven für die Zukunft.

nicht öffnen können: man muß mit
einem unerwarteten Hindernis
rechnen.

zuschließen: man wird sich eine Zukunftsaussicht verderben.
gewaltsam öffnen: völliges Mißlingen eines Unternehmens.
zum Vorhängen: bedeutet Sicherheit.

Schlosser
sehen: bedeutet unerwartete Hilfe.

Schlucht
sehen: warnt vor einer Unvorsichtigkeit, die eine bedrängte Lage hervorrufen kann.
andere darin sehen: einem bedrängten Freund sollte man zu Hilfe kommen.
sich in einer aufhalten: man befindet sich auf einem gefährlichen Weg.
in eine stürzen: in einer schwierigen Angelegenheit oder Lage muß man die Hilfe anderer in Anspruch nehmen.

Schlüssel
ist erotisch zu verstehen, als Instrument am Schlüsselloch usw.
sehen: deutet auf ein Geheimnis hin.
verlieren: man wird nicht hinter eine Sache kommen, die man gerne erfahren möchte.
einen verlegten oder verlorenen wiederfinden: Vorsicht, daß keine Pläne oder Absichten durch Ungeschicklichkeit preisgegeben werden.
einen verlegten oder verlorenen nicht wiederfinden: bedeutet das Fehlschlagen heimlicher Absichten.
einen fremden finden: man wird hinter das Geheimnis eines anderen kommen.

Schlüsselblume
sehen: kündet Glück in der Liebe an.
pflücken: nach etwas Geduld wird die Sehnsucht gestillt werden.
verschenken: eine Liebesneigung wird nicht erwidert.
geschenkt erhalten: man wird geliebt oder wiedergeliebt, ohne es zu wissen.

Schmerz
empfinden: in einer Angelegenheit sieht man zu schwarz.

Schmetterling
ähnlich der Metamorphose des Schmetterlings steht ein bedeutender Wechsel bevor.
sehen: man hat einen unzuverlässigen Freund oder einen flatterhaften Liebsten.
fangen: man wird seinen Freund oder Liebsten bei einer kleinen Untreue ertappen.

Schmied/Schmiede
bei der Arbeit sehen: mahnt, das Eisen zu schmieden, solange es heiß ist.

Schminke
sehen: mahnt, sich vom Schein nicht trügen zu lassen.
selbst benutzen: der Versuch, etwas zu vertuschen, wird einem nicht gelingen.
andere sich schminken oder geschminkt sehen: man hat einen unaufrichtigen Freund in seiner Umgebung.

Schmutz
im Leben ist noch sehr viel zu säubern, wenn alles glattgehen soll.

sehen: bedeutet einen Gewinn.

etwas darin suchen, ohne es zu finden: man wird seine Situation durch ein unvorsichtiges Unternehmen gefährden.

Geld darin finden: mahnt zur guten Verwahrung der Brieftasche vor Dieben.

in solchen hineintreten: kündet Widerwärtigkeiten an.

jemanden hineintreten sehen: man wird ungewollt einem anderen Ärger bereiten.

Schnabel

man wird mit Mut auftreten müssen.

Schnecke

sehen: mahnt zur Geduld.

sich in ihr Haus verkriechen sehen: jemand, bei dem oder von dem man etwas erreichen möchte, wird einen noch lange zappeln lassen.

essen: man stellt die Geduld eines anderen auf eine harte Probe.

zertreten: durch übereilte Handlung wird man einen Nachteil haben.

Schnee

Potenzfrage; die Natur schläft oder ist gestorben; Kühle, Kälte. Die Jahreszeit steht für das Lebensalter.

fallen sehen (Schneegestöber): verspricht Nachrichten, die ein besseres Los für die Zukunft verheißen.

über der Landschaft sehen: verheißt ein trautes Heim.

Schneesturm: kündet schwere Zeiten an, die man jedoch gut überstehen wird.

Schneeball oder Schneeballschlacht: man sollte sich nicht zu bösen Taten verlocken lassen.

Schneemann sehen: man wird einen kühlen Liebhaber bzw. eine kühle Liebhaberin finden.

Schneemann bauen: vorübergehend sollte man bis ans Herz eiskalt sein.

Schneiden

bedeutet je nach Erfolg des Schneidens Trennung oder Glück in der Liebe.

von Eßwaren, um sie genießen zu können: bedeutet Erfolg für ein Vorhaben.

andere Sachen: kündet eine Trennung oder Entfremdung an.

sich selbst: man ist sich der Gewagtheit eines Unternehmens bewußt und tut es dennoch, wobei man auch gründlich hereinfällt.

in Kinderträumen: Kastrationsangst.

Schneider/Schneiderin

bei der Arbeit sehen: mahnt an das Sprichwort »Kleider machen Leute«.

bei ihm oder ihr arbeiten lassen: man weiß sich in einer Sache nicht zu helfen.

für sich selbst Kleider anfertigen: verspricht einen schönen Erfolg, besonders in der Liebe.

für andere Kleider anfertigen: verheißt eine gute Aussteuer für sich oder die Kinder.

Schnittlauch

sehen oder essen: an einer bisher belanglos oder langweilig erscheinenden Sache wird man Geschmack gewinnen.

Schnupftabak
sehen oder schnupfen: bedeutet
Verdruß.

Schnupftuch
sehen: man wird in arge Verlegenheit geraten.
nicht finden können: andere werden
durch einen in Verlegenheit gebracht.

Schnur
durch gute Miene zum bösen Spiel
wird man zum Zuge kommen.
um ein Paket aufknoten: man wird
eine freudige Überraschung erleben.
aufschneiden oder aufreißen: kündet eine böse Enttäuschung an.
schön aufgerollt sehen: man wird
eine langweilige Sache erleben.
auf einen durcheinandergeratenen
Knäuel sehen: deutet auf verworrene Verhältnisse hin.
Schnurknäuel entwirren: zu einem
bösen Spiel wird man gute Miene
machen müssen.
als Schmuckgegenstand: man wird
geliebt und geachtet werden.

Schnurrbart
bei einem Mann sehen: ein bisher
für einen Helden gehaltener
Mann entpuppt sich als ein arm-
seliger Tropf.
bei einer Frau sehen: bedeutet im
Männertraum, daß man bei seiner
Frau, Braut oder Liebsten nichts
zu lachen haben wird; im Frauentraum: vor einer gewissen
Freundin muß man sich in acht
nehmen.
küßt eine Frau im Traum einen
Mann mit einem Schnurrbart: sie

hat oder bekommt einen Pantof-
felhelden zum Mann oder Liebsten.

Schober (Heu-)
man befindet sich in einer günstigen
Lage.

Schöffe
sein: bedeutet Zeitverlust.

Schokolade
sehen oder essen: bringt Kraft und
Gesundheit.
geschenkt bekommen: verheißt einen guten Kameraden.
jemandem schenken: mit Speck
fängt man Mäuse.

Schornstein
einer Fabrik: bedeutet Wohlstand.

Schornsteinfeger
Symbol für Glück.
einem begegnen: Glück, besonders
in der Liebe.
mit einem zusammenstoßen und
sich mit Ruß beschmutzen: ein
heimliches Liebesabenteuer wird
herauskommen.

Schoten
aufbrechen: man wird eine Entdek-
kung machen.
essen: man wird einen schlichten
Menschen kennenlernen.

Schrank
Symbol für den eigenen Körper, das
je nach Sachlage mit dem Schrank
gemeinsam gute oder schlechte
Ratschläge gibt.
sehen: man soll etwas aufbewahren,
das man wegwerfen oder vernich-

ten möchte, da man es noch nötig
gebrauchen wird.

Schraube
sehen: was man hat, soll man festhalten.
eindrehen: man wird eine dauerhafte Verbindung zu einem anderen herstellen.
eine lockere: eine nützliche Verbindung droht in die Brüche zu gehen.
verlieren: bedeutet den Verlust
  einer nützlichen Verbindung.

Schraubstock
einen sehen oder andere daran arbeiten sehen: man wird in eine
  arge Klemme geraten.
selbst daran arbeiten: aus einer
  Klemme wird man sich befreien
  können.

Schreiben
selbst schreiben: in einer Sache
  sollte man sich nicht auf lose Ab-
  machungen einlassen.
jemanden schreiben sehen: man
  sollte sich in einer Angelegenheit
  nicht zu sehr festlegen lassen, was
  später bereut würde.

Schreibfeder
mit einer schreiben: baldige gute
  Nachricht.

Schreibmaschine
sehen: man ist in seinen Auffassungen zu altmodisch.
auf einer schreiben: verspricht Erfolg auf neuen Wegen.

Schreibzeug
sehen: man wird an die Erledigung
  eines wichtigen Briefes erinnert.
darin keine Tinte finden: eine Vergeßlichkeit wird man büßen müssen.

Schreiten
man wird geebnete Wege vorfinden.

Schröpfen
Freuden werden von kurzer Dauer
  sein.

Schublade
offen und leer sehen: Warnung vor
  einem Diebstahl.

Schuh
eindeutiges weibliches Sexualsymbol.
sehen: in nächster Zeit wird man
  viele Laufereien haben.
neue bequeme Schuhe anziehen und
  tragen: verheißt einen erfolgreichen Gang.
alte zerrissene anziehen und tragen:
  kündet einen erfolglosen Gang
  an.
ein zu enger: deutet auf einen beschwerlichen oder schwierigen
  Gang hin.
einen verlorenen finden: man wird
  eine Bekanntschaft machen.
ist der verlorene gut und unbeschä-
  digt: aus einer Bekanntschaft
  wird eine gute Kameradschaft
  oder Partnerschaft.
ist der verlorene alt oder zerrissen:
  man wird wenig Freude an einer
  gemachten Bekanntschaft erleben.
Schuhe kaufen: es werden einem
  Versprechungen gemacht.

Schuhmacher

einen bei der Arbeit sehen: mahnt, einen vorgesehenen wichtigen Gang gut vorzubereiten.

bei einem arbeiten lassen: ein aussichtslos erscheinender Gang führt durch die Vermittlung eines Freundes doch noch zum Erfolg.

Schulden

machen oder haben: warnt vor falschen Freunden.

Schule

das Leben wird einem neue Prüfungen auferlegen.

sehen: man ist im Begriff, eine bereits einmal begangene Dummheit zu wiederholen und sollte aus einer Erfahrung lernen.

Schüler

sehen: ein dummer Streich soll einem gespielt werden.

Schürze

auf einen zukommende Unannehmlichkeiten müssen heimlich und mühsam verdeckt werden.

Arbeitsschürze eines Mannes sehen: bedeutet im Männertraum: man wird viel zu tun bekommen; im Frauentraum: man wird mit einem Mann viel Plage haben.

Arbeitsschürze einer Frau sehen: bedeutet im Männertraum Ungemütlichkeit zu Hause; im Frauentraum viel Mühe und Arbeit.

Zierschürze einer Frau sehen: der dies träumende Mann ist ein Schürzenjäger und wird dabei hereinfallen; die dies träumende Frau wird ein Geschenk oder einen angenehmen Besuch erhalten.

Schüssel

eine leere sehen: die Hoffnung auf eine Einladung oder einen erwarteten Besuch verwirklicht sich nicht.

eine gefüllte sehen: man wird eine Einladung erhalten oder Besuch bekommen.

fallen lassen oder zerbrechen: man wird neuen geselligen Verkehr finden, der einem Glück und Vorteile bringt.

Schützengraben

sehen: bedeutet im Männertraum, daß eine Einberufung zum Militärdienst bevorsteht oder daß man sich mit Dingen beschäftigen wird, welche die Landesverteidigung betreffen; im Frauentraum: der Mann oder Liebste muß zum Militär oder ähnlichem Dienst.

siehe auch Schlacht.

Schwager/Schwägerin

sehen: bedeutet Unruhe durch die Verwandtschaft.

Schwalbe

fliegen sehen: verheißt Glück in der Liebe.

auf Drähten sitzen sehen: verheißt eine Zusammenkunft mit dem oder der Liebsten; bei Verheirateten: Wiedersehen mit einer Jugendliebe.

zwitschern hören: kündet einen Liebesbrief oder eine entsprechende Botschaft an.

Schwalbennest

sehen: verheißt häusliches Glück.

bauen sehen: bedeutet Gründung eines eigenen Hausstandes, bei

Verheirateten Verschönerung des eigenen Heimes.

mit Eiern sehen: kündet ein Baby oder sogar Zwillinge an, bei älteren Personen Enkelkinder.

mit Jungen sehen: verspricht Freude durch Kinder.

Alte ihre Jungen darin füttern sehen: verrät Sehnsucht nach Kindern oder Kindeskindern.

ausnehmen oder zerstören: man wird sich selbst um Glück und Frieden bringen.

andere eines ausnehmen oder zerstören sehen: Glück und Frieden der eigenen Häuslichkeit sind durch andere bedroht.

jemanden daran hindern, eines auszunehmen oder zu zerstören: wohlwollende Menschen werden einem in der Not helfen.

Schwamm
zum Waschen sehen: man sollte gegen üble Nachrede trotz Unbekümmertheit angehen, da man sich sonst die Gunst einer wichtigen Persönlichkeit verscherzt.

sich mit einem waschen: man wird eine Verleumdung widerlegen.

Schwan
sehen: glückhaftes Symbol für eine schöne und stolze Liebe.

füttern: man wird einen Menschen finden, der einem fürs ganze Leben ein treuer Kamerad bleiben wird.

ein singender: bedeutet Tod.

Schwanger
die Frau erwartet Neues vom Leben, wenn sie sich schwanger sieht; der Mann überträgt eigene

neue Pläne auf ein anderes Objekt.

sein: ein Wunsch wird in Erfüllung gehen.

andere so sehen: verheißt materielles Glück.

Schwanz
Ausklang einer Episode, meist rein sexuell zu verstehen.

Tiere mit einem langen sehen: in einer Sache wird es endlose Scherereien geben.

ein Tier daran fassen: man packt eine Sache am verkehrten Ende an.

ein Tier damit wedeln sehen: bedeutet Freude.

Schwefel
sehen: bedeutet Krankheit.

etwas damit ausräuchern: man wird im Hause Ordnung machen.

Schwein
Rückschlüsse auf sich selbst, manchmal auch auf andere.

sehen: verheißt Glück im allgemeinen und im Spiel im besonderen.

schlachten: verspricht einen materiellen Erfolg auf Kosten oder durch Verrat eines anderen, der die innere Ruhe gefährdet und dadurch keine rechte Freude bereitet.

Fleisch von einem essen: in einer Sache wird man guten Erfolg haben.

Schweiß
bedeutet für Kranke Genesung.

Schwer
tragen: man wird Beschwerden haben.

Schwert
verheißt Ehre und Ruhm.

Schwester
stellt bei Frauen den eigenen Schatten dar, bei Männern: die weibliche Komponente im Mann bringt eine neue Seite.
seine eigene sehen: verheißt gute Gesundheit.
sich von ihr verabschieden: man ist in einer Angelegenheit ganz auf sich allein angewiesen.
sie sterben sehen: bringt eine Verschlechterung der Lage.

Schwiegermutter/Schwiegervater
sehen: bedeutet Streit.

Schwimmen
selbst schwimmen: man wird zum Ziel gelangen.
andere schwimmen sehen: in einer Angelegenheit muß man sich mit anderen bereden.

Schwindel
man wird falsche Gerüchte beseitigen.

Schwindsucht
man wird auf ein kärgliches Einkommen angewiesen sein.

Schwur
siehe Eid.

See (Binnen-)
neue Entscheidungen drängen sich auf.
einen sehen: man wird mit einem Menschen zusammentreffen, auf den der Ausspruch zutrifft »Stille Wasser sind tief«.

in einem baden oder darauf fahren: der vorgenannte Ausspruch ist auf sich selbst anzuwenden.
Seefahrt: bringt Glück.
Seehafen: man lebt in Ruhe und Zufriedenheit.
Seeräuber: man wird in einer Sache zum Ziel kommen.
Seeschlacht: ein Geschäft wird einem Freude bereiten.
Seesturm: bedeutet Kummer.

Seelen
von Seelen träumen: man wird mit guten Menschen zu tun haben.
Seelenmesse: in einer verfänglichen Sache wird man Gnade finden.

Segelboot/Segelschiff
mit gesetzten Segeln fahren sehen: deutet auf eine günstige Zeit zur Verwirklichung von großen Plänen hin.
auf einem fahren: große Pläne wird man durch eine außerordentliche Gelegenheit oder andere günstige Umstände bald durchführen können.
bei Windstille mit schlaffen Segeln dahintreiben sehen: deutet auf eine ungünstige Zeit zur Verwirklichung großer Pläne hin.
bei Windstille darauf fahren: ein hochfliegender Plan wird sich nicht verwirklichen lassen.
vor Anker sehen: kündet die Entstehung hochfliegender Pläne für die nächste Zukunft an.
im Sturm sehen: bei der Durchführung hochfliegender Pläne wird man durch mißliche äußere Umstände stark behindert werden.

im Sturm auf einem sein: hochfliegende Pläne lassen sich nur unter großen Opfern verwirklichen.

kentern sehen: ein hochfliegender Plan wird sich bald als undurchführbar erweisen.

auf einem kenternden sein: für die Verwirklichung eines hochfliegenden Planes wird man große Opfer umsonst bringen.

Segen/Segnen
bedeutet langes Leben, oder man wird unerwartet zu Geld kommen.

Seide
sehen: verheißt eine angenehme und wohlhabende Umwelt.

herstellen: man wird viele Freunde haben, die sich sehr wohl bei einem fühlen.

Seife
man fühlt sich angegriffen und versucht, sich zu verteidigen; Vorsicht vor Hinterlist.

sehen: mahnt, auf seinen Ruf zu achten.

benutzen: man wird grundlos verdächtigt.

Seifenblasen
sehen: man hüte sich vor Illusionen, weil es bittere Enttäuschungen geben kann.

herstellen: eine Illusion wird zu einer Enttäuschung führen.

Seil
durch starke sexuelle Bindung (Hörigkeit) hervorgerufener Angsttraum.

sehen: bedeutet eine Bindung.

spannen oder etwas damit festbinden: das Bemühen um die Herstellung einer Verbindung zu einer Sache oder zu einem Menschen wird vergeblich sein.

lösen: man wird jemanden durch Toleranz für sich gewinnen.

Seiltänzer
sehen: warnt vor gewagten Unternehmungen.

abstürzen sehen: ein gewagtes Unternehmen geht schlecht aus.

selbst einer sein: das seelische Gleichgewicht wird bedroht.

selbst als solcher abstürzen: man wird einen schweren seelischen Konflikt erleben.

Sekt
deutet einen Ausbruch aus der auferlegten Disziplin an; oft sexuell zu verstehen.

sehen: bedeutet ein Glück von kurzer Dauer.

alleine trinken: man findet in seiner Umgebung kein Verständnis.

in Gesellschaft trinken: kündet einen fröhlichen Zeitvertreib an.

eine Sektflasche zerbrechen: ein stürmisches Erlebnis steht bevor.

Seligsprechung
Güte wird belohnt werden.

Semmel
bedeutet Glück und Segen.
Semmelkrumen: verheißt viel Geld.
Semmelmehl: bedeutet Ansehen und Anerkennung.

Senf
man wird verworrene Geschäfte machen.

Senkblei
geschäftliche Erfolge gehen zurück.

Sense
sehen: die Zeit der Erfüllung eines
  lange gehegten Wunsches ist gekommen.

Sessel
deutet auf eine langwierige Krankheit hin.

Sichel
das Symbol drückt Lebensangst aus,
  die man überwinden muß.
eine sehen: auch kleine Gewinne
  sollen nicht mißachtet werden.
mit einer arbeiten: bedeutet kleinen
  Gewinn bei mühevoller Arbeit.

Sieb
sehen: mahnt zur Unterscheidung
  des Guten vom Schlechten.
benutzen: man wird jemandem Rechenschaft über sein Tun und
  Lassen ablegen müssen.
damit Wasser oder andere Flüssig-
  keit zu schöpfen versuchen: es
  wird einem nicht gelingen, etwas
  mit untauglichen Mitteln zu erreichen.

Sieg/Siegeszeichen
in nächster Zeit steht einem wenig
  Glück zur Seite.

Siegel
sehen: durch eine vollendete Tatsache wird man sich in das Unabän-
  derliche fügen müssen.
etwas mit einem verschließen: man
  wird eine Sache zu einem guten
  Abschluß bringen.

Siegellack oder -wachs: durch Auf-
  träge oder Bestellungen wird man
  zu tun bekommen.

Signalpfeife
sehen oder hören: warnt vor einer
  Gefahr.
selbst auf einer spielen: man hat
  Angst um eine nahestehende Person.

Silber
unverarbeitetes, in Minen, einge-
  schmolzen oder in Barren: verheißt Reichtum.

Singen
alte Geschehnisse werden stim-
  mungsmäßig in Erinnerung gebracht.
ein frohes hören: kündet gute
  Nachrichten an.
ein trauriges hören: es sind
  schlechte Nachrichten zu erwarten.
selbst singen: man wird von jemandem mit kritischen Augen scho-
  nungslos beobachtet.
in Gemeinschaft mit anderen singen: verspricht viele anhängliche
  Freunde und Freundinnen.

Sinken
in die Tiefe: bedeutet innere Haltlo-
  sigkeit.

Sirup
man soll keinen Unsinn machen.

Sitzen
auf einem Nachttopf: man wird einen Gewinn erzielen.
auf dem Thron: der Besitz eines
  Hauses steht in Aussicht.

Sitzungssaal

sehen: Beziehungen zu einem bestimmten Menschenkreis werden demnächst von besonderer Bedeutung für einen sein.

Ski

sehen: warnt vor einem abschüssigen Weg.

fahren: man kommt in einer Sache schneller hinunter als hinauf.

andere fahren sehen: durch schlechtes Beispiel wird man von seinem Weg abgebracht.

Sklave

sehen: man ist Sklave einer Leidenschaft oder Neigung, wodurch man Nachteile oder Schaden haben wird, wenn man nicht dagegen ankämpft.

sein: in einem Vorhaben wird man seinen eigenen Weg gehen, ohne sich um den Widerstand anderer zu kümmern.

Skorpion

sehen: kündet heimliche Feindschaft an.

von einem gestochen werden: durch eine heimliche Feindschaft wird man schwer geschädigt werden.

Smoking

im Männertraum sehen: es wird eine zärtliche Verabredung geben.

im Frauentraum: die Zeit eines zärtlichen Wiedersehens kann kaum erwartet werden.

Sofa

sehen: man wird an die »gute alte Zeit« erinnert werden.

auf einem sitzen: mit einem alten Bekannten wird man liebe Erinnerungen austauschen.

Sohn

innere Reklamation, daß mit dem eigenen Innenleben etwas nicht stimmt, wenn nicht eine direkte Mahnung vorliegt, auf den eigenen Sohn zu achten.

seinen eigenen sehen: greift sehr oft in das Gebiet der Gedankenübertragung, des Hellsehens und des »Fernfühlens« ein. Hierbei kommt es sehr auf die Einzelheiten des Traumbildes an; im allgemeinen stehen die Umstände, unter denen Mutter oder Vater den Sohn sieht, in Beziehung zur Wirklichkeit.

Soldat

dringende innere Aufforderung, sich im Leben einzuordnen und Disziplin zu halten.

einen sehen oder mit einem verkehren: bedeutet im Frauentraum eine vorübergehende Liebelei; im Männertraum: unruhige Tage stehen bevor.

viele Soldaten bei einer Parade sehen: kündet eine freudige Überraschung an.

marschieren sehen: bringt eine bedrückende Veränderung.

exerzieren sehen: bringt Unannehmlichkeiten durch Vorgesetzte, Behörden oder höherstehende Personen.

im Krieg sehen: kündet eine heftige Auseinandersetzung, Streit und Zank mit anderen an.

Sommer
Potenzangabe wie bei Frühling,
    Herbst und Winter; Jahreszeiten
    stellen Perioden im Leben dar.
Sommersprossen: man fühlt sich ir-
    gendwie belastet und fürchtet,
    daß die Umwelt einem Fehler,
    Laster oder Vergehen ansehen
    könnte.

Sonne
starkes Energiesymbol; bei Schwer-
    kranken aber sind Träume von
    zuviel Sonne und Licht ein
    schlechtes Zeichen.
golden und schön aufgehen sehen:
    verheißt ein besonders glückli-
    ches Ereignis.
blutrot aufgehen sehen: man wird
    in nächster Zeit einen harten
    Kampf ausfechten müssen.
hell am Himmel leuchten sehen:
    verheißt in jeder Beziehung sehr
    gute Tage.
blutrot am Himmel stehen sehen:
    eine schwere Zeit steht bevor.
ins Zimmer scheinen sehen: bringt
    glückliche Stunden daheim.
im Wasser spiegeln sehen: bedeutet
    ein Scheinglück, einen Scheiner-
    folg oder ein leeres Versprechen.
hinter Wolken verschwinden sehen:
    kündet vorübergehenden Kum-
    mer an.
sich am Himmel anormal schnell
    fort- oder hin- und herbewegen
    oder herabstürzen sehen: bedeu-
    tet eine herannahende Katastro-
    phe.

Sonnenfinsternis
kündet schwerwiegende Ereignisse
    an, die große Verluste bringen
    können.

Spagat
ein Versprechen sollte man einhal-
    ten.

Spargel
eindeutig als sexuelles Symbol zu
    bewerten.
sehen: kündet ein leidenschaftliches
    Erlebnis an.
essen: bringt Reue über ein Erleb-
    nis, bei welchem mit einem die
    Leidenschaft durchgegangen ist.

Spaten
verheißt mühevolle Arbeit.

Spatz
man achtet zu sehr auf üble Klat-
    schereien und vermag nicht mehr
    klar zu trennen.
sehen: verheißt anhängliche
    Freunde.
zwitschern hören: kündet ein gesel-
    liges Zusammensein im Freun-
    deskreis an.

Spazierengehen
bringt viel Arbeit und wenig Ruhe.

Speck
steht oft in bezug auf Schwein; be-
    deutet im übrigen ein dickes Fell,
    Unempfindlichkeit; der Egois-
    mus behauptet sich.
sehen: warnt vor selbstsüchtigen
    Lockungen anderer.
essen: man wird ungewollt einer
    Lockung erliegen.

Speichel
sehen: bedeutet Betrug oder Zank.

Speisekammer/Speisezimmer
Unternehmungen sind von Gefahr
    bedroht.

Speisewagen
sehen: verspricht Vorteile durch
eine Reise, die man selbst unternimmt oder die von einem anderen für oder zu einem unternom-
men wird.
in einem essen: in einer schwebenden Angelegenheit kann man das
Nützliche mit dem Angenehmen
verbinden.

Sperling
siehe Spatz.

Spicken
mit Speck: bedeutet glücklichen
Hausstand.

Spiegel
der Versuch, mit sich selbst ins reine
zu kommen, scheitert oder führt
zu Erkenntnissen.
sehen: mahnt zur Selbsterkenntnis.
sich selbst in einem sehen: man wird
einen Fehler an sich erkennen
oder auf einen solchen hingewiesen werden.
einen blinden sehen: man hält sich
für einen Engel.
einen zerbrochenen sehen oder einen zerbrechen: in einer Sache
wird man eines Besseren belehrt.
anfertigen sehen: bedeutet Verrat.

Spiel
Leichtsinn und falsche Einstellung
führen nicht zum Ziel.
Vergnügungs-, Pfänder-, Ballspiel
im Freien und dergleichen: man
wird geneckt und gefoppt werden.
Kartenspiel, Skat und dergleichen:
man nimmt eine harmlose Sache
schrecklich ernst.

Würfelspiel: durch eigenen Leichtsinn oder schlechten Rat anderer
wird man einen empfindlichen
Verlust erleiden.
Billardspiel: ein gewünschtes Zusammentreffen mit jemandem
stößt auf große Schwierigkeiten.
Unterhaltungsspiel mit Nachden-
ken oder Geschicklichkeit, Brett-
spiel, Domino, Kugelspiel und
dergleichen: mit dem Freund
oder der Geliebten künden sich
Schwierigkeiten oder Differenzen an.
Glücksspiele: bringen eine Enttäuschung, die den Ärger nicht wert
ist.

Spieß
eine Freundschaft wird getrennt
werden.

Spinat
bedeutet Gesundheit.

Spinne
Mahnung zur Vorsicht mit sich
selbst, besondere Vorsicht ist im
Umgang mit Frauen geboten;
auch sind Gehirnreizungen möglich.
sehen: Glück oder Gut hängt am
seidenen Faden.

Spinnen
mit dem Spinnrad: bedeutet Hochzeit.

Spinnengewebe
sehen: zwischen sich und anderen
gesponnene zarte Fäden oder
demnächst zu spinnende soll man
vor fremden Augen geheimhal-
ten, da sie sonst leicht zerstört
werden können.

vernichten: durch Unachtsamkeit wird man zwischen sich und anderen gesponnene zarte Fäden selbst zerstören.

Spinnrad
sehen: kündet ein Ereignis an, das schnell vorüber sein, einen aber noch lange beschäftigen wird.

Spion
Warntraum; man versucht, heimlich und hinterrücks gegen einen vorzugehen.

Spital
eine Umstellung im Leben muß bald erfolgen, unter Umständen durch einen schmerzhaften Eingriff.

sehen: kündigt eine Besserung der Verhältnisse an.

sich als Kranker in einem befinden: ein Plan oder Vorhaben sollte noch einmal genau überdacht werden, da das damit erstrebte Ziel gefährdet ist.

in einem arbeiten: die Verbindung mit gewissen Menschen hemmt die Erreichung eines bestimmten Zieles.

Spitzen
sexueller Reiztraum, vor allem bei Wäschespitzen.

für Wäsche oder Kleider sehen: kündet eine bittere Enttäuschung durch andere an.

tragen: man täuscht sich in einer Angelegenheit.

Sporen
sehen: bedeutet Hindernisse und Schwierigkeiten.

tragen: man will etwas erzwingen, was sich nicht erzwingen läßt.

Springbrunnen
sehen: deutet auf ein kostspieliges Vergnügen hin.

von einem bespritzt werden: ein Vergnügen wird mit einem bösen Mißklang enden.

Spritze
sehen: kündet eine unerfreuliche Überraschung an.

mit einer spritzen: eine gutgemeinte Tat erntet üblen Lohn.

von einer bespritzt werden: man wird in einer Sache vom Regen in die Traufe kommen.

Spucken
andere anspucken: bedeutet Ärger und Geldverlust.

selbst bespuckt werden: bedeutet Glück und Erfolg.

Stab/Stecken/Stock
sexuelles Symbol; Wunschtraum, besonders von Frauen erlebt.

sehen: warnt vor der Unzuverlässigkeit anderer.

sich auf einen stützen: jemand, auf den man sich verlassen zu können glaubt, wird versagen.

mit einem geschlagen werden: man wird, verdient oder unverdient, einen Denkzettel bekommen.

einen zerbrechen: bedeutet ein Zerwürfnis.

Stachel
sexueller Traum, wobei Perversionen nicht ausgeschlossen sind.

sehen: verheißt des oder der Widerspenstigen Zähmung.

sich an einem verletzen: er oder sie wartet sehnsüchtig.

Stachelbeeren

sehen: man wird demnächst merken, daß es keine Liebe ohne Zank gibt.

pflücken oder essen: verspricht süßen Liebeslohn für geduldiges Ausharren.

Stacheldraht

sehen: man erfreut sich beim anderen Geschlecht besonderer Beliebtheit oder hat mehr als einen Verehrer oder eine Verehrerin.

an einem hängenbleiben oder sich verletzen: man nascht an mehreren Liebesblüten zugleich.

Stadt

man wünscht sich, in größerem Maß Geselligkeit erleben zu können.

eine große sehen: bringt Unruhe ins Leben.

eine kleine sehen: verspricht eine geruhsame und behagliche Zeit, wenn man sich von Klatschereien fernhält.

Standesamt

sehen: deutet auf familiäre Schwierigkeiten in der nächsten Zeit hin.

auf einem eine Trauung sehen (im Traum von Unverheirateten): eine erhoffte Ehe kommt nicht zustande, oder man wird noch lange bis zur Heirat warten müssen.

Star

Augenkrankheit: man wird über etwas Gewißheit bekommen.

Bühnen- oder Filmberühmtheit: man ist stark von Leichtsinn getrieben.

Vogel: man sollte nicht so viel Geschwätz machen.

Staub

man sehnt sich nach Natürlichkeit und Einfachheit und nimmt dafür Unannehmlichkeiten in Kauf.

sehen: es stehen unerquickliche und verdrießliche Tage bevor.

verursachen: man wird sich oder anderen die Stimmung verderben.

schlucken oder staubig werden oder sein: man bekommt es mit mürrischen und verdrießlichen Menschen zu tun.

Staubsauger

sehen: durch eine zu erwartende Ärgerlichkeit soll man sich nicht die Laune verderben lassen.

gebrauchen: einem mürrischen Menschen wird man ordentlich den Kopf waschen.

Stecken

siehe Stab.

Stecknadel

sehen: bringt allerlei Sticheleien.

suchen und nicht finden: bringt eine Aufregung.

mit einer etwas feststecken: eine neu hergestellte Verbindung, auf die man große Hoffnungen setzt, wird nicht von Dauer sein und die Hoffnungen nicht erfüllen.

sich mit einer stechen: eine dumme verflossene Sache wird von jemandem wieder in Erinnerung gebracht.

Stehlen

bestohlen werden: bedeutet günstige Transaktionen.

Steigbügel

man wird sein Ziel erreichen.

Stein

sehen: man wird es mit einem dick-
   köpfigen Menschen zu tun bekommen.
mit einem werfen: man wird sich
   über die Dickköpfigkeit eines anderen ärgern.
mit einem beworfen werden: man
   ist selbst ein Dickkopf.
einen zerkleinern: man wird seinen
   Willen durchsetzen.

Stempel

man wird seine Position befestigen.

Sterben

mit etwas aufräumen oder endgültig
   Schluß machen wollen; innerlich
   ist man mit einer Sache fertig,
   wenn man daran im Traum stirbt.

Stern

Ausweitung der Lebensziele, die eigenen Pläne werden vielfältiger.
am Himmel sehen: verheißt gute
   und erfolgreiche Tage.

Sternschnuppe

fallen sehen: verspricht Erfüllung
   eines Lieblingswunsches.

Steuer

eines Bootes oder Schiffes sehen
   oder führen: in einer Sache ist
   man auf dem falschen Weg.
zahlen müssen, einen Steuerbe-
   scheid erhalten oder sonstwie mit
   der Steuerbehörde zu tun haben:
   man wird es demnächst als bitter
   empfinden, daß man nicht sein
   eigener und freier Herr ist.

Sticker/Stickerin

man wird gute Einnahmen haben
   oder Geschicklichkeit beweisen.

Stickerei

sehen: mahnt in einer bestimmten
   Sache zur Zurückhaltung.
anfertigen oder tragen: durch zu
   starkes Vordrängen in einer Angelegenheit wird man unliebsa-
   mes Aufsehen erregen.

Stiefbruder/Stiefschwester

sehen: bedeutet Störung des häuslichen Friedens.

Stiefel

hohe mit Schaft sehen: kündet einen
   beschwerlichen Gang an.

Stiefeltern

Mutter oder Vater: bedeutet Unglück oder Störung des Lebens-
   ablaufs.
von Störungen durch Stiefeltern
   träumen, wenn dies in Wirklichkeit nicht der Fall ist: man wird
   sich den Launen eines Fremden
   wohl oder übel fügen müssen.

Stiege

sehen: mahnt, auf seinen gefährde-
   ten Ruf zu achten.
hinaufsteigen: man wird in schlechten Ruf kommen.
hinabsteigen: man ist herzlich willkommen bei Menschen, die man
   demnächst aufsuchen wird.
hinunterfallen: man wird seinen
   ramponierten Ruf wiederherstellen können.

Stiegenhaus

eine Standesveränderung bahnt sich
   an.

Stier

stärkstes Ursymbol für Männlichkeit und Kraft; beim Mann Po-

tenztraum, bei der Frau oft
Wunschtraum.
einen sehen, kaufen oder besitzen:
verheißt einen wohlhabenden
Freund oder Gönner oder einen
materiellen Vorteil.
einen töten, schlachten lassen oder
verkaufen: bedeutet den Verlust
eines wohlhabenden Freundes
oder Gönners oder materiellen
Verlust durch eine große Torheit.
einen Stierkampf sehen: warnt vor
Einmischung in die Streitigkeiten
Stärkerer oder deren Vermittlung, da der Streit auf dem eigenen Rücken ausgetragen werden
wird.

Stock
siehe Stab.

Stockfisch
essen: bedeutet Krankheit.

Stoff
man wird in Geschäften glückliche
Erfolge zu verzeichnen haben.

Stolpern
ohne hinzufallen: man wird vor einem Unglück bewahrt werden.

Storch
Fruchtbarkeitssymbol; Wunsch-
und Sehnsuchtstraum.
sehen: bringt ein Baby ins Haus.
junge Störche im Nest sehen: man
wird mit einem Kindergarten,
Kinderheim oder dergleichen zu
tun bekommen.

Strafe
empfangen: bedeutet baldiges
Glück.

Strahlen
sehen: bringt gute Gesundheit.

Strandbad
sehen oder in einem sein: kündet
viel Abwechslung in nächster Zeit
an.

Strang/Strick
man wird wortbrüchig werden.

Straße
Traum erotischer Prägung; Mahnung, sich nicht einfach wegzuge-
ben.
eine belebte in einer Stadt sehen
oder darin gehen: bringt vielerlei
interessante Neuigkeiten.
eine kleine enge und wenig belebte:
bringt Klatschereien.
durch menschenleere Straßen einsam gehen oder irren: kündet eine
böse Überraschung an, bei der
man völlig auf sich angewiesen
ist.

Straßenbahn
sehen: man wird an eine wichtige
noch zu erledigende Besorgung
erinnert.
fahren: vorläufig bleibt alles beim
alten; der Traum von Reichtum
und Liebe wird sich vorerst nicht
erfüllen.

Strauch
sich darin verstecken: man wird in
Gefahr kommen.
jemanden in einem versteckt sehen:
man wird ein Geheimnis entdek-
ken.
einen brennenden sehen: kündet ein
wichtiges Ereignis an.

Strauß (Blumen-)

sehen, binden, schenken oder geschenkt bekommen: kündet eine
Liebes- oder Freundschaftserklä-
rung an.

liegenlassen, verlieren oder beschädigen: eine Liebes- oder Freund-
schaftserklärung wird einseitig
bleiben.

Streit

erleben: bedeutet bevorstehende
Versöhnung.

Strick

maßgeblich ist, ob es sich um einen
Haltestrick oder eine Fesselung
handelt, immer aber ist es Bindung, die lästig oder rettend sein
kann.

Stricken

sehen: man wird in eine langweilige
und langwierige Angelegenheit
verwickelt werden.

selbst stricken: man wird etwas
kompliziert erledigen, was einfach zu bewältigen gewesen wäre.

Stroh

meist Zeichen für innere Beunruhigung, aber Furchtlosigkeit in der
Gefahr.

ausgedroschenes in Bündeln oder
Haufen sehen: man wird durch
andere um einen wohlverdienten
Lohn gebracht werden.

auf solchen lagern oder schlafen
oder es hierfür verwenden: deutet
auf knappe Zeiten hin.

kleingeschnittenes zum Viehfüttern
(Häcksel) sehen: verkündet Hunger und Not.

Strohsack: man wird in Not geraten.

Strohhut

tragen: man wird in der Liebe betrogen.

einen neuen sehen: man wird bald
große Pläne machen.

einen alten sehen: einen schönen
Plan wird man resigniert aufgeben.

Strom

sehen: kündet wichtige, meist ungünstige Veränderungen an.

mit ihm fahren, schwimmen oder
treiben: durch die Gefahr, wider
seinen Willen in unglückliche Ereignisse hineingezogen zu werden, wird man viel Unruhe und
Sorge erleben, auch wenn man
nicht selbst unmittelbar davon
betroffen ist.

gegen ihn fahren, schwimmen oder
ankämpfen: kündet schwere Le-
benskämpfe an.

von ihm abgetrieben werden: Elend
und Not sind zu erwarten.

Strumpf

als sexuelles Symbol zu verstehen,
meist in Beziehung auf das
Strumpfband; häufiger Wunschtraum.

sehen: kündet ein ungestörtes Schäferstündchen an.

verlieren: ein Schäferstündchen
wird gestört, oder es hat unruhige
Tage zur Folge.

Strumpfband: bedeutet Liebesglück.

Stube

sehen oder sich darin aufhalten:
man wird nicht mehr lange in seinem jetzigen Heim bleiben.

Student/Studentin

sehen oder damit verkehren: kündet die Gesellschaft eines fröhlichen, lebensprühenden Menschen an.

Stuhl

sehen: verheißt Ruhe und Erholung.

auf einem sitzen: kündet eine Zeit rastlosen Mühens und Strebens an.

Sturm

von einem geschützten Ort aus um sich toben sehen: bringt die Gefährdung der Existenz, einer Verbindung oder sonstigen wichtigen Angelegenheit.

ihn heulen hören: bringt böse Nachrichten.

darin sein und mit ihm kämpfen: bringt große Schwierigkeiten und Verluste.

Sturz

sehen oder selbst stürzen: ein Vorhaben oder das Vorwärtskommen wird unerwartet gehemmt.

Sülze

bedeutet Erhaltung der Gesundheit.

Sumpf

Angsttraum, daß Leidenschaften überhandnehmen und man keine Lenkung mehr haben könnte.

sehen: ein Plan oder ein bereits begonnenes Unternehmen sollte aufgegeben werden, ehe es zu spät ist, da der eingeschlagene Weg nur Unheil, Mißerfolg und Sorgen bringt.

in einen hineingeraten und nur schwer darin vorwärtskommen:

bedeutet eine Zeit anstrengenden Schaffens und schwerer Kämpfe.

in einem völlig steckenbleiben: ein Plan wird völlig mißlingen, oder man wird einen schweren Rückschlag erleiden.

Suppe

wenn man Suppe nicht liebt, symbolisiert sie das Bewußtsein, etwas bis zum bitteren Ende auslöffeln zu müssen.

sehen, zubereiten oder essen: verheißt sorglose Tage.

Süßholz

mit der Liebe treibt man sein Spiel.

T

Tabak

die Männlichkeit ist stark herausgestrichen; Zigarren und Pfeifen sind rein sexuelle Symbole.

Pflanzen, Blätter oder Tabak roh sehen: kündet eine bevorstehende Wandlung der Ansichten an.

in der Pfeife rauchen: man wird unnütze Pläne machen.

Tabakpfeife

sehen: kündet den Besuch eines alten Freundes an.

rauchen: man wird die überraschende Entdeckung machen, daß es auch zu Hause sehr gemütlich sein kann.

Tafel

in der augenblicklichen Lage könnte man einen guten Rat dringend gebrauchen.

zum Schreiben sehen: bald wird
man für etwas Lehrgeld bezahlen
müssen.

auf einer schreiben: etwas wird man
nie lernen und dadurch nochmals
zu Schaden kommen.

andere auf einer schreiben sehen:
man wird einen guten Rat erhalten.

eine abwischen: man wird etwas mit
mehr Überlegung beginnen als
das letzte Mal.

Tagelöhner
es werden sich Beschwerden einfin-
den.

Tal
Zeichen einer Tiefe auf dem Lebens-
weg (als Gegensatz zu Berg und
Felsen); oft auch als ein gewisser
Ruhepunkt zu verstehen.

sehen oder darin wandern: bedeutet, wenn das Tal lieblich ist, daß
bescheidene, aber glückliche Zeiten kommen; ist das Tal düster:
Verluste infolge von Extravagan-
zen.

Tambour
sehen: bringt Neuigkeiten.

Tango
tanzen oder tanzen sehen: man wird
eine Dummheit begehen, die man
aber nicht zu bereuen braucht.

Tank
für Flüssigkeiten leeren oder auslaufen sehen: man wird einer Situation völlig ratlos gegenüberste-
hen.

einen vollen sehen oder füllen: verspricht gutes Vorwärtskommen

in einer Sache, die einem am Herzen liegt.

eine Tankstelle sehen: kündet ein
feuchtfröhliches Vergnügen an.

eine Tankstelle besitzen oder darin
arbeiten: man wird sich ordentlich die Nase begießen.

Tannen
wie alle Bäume als Potenzsymbol
zu verstehen.

sehen: verheißt eine stille, aber
schöne Freude.

Tannenzapfen am Baum hängen sehen: es wird eine freudige Überraschung geben, indem das
Schicksal das Nützliche mit dem
Angenehmen verbindet.

Tannenzapfen am Boden finden:
der Zufall wird demnächst eine
erfreuliche Rolle spielen.

Tante
sehen: kündet ein Geschenk an.

Tanzen
eines Tänzers allein bezieht sich auf
das Problem des eigenen inneren
Gegenspielers, mit einem Partner
oder einer Partnerin ist rein sexuell zu verstehen.

sehen: man wird vor die Wahl zwischen zwei Menschen gestellt
werden.

selbst tanzen: bei der Wahl zwischen zwei Menschen wird man
eine Fehlentscheidung treffen.

Tanzmeister
oder Eintänzer: man hat gute Ma-
nieren.

Tapete
man wird in den Besitz schöner
Hausgeräte kommen.

Tapezierer
gute Charaktereigenschaften zeichnen einen aus.

Tasche
in Kleid oder Mantel sehen: warnt
vor zu großer Sorglosigkeit bei
der Aufbewahrung wichtiger Sachen.
etwas in eine stecken: man wird etwas verlieren.
etwas aus einer herausnehmen: etwas Verlorenes oder Verlegtes
wird man wiederfinden.
darin etwas suchen und nicht finden: kündet eine unangenehme
Überraschung an.
verlieren oder nicht finden können:
man wird in eine peinliche Verlegenheit kommen.
eine verlorene oder verlegte wiederfinden: kündet eine freudige
Überraschung an.

Taschen-
dieb: mahnt zur Vorsicht.
messer: ein Malheur steht bevor.
spieler: man wird betrogen werden.
lampe sehen: bringt ungeklärte oder
undurchsichtige Verhältnisse.
mit einer leuchten: es wird Licht in
eine undurchsichtige Angelegenheit gebracht.
mit einer nicht funktionierenden
leuchten wollen: trotz aller Bemühungen wird man in einer Angelegenheit keine Klarheit schaffen können.
tuch sehen: kündet ein trauriges Erlebnis an.
tuch benutzen: ein Abschied steht
bevor.
uhr sehen: erinnert an eine wichtige
Verabredung oder bringt sie.

Tasse
rein sexuell zu verstehen. Gefäße
bedeuten Wünsche.
eine sehen oder daraus trinken:
kündet den Besuch einer Freundin an.
eine zerbrechen: der Besuch einer
Freundin wird von großem Vorteil sein.

Taub
sein: man wird Neuigkeiten erfahren.
taube Menschen sehen: durch Klugheit wird man einen Gewinn machen.

Taube
nur scheinbar sanft und zart; Symbol der erotischen Annäherung.
gurren hören: man wird einen guten
Rat erhalten, den man unbedingt
befolgen sollte; bringt auch die
Vereinigung zweier Liebender.
sitzen oder herumlaufen sehen:
bringt die Bekanntschaft von angesehenen Menschen, bei denen
man ein gerngesehener Gast sein
wird.
füttern: angesehenen Bekannten
soll man in irgendeiner Weise ge-
fällig sein, da man hierfür vielfach
belohnt werden wird.
verscheuchen, fangen schlachten
oder essen: man wird sich das
Wohlwollen angesehener Bekannter verscherzen.
fliegen sehen: durch den Verkehr
mit angesehenen Menschen wird
man neue wichtige Verbindungen
erhalten.
zwei Tauben sich schnäbeln sehen:
kündet eine glückliche Liebschaft
oder Freundschaft an.

viele Tauben sehen: bedeutet häusliches Glück.
Taubenhändler: eine frohe Zeit rückt näher.
Taubenhaus: bedeutet Gewinn.

Taucher
sehen: man wird vor einen schweren Entschluß gestellt.
sein: verheißt große Vorteile durch einen mutigen Entschluß.

Taufe
stellt meist die Fortsetzung eines Traumes vom Wasser dar.
eine sehen oder einer beiwohnen: man wird einen inneren Halt finden, der einem über schwere Stunden hinweghelfen wird.

Tausch
vollziehen: man wird sehr anmaßend sein.

Tausendgüldenkraut
bedeutet ein langes Leben.

Tee
sehen, zubereiten oder trinken: in einer Sache wird man viel Geduld haben müssen.

Teer
sehen oder sich damit beschmutzen: kündet eine unangenehme Verbindung oder Bindung an.

Teich
Fruchtbarkeitstraum; Assoziation zum Fruchtwasser.
mit klarem Wasser sehen: man wird einen neuen Freund oder eine neue Freundin finden.

mit trübem oder schmutzigem Wasser sehen: man wird einen Freund oder eine Freundin bei einer Treulosigkeit ertappen.
mit vielen Fischen sehen: verheißt reichlichen Geldzufluß.
mit toten Fischen sehen: bringt Geldverlust.

Teig
sehen oder zubereiten: kündet netten Besuch an.

Telefon
sehen: man wird die Bekanntschaft eines Menschen machen, der sich nicht zu erkennen gibt.
angerufen werden: man wird eine Absage zu einer Verabredung erhalten.
benutzen: einer neuen Bekanntschaft gegenüber wird man sich nicht zu erkennen geben.
der Teilnehmer meldet sich nicht: man wird bei einem Stelldichein versetzt werden.
während eines Telefongesprächs getrennt werden: bringt ein freudiges Wiedersehen.
falsche Telefonverbindung: kündet auch in Wirklichkeit eine falsche Verbindung an.

Telegraf
sehen oder bedienen: überraschende Nachrichten sind zu erwarten.

Telegramm
absenden: man wird einen Anschluß verpassen.
erhalten: man wird einen Schreck erleben.

Teller
Erweiterung des Traumes von der
  Tasse; siehe auch Tasse.
sehen: man wird zum Essen eingeladen werden.
zerbrechen: von einer Einladung
  wird man besondere Vorteile haben.

Tempel
bedeutet Lebensfreude.

Teppich
sehen: bringt Sorgen oder Ungemütlichkeit in die Häuslichkeit.
klopfen oder reinigen: kündet einen
  störenden Besuch an.

Terrasse
sehen: eine gute Zeit zum Plänema-
  chen steht bevor.
sich auf einer aufhalten: durch eine
  gute Idee wird man Vorteile haben.

Testament
man wird ein hohes Alter erreichen.

Teufel
in einer verworrenen geistigen Lage
  sind Klarstellungen erforderlich.
sehen: man wird sich zu einer leidenschaftlichen Handlung hinreißen lassen, die man bei nüch-
  terner Überlegung unterlassen
  würde.
von einem bedroht oder angegriffen
  werden: durch eine leidenschaftliche Handlung wird man in böse
  Streitigkeiten geraten.

Theater
Darstellungen auf der Bühne bezie-
  hen sich fast immer auf das eigene

Leben, Episoden oder unklare
  Momente daraus.
sehen: man wird sich einer trügerischen Illusion hingeben.
in einem sitzen: kündet einen Mißerfolg durch eine trügerische Illusion an.

Thermometer
sehen: mit einem unzuverlässigen
  Menschen wird man eine trübe
  Erfahrung machen.

Thermosflasche
sehen: mahnt, sich einen Menschen
  warmzuhalten.
zerbrechen: man hat Pech mit einer
  Freundschaft.

Tiere
Einschaltung eigener Tiertriebe
  oder Triebwünsche in das
  Traumleben.
viele wilde und zahme: man wird
  sich in Gefahr begeben.

Tiger
Vorsicht! Das Triebleben im primi-
  tivsten Sinn gewinnt die Oberhand.
sehen: ein rachsüchtiger Mensch
  wird einem spürbar zusetzen.
von einem verfolgt oder angegriffen
  werden: durch einen rachsüchti-
  gen Menschen wird man großen
  Schaden haben.
einen erlegen: man wird einen rach-
  süchtigen Menschen unschädlich
  machen.

Tinte
Mahnung an Erledigung schwebender Dinge.
sehen: man soll sich nicht auf lose
  Versprechungen oder Vereinba-

rungen einlassen, sondern alles
genau festlegen.

mit solcher schreiben: ein erhaltenes
Schriftstück wird bald von großer
Bedeutung sein.

verschütten: bedeutet den unerwartet ungünstigen Ausgang einer
Vereinbarung.

Tisch
Lebenssymbol; man sitzt vor seinem Leben und sieht, was darauf
steht.

sehen: kündet eine Geselligkeit an;
man wird sich bei schön gedeck-
tem Tisch gut dabei amüsieren,
bei ungedecktem Tisch dabei
langweilen.

ein sauberes Tischtuch sehen: die
nächste Zeit ist besonders günstig
dazu, seinen Hausstand zu ver-
vollständigen oder einen eigenen
zu gründen.

ein fleckiges oder beschmutztes
Tischtuch sehen oder eines beschmutzen: der eigene Hausstand
ist irgendwie beeinträchtigt, oder
ein solcher wird noch lange auf
sich warten lassen.

Tischtücher: man führt eine gute
Wirtschaft.

Tischler/Tischlerei
bei der Arbeit sehen: durch einen
Freund oder Bekannten wird man
in einen neuen Kreis eingeführt
werden.

Tischlerwerkstatt sehen: man wird
bald keine Beschäftigung mehr
haben.

Tod
kalter Abschluß eines Lebenskapitels.

als Gerippe mit Sense sehen: kündet
Befreiung von einer Last an.

Tomate
sehen: kündet eine heimliche Liebe
an.

pflücken, zubereiten oder essen: ein
heimliches Liebesverhältnis wird
unerwünschte Folgen haben.

Topf
sehen: eine Freundin oder ein
Freund wird sich verloben.

Tor
Angsttraum; der Lebensweg ist mit
Schwierigkeiten versperrt, zu deren Beseitigung man Kraft auf-
bringen muß.

ein offenes sehen: kündet unangenehmen Besuch an.

durch ein offenes gehen: man wird
freundliche Aufnahme bei einem
Menschen finden.

ein verschlossenes sehen: von jemandem wird man unfreundlich
empfangen werden.

der Tor: bringt Glück.

Tot
sich selbst tot sehen: bedeutet
Glück.

Totenbahre
bedeutet eine Erbschaft.

Totengräber
es sind Neuigkeiten zu erwarten.

Totenkopf
als bildliche Darstellung sehen: in
einer Angelegenheit wird es auf
Biegen oder Brechen gehen.

Totenträger
eine Aufregung ist zu erwarten.

Tragbahre
sehen: man sollte eines Erfolges
 nicht zu sicher sein.
auf einer liegen: es wird etwas
 schiefgehen.
selbst eine tragen: in einer Unglück
 bringenden Sache wird man retten können, was zu retten ist.

Tragen
etwas: große Mühen kommen auf
 einen zu.

Tränen
Suche nach einer inneren Auslösung
 und Beruhigung.
sehen: bedeutet Freude.

Trauben
sehen oder essen: süße künden ein
 zärtliches Beisammensein an,
 saure ein unerwartetes Zusammentreffen mit einem Menschen,
 dem man gerne aus dem Weg ge-
 gangen wäre.
am Rebstock sehen: es wird vieler
 Mühe bedürfen, um zu einem bestimmten Ziel zu gelangen.

Trauer
vorübergehendes Leid.

Trauerbrief
kündet gute Nachrichten an.

Trauring
Angst vor dem Verlust des geliebten
 Menschen.
im Traum eines Unverheirateten
sehen: kündet die baldige Verlobung oder Heirat an.

an den Finger stecken oder tragen:
 man wird noch lange auf eine
 Verlobung oder Heirat warten
 müssen.
vom Finger ziehen: Auflösung eines
 Liebesverhältnisses.
im Traum eines Verheirateten
sehen: man wird an die ehelichen
 Pflichten erinnert und vor Seiten-
 sprüngen gewarnt.
vom Finger ziehen oder verlieren:
 es gibt häusliche Szenen.

Treppe
sehen: mahnt, auf seinen Ruf zu
 achten, da er in Gefahr ist.
hinaufsteigen: man wird in schlechten Ruf kommen.
hinabsteigen: man ist bei Menschen,
 die man demnächst aufsuchen
 wird, herzlich willkommen.
hinunterfallen: man wird seinen
 durch eine dumme Sache ramponierten Ruf wiederherstellen.

Tribüne
sehen: man wird demnächst im Vordergrund eines Ereignisses stehen,
 über das viel gesprochen wird.
sich während einer Veranstaltung
 auf einer befinden: man wird eine
 unfreundliche Zurücksetzung erfahren.

Trinken
beruhigender Wunschtraum; mitunter auch Vorzeichen von chro-
 nischem Fieber.
aus einem Glas oder Pokal: bedeutet
 Genesung oder Wohlstand.
aus einem Topf: bringt Armut.

Trinkgeld
geben: man wird einen guten Rat
 erhalten.

Triumphbogen

sehen: kündet eine Auszeichnung an.

durch einen schreiten: man wird eine erhoffte Auszeichnung nicht erhalten oder eine Niederlage irgendwelcher Art erleiden.

Trödler

von einem etwas kaufen oder mit ihm handeln: verheißt gute Geschäfte.

Trog

für Vieh oder Wäsche: durch Sparsamkeit wird man zu Vermögen kommen.

Trommel

sehen oder hören: bringt eine aufregende Nachricht.

schlagen: man will die Aufmerksamkeit anderer erregen, was aber nur ohne oder mit gegenteiligem Erfolg gelingt; auch Erregung unnötigen oder unerwünschten Aufsehens.

Trompete

sehen oder hören: man wird zu jemandem gerufen werden.

blasen: man wird jemanden vergeblich um etwas bitten.

Trost

empfangen oder jemanden trösten: man hat hilfreiche Freunde.

Trümmer

sehen: verheißt gutes Gelingen.

Truthühner

sehen oder essen: bedeutet häuslichen Wohlstand.

Tuch

bedeutet glücklichen Erfolg in Geschäften.

Tulpe

Ausdruck des Liebes- und Ehelebens.

sehen: warnt davor, einen Menschen nur nach seinem Äußeren zu beurteilen.

pflücken: kündet den Verkehr mit einem hübschen, aber geistlosen Menschen an.

schenken: man liebt einen hübschen, aber geistlosen Menschen.

geschenkt bekommen: man wird von einem hübschen, aber geistlosen Menschen geliebt.

eine welke: bringt zu späte Reue.

Tunnel

man sieht Ungewißheit vor sich und vermag nicht, auf eine bessere Zukunft zu hoffen.

sehen oder durchfahren: kündet trübe Tage an.

Tür

Tür am Haus: Sexualorgan; siehe Haus.

Turm

sehen: ein großer Wurf wird gelingen.

einstürzen sehen: ein erhoffter großer Wurf wird danebengehen.

Turmwächter: man wird enttäuscht werden.

Turmuhr

schlagen hören: man steht vor einer wichtigen Entscheidung.

Turnen
sehen: man wird einen Ausflug machen.
selbst turnen: man wird seinen Körper stählen.

Turteltaube
bedeutet Liebesglück.

Tyrann
bringt böse Nachrede.

U

Übel
von einem befallen werden: bedeutet Unpäßlichkeit.

Überfahren
werden: man wird durch jemanden in arge Verlegenheit gebracht.
jemanden überfahren: bringt unnötige Geldausgaben infolge Unachtsamkeit.

Überfall
Durchbruch seltsamer Wünsche; oft nur Alpdruck.

Überfluß
haben oder genießen: man wird Verluste erleiden.

Überführung
über einen Fluß: bedeutet Glück und Segen.
eines Täters: bringt Verluste.

Übergabe
von etwas: bedeutet unvorsichtiges Handeln.

Überlaufen
etwas überlaufen sehen: bringt Schaden.
selbst überlaufen: man wird eine feige Handlung begehen.

Überraschung
man muß Vorsicht walten lassen.

Überrumpelung
bedeutet Überwindung von Unannehmlichkeiten.

Überschwemmung
gewisse Gefühle und Triebe werden maßlos und unter Umständen gefährlich.
bei einer das Wasser ins Zimmer fließen sehen: bedeutet bei klarem Wasser Unglück und Streit.
sehen oder erleben: kündet einen zudringlichen Besuch oder Verkehr mit einem zudringlichen Menschen an.

Ufer
Umstellung im Leben; man zaudert, welche Richtung man einschlagen soll.
an einem Bach- oder Flußufer sein: kündet frohe Stunden an, die jedoch schnell dahinfließen, obwohl man sie gerne festhalten möchte.

Uhr
Symbol für die Angst, daß das Leben schnell verstreicht.
schlagen hören: man steht vor einer wichtigen Entscheidung im Leben.
sehen: kündet das Herannahen einer entscheidenden Stunde an.

eine stehengebliebene sehen: zeigt
ein unerwartetes Ende eines Zustandes oder einer nahen Bekanntschaft an.

Uhu
Symbol für die Angst, daß das Leben zu schnell verstreicht.
rufen hören: kündet einen Verlust
an.

Umarmung
Warntraum vor einer potentiellen
Gefahr durch Täuschung.
sehen: man wird in die Klauen eines
gewissenlosen Menschen geraten,
wenn man nicht vorsichtig ist.

Umweg
machen: sein Ziel wird man nur
langsam erreichen.

Umzug
machen: durch ein Ereignis wird
man gezwungen sein, gewissen
Dispositionen für die nächste Zukunft vollkommen zu ändern.

Uneheliches
Kind (oder dessen Mutter) sehen:
man wird über einen Menschen
ein ungerechtes Urteil fällen.
selbst ein solches Kind haben: man
muß mit einer Sache zurechtkommen.

Unfall
Warntraum; Vorsicht im Straßen-
verkehr.
sehen: warnt vor dem Verkehr mit
leichtsinnigen Menschen.
erleben: man wird durch den Verkehr mit leichtsinnigen Menschen Schaden oder Nachteile haben.

Ungeheuer
sehen: kündet eine riskante Bekanntschaft an.

Ungeziefer
sehen: bringt Glück im Spiel oder
unerwarteten Geldzufluß.

Unglück
anderer: warnt vor einem gewagten
Vorhaben.
eigenes: verheißt Glück und Erfolg.

Uniform
Mahnung zur eigenen Disziplin;
eine Verkleidung.
sehen: man ist beim anderen Geschlecht beliebt.
tragen: auf jemanden Eindruck zu
machen, wird einem nicht gelingen.

Unkeusch
in der Liebe bleibt der Erfolg versagt.

Unkraut
Warntraum; Vorsicht vor der Umgebung.
sehen: bringt die Bekanntschaft mit
einem Nichtsnutz.
ausreißen: man wird sein Einkommen verbessern.

Unrat
im Leben ist noch vieles zu ändern,
wenn alles glattgehen soll.
sehen: bedeutet einen Gewinn.
etwas darin suchen, ohne es zu finden: man wird seine Situation
durch ein unvorsichtiges Unternehmen gefährden.
Geld darin finden: mahnt zur guten
Verwahrung der Brieftasche vor
Dieben.

in solchen hineintreten: kündet Widerwärtigkeiten an.

einen anderen hineintreten sehen: man wird ungewollt einem anderen Ärger bereiten.

Untergrundbahn
sehen oder darin fahren: in einer Sache wird man zu einem ganz anderen Resultat kommen, als man gedacht oder gewünscht hat.

Unteroffizier
sehen oder mit einem verkehren: man wird jemanden zum Freund oder Liebsten haben, welcher einen nach seiner Pfeife tanzen lassen möchte.

Unterrock
sehen: man wird Intimitäten erleben.

Urin
wenn nicht als einfacher physiologischer Entlastungstraum, dann sexuell, aber ziemlich verwickelt zu verstehen.

lassen: bedeutet Erleichterung einer Lage.

ins Bett lassen: man muß Enthaltsamkeit üben.

trinken: man wird Gesundheit erlangen.

Urkunde
sehen: kündet ein Geschenk, eine besondere Zuwendung oder ein Vermächtnis an.

Urlaub
Wunschtraum, der aus nervöser Überreizung entsteht, weil der Organismus überlastet ist.

erhalten: an einem Vergnügen, auf das man sich freut, wird man nicht teilnehmen können.

Urne
sehen: bringt ein trauriges Erlebnis.

Urteil
Abrechnung mit sich oder der Umwelt, je nachdem, wer Richter oder Angeklagter ist; man kann auch Richter und Angeklagter zugleich sein.

fällen: man irrt sich in einer Sache, und der andere hat recht.

erhalten: kündet unruhige Tage infolge einer Ungewißheit an.

verlesen hören: man soll niemandem unrecht tun.

zum Tode oder lebenslänglich: bedeutet Schande.

V

Vagabund
man entfernt sich ziellos von dem normalen Moralzwang; Gefahr infolge von Konflikten.

einer sein oder mit einem verkehren: man wird in schlechte Gesellschaft geraten.

Vampir
negative Bedeutung von Ungeziefer: primitive Instinkte, Kaltherzigkeit.

sehen: in einer Sache weiß man nicht, was man will.

Vase
eine leere sehen: bedeutet eine hoffnungslose Neigung.

mit Blumen sehen: eine Neigung
wird erwidert; zu beachten ist die
Bedeutung der jeweiligen Blumen!
zerbrechen: eine Neigung hinterläßt betrübliche Empfindungen.

Vater
bei Mädchen und Frauen Revolte
oder Mahnung der männlichen
Natur; sehr oft auch Neigung
oder Wertschätzung für Erzieher, Lehrer, Pfarrer usw., auf das
Vaterbild übertragen; bei Männern häufig Auseinandersetzung
mit aufgezwungenen, vorgesetzten, mitunter lästigen, meist unangenehmen Gewalten.
den lebenden eigenen sehen: man
ist im Begriff, Schande über die
Familie zu bringen, und wird an
die Schuldigkeit seinem Elternhaus gegenüber ermahnt.
den verstorbenen sehen: kündet
eine unerwartete Freude oder
Hilfe an.

Vaterunser
beten: bedeutet Wohlergehen.

Veilchen
Rückerinnerung an verflossene Ereignisse.
sehen: man ist im Begriff, seine ethi-
schen Auffassungen negativ zu
verändern.
pflücken, schenken oder geschenkt
bekommen: bringt stilles Glück
ohne viele Worte in der Liebe.

Velo
siehe Fahrrad.

Verachtung
bekunden: man wird Schätze erlangen.

Verbannt
sein oder werden: man wird in eine
ungewohnte Lage geraten.
jemanden in Verbannung schicken:
man benötigt jemanden sehr, den
man vor den Kopf gestoßen hat.

Verbindung
anknüpfen: man wird Feinden entgegengehen.

Verbot
erlassen: man wird Vorteile erringen.

Verbrennen
sich selbst: man wird durch Vorwitz
einen Reinfall erleben.
etwas: bringt Zank mit nachfolgender Trennung.

Verdammen
man wird ein schlechter Richter
sein.

Verdruß
anzetteln: man sucht Streitigkeiten.

Verein
einem angehören: man soll sich in
einer Sache nicht von vielen anderen dreinreden lassen.

Verfolgen
jemanden: einen gemachten Fehler
vermag man nicht wieder gutzumachen.
verfolgt werden: jemand, der einem
Unrecht getan hat, versucht es
wieder gutzumachen.

Vergiften
eine gewaltsame Lösung von Pro-
    blemen ist nie von echter Dauer
    und Wirkung.
jemanden: in einer Sache wird man
    seinen Dickkopf nicht durchset-
    zen können.
vergiftet werden: andere auch nur
    im Scherz zu quälen, ist kein Zei-
    chen für eine schöne Seele und
    bringt überdies unnötige Feind-
    schaft.

Vergißmeinnicht
sehen oder geschenkt bekommen:
    eine alte Liebe bringt sich wieder
    in Erinnerung.
pflücken oder verschenken: man
    fühlt sich vernachlässigt oder
    wird vernachlässigt werden.

Vergoldung
Zeichen von Wohlstand und
    Ehre.

Vergraben
Versuch, destruktive Triebe vor der
    Welt zu verheimlichen und die
    Ablegung von Lastern vorzutäu-
    schen; oft auch Verbeißen in eine
    Einstellung, die innerlich als
    falsch erkannt wurde.

Verhaftung
eines anderen sehen oder veranlas-
    sen oder selbst verhaftet werden:
    man wird bald erfahren, daß es
    nicht gelungen ist, andere zu täu-
    schen.

Verhaßt
machen oder sein: man wird zu An-
    sehen gelangen.

Verhör/Verhören
über einen werden Erkundigungen
    eingezogen.

Verirren
sich: man wird ein außergewöhnli-
    ches Erlebnis haben

Verkaufen:
man wird einen schlechten Tausch
    machen.

Verklagen
jemanden: bringt Differenzen mit
    anderen.
verklagt werden: kündet eine Ver-
    söhnung an.

Verlassenheit
empfinden: kleine Lebens- und Lie-
    besfreuden werden zunichte ge-
    macht.

Verletzung
oft wie Operation auszulegen;
    wichtig ist, wer die Verletzung
    erleidet oder verursacht; dem
    Opfer soll eine Veränderung auf-
    gezwungen werden.

Verleumden
jemanden: man wird wegen einer
    Handlung in schlechten Ruf gera-
    ten.
verleumdet werden: verheißt Ehre
    und Ansehen.

Verlieben
sich verlieben oder verliebt sein:
    bringt eine bittere Enttäuschung.
jemand verliebt sich in einen selbst:
    man wird durch andere Vorteile
    haben.

Verlieren
etwas: man wird etwas finden oder
    entdecken.

Verlobung
die eigene: ein Flirt wird ein baldi-
    ges Ende nehmen.
eine fremde erleben oder feiern: eine
    baldige Verlobung oder Hochzeit
    steht bevor; Verheirateten bringt
    es eine schöne Freundschaft.

Vermächtnis
erhalten: bedeutet eine heimliche
    Verbindung oder Bindung mit ei-
    nem anderen Menschen.

Vermögen
haben oder erwerben: bringt finan-
    zielle Sorgen.

Verrecken
man wird keine Freunde haben.

Versalzen
etwas versalzen oder versalzene
    Speisen genießen: man wird sich
    heimlich verlieben oder von ei-
    nem anderen heimlich geliebt
    werden.

Versammlung
abhalten oder einer beiwohnen:
    bringt unliebsame Auseinander-
    setzungen im Bekanntenkreis.

Verschenken
etwas: verheißt einen Gewinn.

Verschwender
man wird seinen Halt verlieren.

Verschwörung
sehen oder aufdecken: man wird
    sich unnötig Feinde dadurch

machen, daß man sich »oben«
    beliebt zu machen ver-
    sucht.
an einer teilnehmen: einer höherge-
    stellten oder vorgesetzten Person
    gegenüber wird man sich durch
    ein Schnippchen köstlich amüsie-
    ren.

Versetzen
jemanden bei einer Verabredung:
    man wird ein unangenehmes
    Wiedersehen haben.

Versicherung
abschließen: kündet einen Schaden
    oder Verlust an.

Versöhnung
erleben: man wird einen unversöhn-
    lichen Gegner haben.

Verspätung
im Leben scheint man den Anschluß
    verpaßt zu haben, oder man ist in
    Gefahr, in naher Zukunft den
    richtigen Augenblick zu versäu-
    men.

Verspotten
man wird eine Zurücksetzung er-
    fahren.

Verstand
verlieren: man soll nicht so viel
    nachdenken.

Verstopfung
wenn nicht als rein körperliche
    Mahnung (Stuhldrang) zu verste-
    hen, dann sehr oft Zeichen für
    übermäßigen Geiz.

Verstorbene
sehen: bringt meist unerwartete
    Hilfe oder Rettung aus schwieri-
    ger Situation, oder man erhält
    eine gute Nachricht; kann auch
    die Erfüllung eines langgehegten
    Wunsches bringen.

Vertrag
abschließen: bringt eine drückende
    Verpflichtung.

Verwandte
sehen: bedeutet langes Leben.

Verwundung
haben oder erhalten: man brockt
    sich eine böse Geschichte ein,
    kommt aber mit einem blauen
    Auge davon.
jemandem eine beibringen: man
    wird die Schadenfreude anderer
    zu spüren bekommen.
Verwundete sehen: eine Mühsal
    wird vergeblich sein.

Verzauberung
sehen: man wird einen alten Be-
    kannten treffen und mit Verwun-
    derung feststellen, wie sehr er sich
    verändert hat.
vornehmen: man wird etwas nicht
    ändern können, sosehr man auch
    möchte.

Verzeihung
eine Bitte wird einem gewährt wer-
    den.

Vetter
man wird Besuch erhalten.

Vieh
Zeichen der Triebhaftigkeit, dazu,
    je nach Tierart, als männliches

oder weibliches Sexualsymbol
    aufzufassen.
einen Viehhändler sehen oder mit
    einem zu tun haben: man wird
    böse übers Ohr gehauen werden.
einen Viehmarkt sehen: kündet un-
    beständiges Glück in materieller
    Hinsicht an.
auf einem Viehmarkt verkaufen:
    man glaubt, in einer Sache beson-
    ders schlau zu sein, aber der an-
    dere ist noch schlauer.

Villa
sehen oder zu Besuch darin weilen:
    man wird eine reiche Bekannt-
    schaft machen.
in einer wohnen: bringt Schwierig-
    keiten im Vorwärtskommen.

Violine
sehen: man ist dabei, einen Mißgriff
    zu tun; Vorsicht!
spielen: durch einen Mißgriff wird
    man große Unannehmlichkeiten
    haben.

Visitenkarte
die eigene sehen: ein stolzer Traum
    wird zerrinnen.
eine fremde sehen: man hat einen
    heimlichen Verehrer oder eine
    heimliche Verehrerin.

Visum
besorgen oder benutzen: bedeutet
    eine Zwangslage, aus der man
    nicht so bald herauskommen
    wird.

Vogel
wenn nicht als Totenvogel (als Mah-
    nung), dann im Anschluß an die
    erotische Bedeutung einer pri-

mitiven Ausdrucksweise zu verstehen.
sehen oder hören: siehe unter den
einzelnen Vogelarten; Singvögel
bedeuten Nachrichten, Zugvögel
eine Veränderung, Raubvögel
Feinde.
Vogelbeeren sehen: verspricht reichen Gewinn.
einen leeren Vogelkäfig sehen:
bringt eine Täuschung, Enttäuschung oder einen Verlust.
Vogelscheuche: jemand ist bei näherer Betrachtung nicht so unaus-
stehlich, wie man glaubt.

Vogelnest
sehen: verspricht häusliches Glück.
mit Eiern: Kindersegen.
mit Jungen: viel Mühe und Arbeit,
aber Freude dadurch.
zerstören oder ausnehmen: durch
einen Fehltritt wird man schweren Schaden erleiden.

Vollmacht
erteilen: man will sich vor einer Sache drücken, was aber nicht gelingen wird.
erhalten: man wird für andere die
Kastanien aus dem Feuer holen
müssen, oder es wird einem solches zugemutet werden.

Vorhang
sehen: deutet auf ein Geheimnis hin.
beiseite schieben: man wird ein Geheimnis aufdecken.
der sich selbst öffnet oder von jemandem geöffnet wird: man wird
ein Geheimnis anvertraut bekommen.

Vornehm
vornehme Leute sehen: der Schein
trügt.

Vorzimmer
Bescheidenheit sollte einem gut stehen.

Vulkan
ein überraschender Durchbruch gefährlicher Umtriebe droht.
sehen: in einer Sache wird man
durch sein Verhalten einen kleinen Sturm heraufbeschwören,
oder man wird etwas erleben, wodurch ein friedlicherer Mensch,
als man selbst ist, in Zorn geraten
kann.

W

Waage
sehen: die nächste Zeit wird eine
wichtige Entscheidung bringen.
sorgfältig ausbalancieren und dabei
etwas abwiegen: man wird bei einer Entscheidung die richtige
Wahl treffen.
eine, die sich nicht ausbalancieren
läßt, oder auf der man zuviel oder
zuwenig wiegt: bei einer Entscheidung wird man die falsche
Wahl treffen.

Wache
ähnlich wie die Polizei und Soldat
aufzufassen: zwischen Mahnung
zur Ordnung und Hang zur Dis-
ziplinlosigkeit.
sehen: in einem Vorhaben wird man
auf ein Hindernis stoßen.

Wachen
nachts bei einem Kranken: eine erwartete Nachricht wird bald eintreffen.

weil man nicht schlafen kann oder
darf: mahnt, die Augen offenzu-
halten, da eine Gefahr droht.

Wacholder
sehen (-beeren und -sträucher):
der Kummer wird ein Ende haben.

Wachs
sehen: bedeutet Glück und Fleiß.
Wachsbild: durch Geschenke wird
man Freude bereiten.
Wachsfigur: ein Schrecken wird
sich auflösen.
Wachskerze: bedeutet Wohlstand.
Wachslichter: man wird einer Festlichkeit beiwohnen.

Wachtel
verheißt gute Botschaft in der Liebe.

Waden
schöne sehen oder haben: es wird
einem etwas überraschend gut gelingen.
unschöne: bringt ein ärgerliches Erlebnis.
behaarte: es kommt etwas ganz anders, als man denkt.

Waffen
fast ausschließlich sexuelle Bedeutung: die Benutzung der »Waffen« ist erwünscht, erhofft, befürchtet.
sehen: Mahnung zur Vorsicht und
Ankündigung von Streit oder
Feindschaft.
zerbrochene oder nicht brauchbare:
gegen ernste Schwierigkeiten versucht man sich vergebens zu wehren.

Wagen
ähnlich wie Auto aufzufassen: man
kommt vorwärts, muß aber die
Gesellschaft vornehmer Menschen suchen.
einen eleganten sehen: bringt Bekanntschaft oder Verkehr mit einem vornehmen Menschen.
mit einem umkippen oder Bruch
machen: bedeutet einen empfindlichen Fehlschlag.
zur Beförderung von Gütern oder
Lasten: bedeutet, wenn er leer ist,
daß eine Mühe oder Arbeit umsonst sein wird, wenn er beladen
ist, daß eine Arbeit Gewinn verspricht.
einen beladenen umkippen und die
Ladung herausfallen sehen:
bringt Geldverlust.
zum Möbeltransport: kündet eine
Veränderung in den Verhältnissen an.
von dem sich ein Rad löst: man wird
sich über den Eigensinn eines
Menschen sehr ärgern müssen.
in einem mit Eseln bespannten fahren: man läßt sich zu sehr von
leichtsinnigen Menschen beeinflussen.
von Pferden gezogen: bedeutet
Glück.
von Menschen gezogen: man wird
Macht erlangen.

Wagenabteil
die Weiterbewegung im Wagen ist
ein Ausgleiten im Lebenslauf.
in einem fahren oder sitzen: Vergnügen haben.

Waggon
für Personen sehen: deutet auf eine
flüchtige Bekanntschaft hin.

für Güter sehen: einen Gegenstand,
den man sich gewünscht hat, wird
man erhalten.

Wahnsinn
davon befallen werden oder sein: in
einer Liebesangelegenheit werden die Empfindungen und Gefühle mit dem Verstand durchgehen.
Wahnsinnige sehen: warnt vor einer
beabsichtigten Liebschaft.

Wahrheit
bedeutet Rechtschaffenheit.

Wahrsager/Wahrsagerin
sehen oder sprechen: meist handelt
es sich um Dinge, die in der nächsten Zeit eintreten, wenn es sich
um Wahrsagungen handelt; kann
man sich an Einzelheiten der
Wahrsagungen nicht mehr erinnern, dann wird in einer Angelegenheit guter Rat teuer sein.

Waise
sehen: man wird von einem Menschen im Stich gelassen, auf den
man vertraut hat.
werden: man wird einen treuen
Menschen finden, zu dem man
mit allen seinen Nöten kommen
kann.

Wald
kann harmlos oder gefährlich sein;
hier sind alle Sexual- und Mahn-
faktoren beisammen; der erotisch-sexuelle Unterklang ist klar.
sehen: es trifft der Ausspruch zu,
daß man den Wald vor lauter
Bäumen nicht sieht.
einen Waldrand sehen: kündet das
Ende einer Beziehung an.

Walfisch
Riesentier wie Elefant, aber unbe-
weglicher und somit ungefährli-
cher; erwachendes Selbstbewußt-
sein kann Übermaße annehmen.
sehen: man wird sich um eine Sache
unnötig ängstigen oder Gedanken machen.

Wallfahrt
sehen oder daran teilnehmen: verheißt die Erreichung eines Zieles.

Walzer
tanzen oder tanzen sehen: eine Episode wird bald Vergangenheit
sein.

Wand
sehen: man wird etwas Erstrebtes
nicht erreichen können.

Wanderer
(auch Pilger): man soll sich durch
bestehende Schwierigkeiten nicht
beeinflussen lassen; Umwege
sind dazu da, dennoch ans Ziel zu
gelangen.
einem fröhlichen begegnen: bringt
Erholung und Freude.
einem armen begegnen: bringt eine
Enttäuschung, da man auf dem
eingeschlagenen Weg nicht weiterkommt; gleichzeitig Verhei-
ßung, daß man sein Ziel auch auf
anderen Wegen erreichen kann.

Wandern
bringt unruhige oder abwechs-
lungsreiche Tage.

Wangen
rote, gesunde haben: in einer bedeu-
tungsvollen Sache bestehen gute
Aussichten.

blasse: eine bedeutungsvolle Sache verspricht wenig Aussichten oder Kummer und Sorgen.

stark geschminkte: man wird in einer ernsten Angelegenheit zu täuschen versucht.

Wanne
sehen: kündet »Großreinemachen« an, sei es zu Hause oder sinnbildlich im eigenen Leben.

Wanze
betrifft fast immer Nervensystem und Gehirn.

sehen oder gebissen werden: zähes Aushalten wird belohnt werden.

Wappen
sehen: beim Kramen wird man unverhofft ein altes Andenken finden.

Warenhaus
sehen oder darin sein: eine Entscheidung wird einem schwerfallen.

Warze
oft infolge von Haut- oder Organreizung; sonst als Bloßstellung vor aller Welt, bisweilen auch erotisch zu verstehen.

sehen: bei einem Freund oder einer Freundin wird man eine Schwäche oder einen dunklen Punkt im Leben entdecken.

selbst haben: man wird bei einer eigenen Schwäche ertappt und oder auf eine solche hingewiesen werden, oder jemand wird an einen dunklen Punkt im eigenen Leben rühren.

Wäsche
sehen: bedeutet Häuslichkeit.

zum Trocknen aufhängen: bringt Nutzen.

Wäschekorb
sehen: man wird von hinterhältigen Menschen ausgenutzt werden.

Waschen
schmutzige Sachen waschen oder abwaschen: andere werden einem Ärger oder Scherereien bereiten.

Wasser
der Zustand des Wassers entspricht dem eigenen inneren Seelenbefinden.

klares sehen: verspricht Erfolg und Gewinn.

trübes oder schmutziges sehen: kündet undurchsichtige oder unsichere Verhältnisse an.

Wasserfall
sehen: bedeutet den Ruin eines Familienmitgliedes.

Wasserfläche
eine ruhige, glatte sehen: verheißt sorglose Tage.

eine unruhige oder bewegte sehen: bringt sorgenvolle Tage.

sich in einer spiegeln: man wird sich in einer Sache selbst betrügen.

andere Gegenstände darin spiegeln sehen: bringt eine Täuschung oder Enttäuschung.

Weben/Weber
bedeutet Glück und Vermögenszuwachs.

Webstuhl

sehen: eine persönliche Verbindung
sollte man pflegen und festhalten,
da man sie zu vernachlässigen
droht.

Wechsel

in Handel und Geschäften: bedeutet
guten Geschäftsgang.
nicht einlösen können: die Geschäfte erleiden einen Rückgang.

Wecker

hören: kündet eine unangenehme
Überraschung an.

Weg

man sieht sich im Leben weiter-
schreiten und hofft auf einen geraden Weg.
einen geraden vor sich sehen: in
nächster Zeit wird alles nach
Wunsch gehen.
einen gewundenen sehen: man wird
nur auf Umwegen zu einem gewissen Ziel gelangen.
Wegweiser: man befindet sich auf
einem falschen Weg.

Weib

siehe unter Frau.

Weidenbaum

sehen: man findet einen Menschen,
mit dem man nach Belieben ver-
fahren kann.
Weidenkränzchen sehen oder
pflücken: eine neue Bekanntschaft hat bei einem tiefere Gefühle ausgelöst.
Trauerweide: eine Freundin wird
mit Kummer zu einem kommen,
um ihr Herz auszuschüten.

Weiher

sehen: auf eine schmerzliche Erfahrung wird ein neues Glück folgen.

Weihnachten

erleben: kündet große Freude an.

Weihrauch/Weihwasser

verteilen: man ist von Schmeichlern
umgeben.

Wein

eine Wandlung oder Belebung des
Geistes läßt sich an.
sehen oder trinken, wenn er wohl-
schmeckend oder süß ist: man
wird einen Menschen kennenlernen, für den man sich begeistert;
ist er sauer: die Begeisterung für
einen noch nicht persönlich bekannten Menschen wird beim
Kennenlernen schnell schwinden.
ein Faß voll kaufen: man wird Gäste
bekommen.

Weintrauben

lesen: man wird eine Bekanntschaft
schließen.
essen: den folgenden Tag wird man
angenehm verbringen.
pressen: weist auf Tugendhaftigkeit
hin.

Weinen

verheißt Lachen im Wachsein.

Weinglas

ein leeres sehen: durch die Verhinderung, an einem Vergnügen teil-
zunehmen, bleibt einem eine Enttäuschung erspart.
eines zerbrechen: in einem Menschen wird man das finden, was
man gesucht hat.

Weinlese

sehen oder mitmachen: man bekommt einen Auftrag, der einem viel Freude machen wird.

Weinstube

sehen: bringt eine Einladung zu einem feuchtfröhlichen Vergnügen.

in einer verkehren: man wird das nächste Stammtisch-Gesprächsthema sein.

Weizen

ein Weizenfeld sehen: kündet eine Zeit des Wohlstandes an.

Weizenkörner sehen: bringt Geld ins Haus.

Weizenmehl sehen: verheißt ein üppiges Fest oder eine Schlemmerei.

Weltall

sehen: man hofft vergeblich auf das Ende einer Sache, eines Zustandes oder dergleichen.

Weltkrieg

erleben: kann ein Wahrtraum sein, besonders wenn genauere Umstände auf einen bestimmten Zeitpunkt hindeuten und man schon Wahrträume gehabt hat; sonst als Ankündigung einer schweren seelischen Erschütterung aufzufassen.

Weltuntergang

erleben: kündet eine Auseinandersetzung mit nachfolgender Trennung an.

Wertpapiere

sehen: Warnung vor Spekulationen.

kaufen: deutet auf finanzielle Verluste oder ärgerliche Geldausgaben.

verlieren: man wird vor einer drohenden Fehlspekulation oder einem sonstigen Geldverlust bewahrt.

Wespe

im Gegensatz zu Biene Zeichen für Faulheit statt Fleiß, Schaden statt Nutzen, Bosheit statt Güte.

sehen: aus einem bisherigen Freund wird ein Feind werden.

von einer gestochen werden: der Verrat eines ehemaligen Freundes wird böse Folgen haben, da er gewisse Kenntnisse dazu ausnutzen wird, einem zu schaden.

Wette

abschließen: man wird sich auf eine unsichere Sache einlassen.

gewinnen: eine unsichere Sache wird schiefgehen.

verlieren: bei einer unsicheren Sache wird man unverdientes Glück haben.

Wetterfahne

sehen: man weiß nicht, was man will.

Wetterleuchten

sehen: Vorbote großer und wichtiger Ereignisse.

Wettlauf

sehen: man wird ein bestimmtes Ziel erreichen.

mitmachen: die nächste Zeit wird zeigen, daß nicht alles erreichbar ist, was man anstrebt.

Wetzstein

man muß auf seinen Vorteil bedacht sein.

Wichse (Schuhcreme)
sehen oder benutzen: verheißt neue
  Kleidung.

Wicken
sehen: erhoffter und eingetretener
  Beziehungen zu einem Menschen
  wird man bald überdrüssig sein;
  man vermag ihn aber nicht so
  ohne weiteres abzuschütteln.

Widder
sehen: bedeutet eine erfolgreiche
  Zukunft.

Wiege
eine leere sehen: kündet ein frohes
  Ereignis an.
mit einem Säugling sehen: man wird
  durch jemanden in Verlegenheit
  gebracht und vermag nicht, ihn
  zum Schweigen zu bringen.

Wiese
die augenblickliche nervöse Spannung verlangt nach einer Ausspannung.
eine sehen: bringt fröhliche Stunden.
auf einer liegen: etwas bisher kaum
  Bemerktes wird ungeahnte Bedeutung erlangen.

Wildbret
es ist ein guter Vermögensstand zu
  verzeichnen.

Wildschwein
sehen: mühevoll Geschaffenes oder
  Aufgebautes wird von jemandem
  rücksichtslos zerstört werden.

Wimpern
starke haben: bedeutet Freude.

ausfallende, schüttere, verbrannte:
  zeigt einen Verlust an.

Wind
geistige Energien entladen sich.
der einem ins Gesicht weht: bringt
  Hemmungen irgendwelcher Art.
im Rücken: verheißt gutes Vorwärtskommen.
etwas darin flattern sehen: kündet
  Neuheiten an.

Windeln
sehen: jedes Ding hat zwei Seiten.

Windhund
sehen: man verliebt sich in einen
  Menschen, der es mit der Treue
  nicht sehr genau nimmt.

Windmühle
sehen: kündet unsichere Verhältnisse an.

Windmühlenflügel
von ihnen oder einem Mühlrad erfaßt werden: kündet ein folgenschweres Liebesverhältnis an.

Winken
zum Abschied: verheißt ein Wiedersehen.
zum Willkommen: kündet einen
  Abschied an.
um auf sich aufmerksam zu machen:
  auf einem eingeschlagenen Weg
  soll man nicht weitergehen.

Winter
reiner Potenz- oder Liebestraum;
  siehe auch die übrigen Jahreszei-
  ten.
sich im Winter erleben: in den nächsten Tagen sollte man nichts von

Bedeutung unternehmen, da eine ungünstige Periode für neue Vorhaben oder für die Verwirklichung von Plänen oder Absichten eingetreten ist.

Wintersport treiben oder sehen: kündet einen kühlen Empfang bei einem Besuch an.

Wirt/Wirtin/Wirtshaus

Symbol einer urwüchsigen Unbewußtheit.

sehen: man wird bei einem Freund Unterstützung in einem Vorhaben finden.

Witwe/Witwer

sehen oder selbst sein: man wird einen Quälgeist nicht loswerden.

Wöchnerin

siehe bei Frau.

Wohnung

wie Zimmer oder Haus zu verstehen: die Wohnung ist man selbst.

in seiner eigenen sein oder sie sehen: man wird sich bei einem anderen wie zu Hause fühlen.

eine fremde sehen oder darin sein: daheim kommen ungemütliche Tage auf einen zu.

eine mieten: verspricht eine Besserung der Lage.

Wolf

mit den inneren Trieben ist ein schwerer Kampf im Gange.

einen sehen: einen Bekannten soll man sich nicht zum Feinde machen, da er ein sehr unangenehmer Widersacher sein würde.

von einem angefallen werden: man bekommt von einem Bekannten in einer Sache Schwierigkeiten bereitet.

Wolke

die Verdunkelung des klaren Himmes bedeutet Verdunkelung einer klaren Situation usw.; auf die Wolkenform ist zu achten.

eine zarte weiße sehen: kündet schöne, stille und verträumte Stunden an.

eine dunkle und schwere sehen: bringt sorgenvolle Tage.

Wolkenkratzer

sehen: es ist dafür gesorgt, daß die Bäume nicht in den Himmel wachsen, was man demnächst an einem Menschen seiner Umgebung erleben wird.

Wolle

sehen oder damit hantieren: bringt materiellen Gewinn.

scheren: verheißt Wohlstand bei fleißiger Arbeit und Sparsamkeit.

Worte

echter Warntraum, je nach den Worten, an die man sich erinnert; bei unklaren Worten nur allgemein zu werten.

erblicken: es kommt dabei sehr auf den Sinn der Worte an, um die richtige Bedeutung zu erkennen.

Wrack

sehen: kündet das Scheitern eines Planes an.

Wunde

etwas drängt nach Umstellung oder Klarstellung.

Wunder

sehen: man wird über das Benehmen eines Freundes sehr erstaunt sein.

Wundpflaster

sehen: verkündet Unfrieden oder eine Beleidigung.

jemandem auflegen: man empfindet Reue darüber, daß man einem anderen weh getan hat.

aufgelegt bekommen oder sich selbst auflegen: man wird eine schwere Kränkung erleiden.

über einem Auge sehen: bedeutet Verzeihung.

über einen Mund geklebt sehen: man sollte etwas schweigsamer sein.

Würfel

bedeutet gute Verhältnisse.

Wurm

nicht immer eindeutig; kann auch erotisch-sexuell zu verstehen sein; bei wurmstichigem Obst ist der Sinn klar.

sehen: jemand wird einem absichtlich oder unabsichtlich weh tun.

Wurst

sehen oder essen: bringt eine reizvolle Bekanntschaft, die ohne jeden inneren Wert ist.

Wurzel

verdrängte Triebe, die sich ihren Weg zum Licht bahnen.

sehen: Mahnung, einer Sache auf den Grund zu gehen.

ausgraben: man wird einer Sache auf den Grund kommen und über das Ergebnis sehr erstaunt sein.

essen: bringt Gesundheit.

über eine im Wald stolpern: bedeutet Ungemach.

vom Zahn: man wird eine Kränkung erfahren.

Wüste

völlige Leere liegt vor; möglicherweise als Potenz- oder Liebestraum und dann als sehr schlechtes und trostloses Zeichen zu werten.

sehen: man wird in der nächsten Zeit viel allein sein.

in einer sein: man wird etwas sehr Notwendiges entbehren müssen.

Wut

in welche geraten: bringt die Beilegung einer Differenz.

jemanden in solche bringen: die Beilegung einer Differenz wird einen nicht befriedigen.

X

X

als Buchstabe sehen: man wird beschwindelt werden.

Xanthippe

man hat viel Ärger und Streit in Liebes- oder Ehedingen und sehnt sich nach Ruhe.

sehen: verkündet Behaglichkeit im Hause und eine glückliche Ehe oder Liebe zumindest für die nächste Zeit.

X-Beine

der geplante Weg ist schwerer oder
wird als beschwerlicher angese-
hen, als man gedacht hat.
sehen: man wird einer peinlichen
Kritik unterzogen werden.
haben: für ein unverschuldetes Malheur wird man selbst verantwort-
lich gemacht werden.

Xylophon

sehen oder hören: verheißt einen
seltenen Genuß.
spielen: man wird in sich ein Talent
entdecken, das man bisher noch
nicht bemerkt hat.

Y

Yankee

sehen oder mit einem verkehren:
verspricht einen Erfolg dank Un-
ternehmungsgeist.

Z

Zacke

sehen: man wird es mit einem Wirr-
kopf zu tun bekommen.

Zähigkeit

man wird Ausdauer bei der Arbeit
haben.

Zahl

Glückstraum, der in seiner Befol-
gung schon oft Glück im Spiel
gebracht hat.

sehen: kann für das Lotteriespiel
von Bedeutung sein.

Zahlung

leisten: bringt Geld.
erhalten: man wird eine Rechnung
bekommen.

Zahn

als sexuelles Symbol zu verstehen.
schöne Zähne bei anderen sehen:
verspricht wohlhabende Freunde
oder Bekannte.
schöne haben: verheißt für die nächste Zeit viele Vorteile.
schlechte oder lockere bei anderen
sehen: bringt eine unvorteilhafte
Bekanntschaft oder Verbindung.
schlechte oder lockere haben: deutet auf materielle Verluste hin.
ausfallende: bringt Krankheit oder
äußere Behinderung.
sich einen ziehen lassen: bedeutet
eine Fehlspekulation.
einem anderen einen ausziehen:
man wird aus der Notlage eines
anderen Nutzen ziehen.
einen plombieren lassen: deutet auf
finanzielle Schwierigkeiten hin,
indem man ein Loch zustopft und
ein anderes aufreißt.
falsche Zähne bei anderen sehen:
Warnung vor einem Hochstapler.
selbst falsche haben: man wird einen
Scheingewinn erzielen.
Zahnarzt bei der Arbeit sehen: ein
Freund wird einem aus einer pre-
kären Lage heraushelfen.
Zahnschmerzen haben: eine unerwartete Geldausgabe wird ein
großes Loch in die Kasse reißen.
Zahnstocher sehen: verspricht eine
finanzielle Erleichterung.

Zahnstocher gebrauchen: man wird
finanziell in einen sauren Apfel
beißen müssen.

Zahnradbahn
man wird eine Schwierigkeit auf ge-
niale Weise überwinden.

Zange
deutet auf eine gefährliche Zwangslage moralischer Art.
eine sehen oder mit einer hantieren:
man wird in eine böse Klemme
geraten.

Zank
mit jemandem haben: man wird sich
mit jemandem, den man bisher
nicht leiden konnte, gut vertra-
gen.

Zapfen
sehen oder damit hantieren: kündet
einen Verlust an.

Zapfenstreich
hören: kündet ein gestörtes zärtliches Beisammensein an.

Zärtlichkeiten
Auslösungstraum; manchmal auch
Warnung.

Zauberer
Überschätzung der eigenen Person;
Erwartung einer Wunderlösung
aus einer Zwangslage oder Unsicherheit.
einen sehen: man wird eine einfache
Lösung auf eine sehr schwierige
Frage finden.
selbst einer sein: es wird nicht möglich sein, etwas »hintenherum«
zu erreichen.

Zaum/Zügel
sehen: man wird erreichen, was man
will.
ergreifen oder ein Tier damit lenken: in einer Angelegenheit wird
man nicht so können, wie man es
gerne möchte.

Zaun
durch eigene Initiative kann man
Hindernisse beseitigen, man benötigt dazu aber starke physische
Anstrengung.
sehen: kündet ein Hindernis an.
über einen klettern: verspricht die
Überwindung eines Hindernis-
ses.
überklettern wollen und nicht dar-
überkommen: ein Vorhaben
mißlingt infolge äußerer Umstände, die zu ändern nicht in der
eigenen Macht liegt.
überklettern und dabei hängenbleiben, sich verletzen oder die Kleidung zerreißen: man wird sein
Ziel erreichen, hat sich den Erfolg
aber anders vorgestellt.

Zebra
man wird demnächst erleben, wie
nahe das Gute beim Bösen liegt.

Zeichnen
selbst zeichnen oder andere zeichnen sehen: eine kleine Ursache
wird eine große Wirkung haben.

Zeichnung
sehen: man wird vor eine vollendete
Tatsache gestellt werden.

Zeigefinger
man muß sich Vorwürfe machen.

Zeiger (Uhr-)
sehen: kündet das Herannahen eines entscheidenden Augenblicks an.
zurückstellen: es wird etwas schneller eintreten, als einem lieb ist.
vorstellen: es hat noch gute Weile bis zur Erfüllung eines Wunsches.

Zeisig
man wird mit ungebildeten Leuten Verkehr pflegen.

Zeitung
Furcht (oder Sucht), daß andere das eigene Geheimnis erfahren könnten.
sehen oder lesen: man wird sich in einer Angelegenheit nicht mehr zurechtfinden, weil jeder etwas anderes sagt.

Zelt
sehen: man will in die Welt hinaus.
in einem wohnen oder schlafen: man wird sich von einem unnötigen Ballast oder Vorurteil befreien und dadurch die Schönheit der Welt erkennen; andererseits kündet es dem Spießbürger eine unsichere Häuslichkeit an.

Zeppelin
einen sehen: verheißt einen glänzenden Aufstieg.
mit einem fliegen: kündet gutes Vorwärtskommen an.
einen abstürzen sehen: die Existenz wird gefährdet sein.

Zepter
man wird zu hohen Ehren kommen.

Zerbrechen
von Glas und Porzellan: bringt Glück.
von Holz: kündet Bedrängnis an.
von Eisen: ein großer Wurf wird gelingen.

Zerreißen
eines Briefes oder anderer Schriftstücke: bringt üble Nachrichten.
anderer Sachen: man wird eine unangenehme Verpflichtung einhalten müssen.

Zettel
man verzettelt sich mit Kleinigkeiten und macht sich das Leben zu schwer.
sehen: eine Kleinigkeit wird einmal viel Kopfzerbrechen bereiten.

Zeuge
als solcher vor Gericht sein: egal, wie man es anstellt, mit einem von zwei Menschen wird man es verderben.

Zeugnis
erhalten bedeutet, wenn es gut ist: eine peinliche Angelegenheit wird zu eigenen Ungunsten erledigt; ist es schlecht: die Erledigung einer peinlichen Angelegenheit wird günstig verlaufen.

Ziege
sehen: man bekommt es mit einem Menschen zu tun, der an allem etwas auszusetzen hat.

Ziegel
Ziegelsteine sehen: eine gebotene Chance bringt einem die Möglichkeit näher, sich eine solide Existenz zu schaffen.

Dachziegel sehen: Bedeutung wie vorstehend, nur handelt es sich eher um den Hausstand als um die Existenz.

Ziegenmilch
melken, sehen oder trinken: obwohl jemand dauernd bei einem etwas auszusetzen hat, kommt man mit diesem Menschen gut aus und wird auch noch Vorteile durch ihn haben.

Ziehen
eines Wagens oder Karrens: bringt mühevolle Arbeit, die schlecht belohnt wird.

Zigarre
sehr primitives, aber eindeutiges Sexsymbol.

Zigeuner/Zigeunerin
sehen oder sprechen: in materieller Hinsicht ist Vorsicht geboten gegenüber einem Menschen, durch den man viel Schönes, Neues und Eigenartiges kennenlernen wird.

zum Freund haben: man wird einen Freund finden, auf den man sich im Fall der Not oder Gefahr unbedingt verlassen kann.

von solchen gegen Entgelt weissagen lassen: man wird demnächst von jemandem an der Nase herumgeführt werden.

von solchen aus Freundschaft geweissagt bekommen: kann als Wahrtraum betrachtet werden, weshalb der Inhalt genau zu beachten ist.

sich mit solchen auf ein Geschäft einlassen: man wird durch jemanden demnächst finanziell hereingelegt werden.

von einem solchen aufrichtig geliebt werden: verkündet für die wirkliche Liebe des Lebens felsenfeste Treue; der Partner wird mit einem durch dick und dünn gehen.

mit solchen eine Liebelei haben: bringt ein trauriges und folgenschweres Liebeserlebnis und Unglück in der Ehe.

Zigeunermusik hören: verheißt ein romantisches Erlebnis.

Zimmermann
das Glück liegt in den eigenen Händen.

Zinn
gießen: man wird wunderliche Neuigkeiten erfahren.

Zinsen
zahlen: man wird eine Belohnung bekommen.

erhalten: man wird für eine Fehlhandlung büßen müssen.

Zirkel
sehen oder damit hantieren: man dreht sich in einer Sache im Kreis und kommt nicht vorwärts damit.

Zirkus
Suche nach einem ungewöhnlichen Ausweg.

sehen: man wird ein Kunststück fertigbringen, das einem so leicht niemand nachmachen wird.

Zither
sehen oder hören: bedeutet eine Liebesgeschichte.

spielen: bringt Liebeskummer

Zitrone

eine frische sehen: bringt saure Stunden, denen aber ein um so schönerer Lohn folgt.

eine ausgepreßte sehen oder eine auspressen: gegen Ausnutzung durch andere vermag man sich nicht zur Wehr zu setzen.

Zitronenbaum mit Früchten sehen: kündet ein schönes Erlebnis an.

Zollamt

sehen oder darin zu tun haben: ein bisher geheimgehaltenes Verhältnis – vielleicht sogar aus früherer Zeit – wird offenbar werden.

Zoologischer Garten

einen sehen oder in einem sein: man spielt in einer Sache mit dem Feuer.

Zopf

man hat nicht den Mut, sich aus den traditionellen Lebensgewohnheiten herauszuwagen.

einen sehen oder flechten: man wird sich von einer alten, lieben Gewohnheit trennen müssen.

Zorn

bringt unangenehme Geschäfte.

Zuchthaus

man befindet sich in einer selbstverschuldeten oder von anderen heraufbeschworenen Zwangslage.

eines sehen: man wird ein wenig verlockendes Anerbieten erhalten.

in einem eingesperrt sein: verheißt Befreiung aus einer unerfreulichen Lage.

Zucker

Versuch, das Angenehme des Lebens zu genießen.

sehen oder essen: eine unschöne Aufgabe oder Arbeit wird einem von dritter Seite sehr erleichtert.

Zug

zu einem eilen: deutet auf viele Neuigkeiten hin.

trotz der Eile einen versäumen: man will etwas Unmögliches erreichen.

sehen: kündet einen Abschied an.

mit einem fahren: bedeutet gutes und schnelles Vorwärtskommen.

aus einem aussteigen: man wird sein Ziel erreichen.

einen aus einem Tunnel kommen sehen: man wird ein Geheimnis über sich selbst erfahren.

einer Zugkatastrophe beiwohnen: man bekommt von einem fernen Freund schlechte Nachrichten.

Zugbrücke

sehen: man wird in einer Sache völlig auf das Wohlwollen eines anderen angewiesen sein.

Zunge

Sexualsymbol und Sexualorgan (in direktem und übertragenem Sinne); in der Bedeutung besteht also kein Zweifel.

sehen: man sollte seine Worte sehr unter Kontrolle halten.

sich diese verbrennen: durch allzu große Beredsamkeit hat man Befremden erregt oder wird solches erregen.

Zweig

als ein Teil des (Lebens-)Baumes
Zeichen der Stärke, andernfalls,
isoliert, der Schwäche.

einen grünen sehen: verspricht Erfüllung einer Hoffnung.

einen vertrockneten sehen: man
sollte sich in einer Sache nicht
allzu großen Hoffnungen hingeben.

Zweikampf

sehen oder ausfechten: bringt Meinungsverschiedenheiten.

Zwerg

Gegenstück zum Riesen; kleine Regungen arbeiten sich durch, oft
aber auch Würmer, Insekten und
Ungeziefer.

sehen: man wird jemanden kennenlernen, dem gegenüber man sich
sehr unbedeutend vorkommt.

Zwetschgen

pflücken oder essen: bedeutet Zufriedenheit.

Zwiebel

durch neuen Mut beginnt man auf-
zuleben.

rohe Zwiebeln sehen oder schneiden: bringt Tränen.

gekochte oder gebratene essen: einen kleinen Kummer wird man
tapfer überwinden.

Zwillinge

sehen: es wird eine fatale Verwechs-
lung geben.

Zylinder

als Hut sehen oder tragen: man wird
an einer feierlichen Angelegenheit teilnehmen.

einer Lampe sehen oder putzen:
man hofft in einer Sache auf eine
Erleuchtung, die einem aber nicht
zuteil wird.

einer Maschine sehen: bringt viel
Arbeit.

Zypresse

sehen: es werden trübe Stunden
kommen, denen aber Freude –
vielleicht unter Tränen – folgen
wird.

GOLDMANN

*Das Gesamtverzeichnis aller lieferbaren Titel erhalten Sie
im Buchhandel oder direkt beim Verlag.*

Taschenbuch-Bestseller zu Taschenbuchpreisen
– Monat für Monat interessante und fesselnde Titel –

✳

Literatur deutschsprachiger und internationaler Autoren

✳

Unterhaltung, Thriller, Historische Romane
und Anthologien

✳

Aktuelle Sachbücher, Ratgeber, Handbücher
und Nachschlagewerke

✳

Esoterik, Persönliches Wachstum und
Ganzheitliches Heilen

✳

Krimis, Science-Fiction und Fantasy-Literatur

✳

Klassiker mit Anmerkungen, Autoreneditionen
und Werkausgaben

✳

Kalender, Kriminalhörspielkassetten und
Popbiographien

Die ganze Welt des Taschenbuchs

Goldmann Verlag · Neumarkter Str. 18 · 81673 München

Bitte senden Sie mir das neue kostenlose Gesamtverzeichnis

Name: _____

Straße: _____

PLZ / Ort: _____